U0905231

陈新民　著

Lishi Yu Shehui Kecheng
De Lilun Yu Shijian

历史与社会课程的理论与实践

ZHEJIANG UNIVERSITY PRESS
浙江大学出版社

序

自20世纪60年代以来，课程综合化已成为世界上许多国家基础教育课程改革的重要趋势之一。综合课程以其课程形态的多样性、知识的整体化、视角的多维性而备受各国基础教育课程设计者的青睐，目前世界上绝大多数的国家和地区都在中小学开设了综合课程。20世纪90年代，我国部分省市(浙江和上海)的中学一改以往分科设置的做法，开始设置综合课程——《社会》和《科学》，这在我国中小学课程发展史上具有里程碑的意义。

在新世纪的课程改革中，我国将综合课程《社会》更名为《历史与社会》。《历史与社会》课程的实施，有利于提升学生的公民素养和综合思维能力。在当今世界许多国家的基础教育课程中，社会科课程肩负着培育学生公民素养的最主要的任务。例如，美国社会科课程的宗旨是"提升公民能力"，日本社会科课程的目标是"培养公民资质"。我国的《历史与社会》课程也将公民素质和人文素质的培育作为该课程的宗旨，凸显公民教育的重要性，符合世界基础教育改革的潮流，也是我国基础教育改革的一大进步。再者，《历史与社会》课程的开设，由于其特别注重培养学生从多角度、多学科综合认知及创造性解决问题的能力，因而对培养符合时代要求的创新人才也具有极其重要的意义。总之，这些课程价值的实现，益于学生，益于教师，益于整个社会的文明进步。《历史与社会》应该是一门符合教育发展、符合社会发展、具有强大生命力的课程。

但是，我们也清醒地看到，中学阶段开设综合课程是一个世界性的难题。成功的经验不多，而不乏失败的案例。因为中学社会科课程的设计远比单一的历史、地理等学科课程设计复杂得多。因此，认真总结国内外该课程改革的成功经验，特别是我国本土的课程改革经验，是当前该课程需要研究的重要课题。在《历史与社会》课程改革方面，浙江一直走在全国的前列，也是全国唯一全面推行该课程的省份，在构建具有我国自身特色的社会科课程模式方面积累了宝贵的经验。但遗憾的是，在理论研究方面，始终缺乏一本基于本土经验的《历史与社会》课程方面的理论专著。

陈新民博士的《历史与社会课程的理论与实践》一书，就是在这一课程改革背景下推出的一部带有总结性和反思性的课程理论著作。本著作在《历史与社会》课程的理论依据、课程设计、教学设计与评价、教学的方法与手段、教师专业发展等方面都提出了一些独到的见解。特别需要指出的是，该著作是基于浙江省《历史与社会》课程改革实践编撰而成的，理论的阐述与教学实际密切结合，弥补了其他同类研究成果的不足，对这门新兴课程的建设与发展有着重要的推动作用。

此外，该著作是他本人对本课程教育教学的理论与实践不断潜心研究的成果总结，也是他长期从事本省《历史与社会》课程教师教育工作的经验积累，具有很强的实用性和针对性，非常适合广大中学一线《历史与社会》课程教师阅读和使用，并可作为教师培训和本科师范学生的教材。因此，该书的出版，对提升中学《历史与社会》课程教师教育工作的质量具有重要作用。

李稚勇

2014年1月20日

前　言

《国家中长期教育改革和发展规划纲要(2010—2020年)》指出:面对前所未有的机遇和挑战,必须清醒认识到,我国教育还没完全适应国家经济社会发展和人民群众接受良好教育的要求。教育观念相对落后,内容方法比较陈旧,中小学生课业负担过重,素质教育推进困难;学生适应社会和就业创业能力不强,创新型、实用型、复合型人才紧缺。对此,笔者认为,在基础教育阶段,积极、稳妥、有效地推进综合课程的实施,对于改变我国传统学校课程过于强调学科本位、内容陈旧和缺乏整合的现状,对于有效减轻学生过重的课业负担,对于造就21世纪所需要的合格公民和创新人才,都具有十分重要的现实意义。

《历史与社会》课程是我国在新世纪课程改革中在初中阶段推出的一门人文社会学科综合课程(国际上一般统称为社会科课程)。该课程是将原历史、地理学科以及其他人文社会学科的内容统整在一起,旨在消除各学科之间的隔阂,形成学生观察社会的综合视野和解决问题的综合思维能力的一种课程模式。该课程在浙江省、深圳市、武汉市等地区进行了大胆的实践,并已初步构建起了具有我国自身特色的社会科课程体系。但是，我们也清楚地认识到，我国对综合社会科课程的研究起步很晚，理论准备和实践经验还相对不足。对此，一方面我们需要认真借鉴国外社会科课程的改革经验，另一方面还需要根据我国的具体实际，探寻适合我国实际情况的社会科课程发展模式。

在理论研究方面，李稚勇的《社会科教育展望》和《社会科教育概论》，比较全面地介绍了国际社会科课程的发展脉络及其实施状况；赵亚夫的《日本学校社会科教育研究》，系统介绍了日本社会科的教育目标、课程设置、教材编写和教学方法等；日本学者市川博的《社会科的魅力和使命——日本社会科教育文选》，详细阐述了日本社会科课程的理论研究和教学实践情况；沈晓敏的《社会课程与教学论》，汇集了多位社会科领域的专家、学者的研究成果，对国内外社会科课程与教学的理论进行了比较系统的介绍。在教学实践方面，我国的一线中学教师及教研员在教学设计、教材分析、有效教学、教学评价、课程资源的开发和利用等方面进行了研究和探索。这些研究成果对《历史与社会》课程的有效实施起到了重要的促进作用。

本书的编撰就是基于以上研究成果的，但同时也试图在以下一些重要问题上作进一步的探索：

• 社会科课程是如何起源的，并经历了怎样的发展历程？

• 国内外社会科课程设计和实施为我们提供了哪些值得借鉴的经验？

• 《历史与社会》课程目标、课程内容和课程模式应如何设计？

• 《历史与社会》课程教师的教学实践如何体现该课程的设计思想？

• 《历史与社会》课程教师应具备哪些基本素质以适应课程的实施？

本书的编撰还基于以下几方面的目的：

• 《历史与社会》课程改革的“浙江经验”亟待总结。浙江作为全国唯一在初中阶段全面推广《历史与社会》课程的省份，在十余年的课程改革实践中，积累了丰富的理论成果和实践经验，为构建具有我国自身特色的社会科课程模式进行了可贵的探索。对《历史与社会》课程改革的“浙江经验”进行总结，对于促进该课程的有效实施，以及丰富我国的基础教育阶段的课程理论具有重要意义。

• “人文教育”专业建设期待研究成果。为了满足基础教育课程改革的需要，我国许多师范院校开始增设独立本科“人文教育”专业，旨在为中小学培养综合社会科课程方面的师资。因此，加强综合社会科课程理论与实践的研究，并及时出版有关的研究成果，对于“人文教育”专业的课程建设以及师范生的培养颇为重要。

• 《历史与社会》课程教师的专业发展迫切需要理论引领。当前，提升广大中小学教师的专业化水平已成为我国基础教育改革与发展的工作重心。而《历史与社会》课程教师专业化水平的提升，显得尤为迫切。因为目前担任本课程教学的教师，大多数是从高师院校的单一学科专业培养出来的，要想胜任本课程的教学工作，不仅需要补充大量其他学科的专业知识，而且还需要补充关于《历史与社会》课程及教学方面的基本理论知识。本书的出版，希望能对广大《历史与社会》课程教师有所助益。

在本书的初稿完成以后，我的博士生导师、上海师范大学人文学院的李稚勇教授对本书提出了诸多修改意见，并为本书作序，在此表示衷心的感谢！另外，由于本人水平有限，在成书的过程中，直接或间接引用了大量专家、学者、中学一线教师的材料和研究成果，在此也一道致谢！

作 者

2014 年春于杭州

目　录

第一章 社会科课程理论溯源

设置综合课程，是我国新世纪课程改革的重要目标之一。《历史与社会》就是在这一课程改革的背景下推出的一门人文社会学科综合课程。作为一门新兴课程，明晰其历史演进，探寻其理论基础，理应成为本课程首先探讨的课题。

第一节 社会科课程的历史演进

分析和综合都是人类思维的基本过程与方法。分析是把事物分解为各个部分或属性，分别加以研究；综合是把事物各个部分或属性按内在联系有机地统一为整体，以掌握事物的本质和规律。分析和综合是辩证统一的关系。分析中有综合，综合中有分析。分析是综合的基础，综合是分析的目的。据此，在学校教育中，我们既要关注学生分析思维的发展，更要关注学生综合思维的发展。然而长期以来，由于受近代分科教育传统的影响，学校教育偏重于学生分析思维的培养，而跨学科、多视角分析问题的综合思维的发展则常常受到忽视。特别是到了当代，随着现代科学知识的迅猛发展，并日益呈现出网络化、整体化的态势，迫切要求学校的人才培养模式也要作出相应的调整。那些仅仅知道各学科领域的知识，而不懂这些学科知识之间的关联性以及如何综合运用的学生，将难以适应未来社会的挑战。因此，在基础教育阶段，加强课程的综合化研究也就显得十分必要。对此，古今中外的教育工作者已有一定的相关研究和实践，下面就着重人文社会学科综合化问题的探索历程作一概述。

一、课程综合化的萌芽与尝试

课程综合化的思想在西方最早可以追溯到古希腊时期的大哲学家苏格拉底。在柏拉图的《理想国》中，提到苏格拉底在与他人的对话中指出：一个人在青年时期，应该将以往分散学习的各种课程内容加以综合，研究它们相互间的联系以及它们和事物本质的关系，这是能获得永久知识的唯一途径。[①] 这可能是关于课程综合化思想的最早论述。

而综合的观念真正反映在课程设计上，应归功于近代德国教育学家约翰·弗里德里希·赫尔巴特。赫尔巴特的课程综合化思想是建立在联想主义心理学的基础之上的。联想主义心理学的主要观点是重视人的经验，认为人的一切知识都来源于后天的经验。赫尔巴特吸收了联想主义的这一思想，把观念及其相互联合与冲突视为心理学的基本内容。据此，赫尔巴特及其继承者提出了著名的"统觉"思想，"统觉"就是把新的知识或观念置于个人原有知识的固定图式之中，以促使当前的知识或观念与某一经验背景相结合。个体储存的原有观念构成了他的经验背景或"统觉团"，这个"统觉团"能使他去解释当前的知识或观念。因此，课程要适应学生的心理需要，就必须按"统觉"的思想来设计课程，组织和选编教材，只有这样，课程才能唤起学生的学习兴趣，使新知识能够有准备地与原有知识进行联系，促使新旧观念的融合，使学生更好地理解并掌握所学的课程。按照"统觉"原理，赫尔巴特学派提出了课程论的三个原则，即历

① 柏拉图：《理想国》，郭斌和、张竹明译，商务印书馆，1986年，第305页。

史原则、集中原则和相关原则，其中后两个原则尤其是相关原则对综合课程理论的形成起到关键的作用。①

教材联络论就是赫尔巴特“统觉”学说的一个具体案例。教材联络论的基本观点是：人、社会、自然具有统一性，是一个整体。在校外生活中，几乎看不到学科内容是各自割裂的，那么为什么在学校里就不把它们联系起来呢？据此，在课程中安排各学科时，要使一门学科的教学经常地联系其他学科的教学。这样，教地理时就非常容易显示出它与历史之间的联系；同样，教历史时联系文学而使历史教学更加丰富充实。联络不仅在于使学习更富有意义，而且还在于使学习更富有兴趣。赫尔巴特的弟子齐勒按照赫尔巴特联络论的逻辑，得出如下结论：不但要把一些适当的学科联络起来，而且有可能用某一门学科来作为联络所有其他学科的核心。齐勒自己选择了历史为核心，这与他的哲学观有关。与赫尔巴特一样，齐勒认为教育的主要目的是道德的，他更信奉黑格尔关于历史是展示神的绝对观念为目的的记录，所以他自然地选择了历史。②

20 世纪上半期，对综合课程的发展做出最主要贡献的是美国教育家约翰·杜威。作为进步主义教育运动的代表人物，杜威极力倡导基于儿童经验的综合学习，反对分学科的学习。他认为，“已经归了类的各科科目，是许多年代的科学的产物，而不是儿童经验的产物。儿童的生活是一个整体，他们从一种活动转到另一种活动，从未意识到有什么转变和中断，而是结合在一起的。儿童一到学校，多种多样的学科便把他们的世界加以割裂和肢解了。”③另外，杜威的“经验哲学”还特别强调儿童“经验”的连续性、交互作用及整体性，他指出，“一个分裂的世界，一个各个部分、各个方面不能结合一致的世界，将立即成为分类人格的表现和原因。只

---

① 布鲁巴克：《西方课程的历史发展（下）》。转引自瞿葆奎：《教育学文集·课程与教材（上册）》，人民教育出版社，1998 年，第 110 页。

② 布鲁巴克：《西方课程的历史发展（下）》。转引自瞿葆奎：《教育学文集·课程与教材（上册）》，人民教育出版社，1998 年，第 111 页。

③ 约翰·杜威：《学校与社会·明日之学校》，赵祥麟等译，人民教育出版社，2005 年，第 112—113 页。

有当相继出现的经验彼此结合一起的时候,才能存在充分完整的人格。”[①]这些论述说明,儿童完整人格的塑造需要有综合化的课程形式加以保障,而在分学科的状态下往往是难以达成的。

在赫尔巴特、杜威等人的努力下,综合课程在课程发展史上终于赢得了一席之地,并被越来越多的有识之士予以关注。

二、社会科课程的产生与初步发展

在人文社会学科领域,历史与地理是两门重要的基础学科。“历史”以纵向时间观念为主要逻辑顺序,“地理”以横向空间观念为主要逻辑顺序,这两门学科对于形成学生正确的时间观念和空间观念具有重要意义,因此一直在人文社会学科教育中占有特殊地位。早在17世纪,夸美纽斯在《大教学论》中论述了母国语中应当教学的重要学科,列述历史,接着是地理。洛克也认为,应当使儿童学习地理,把它同历史教学联系起来,或者至少同年代学并列。[②] 可以说,一直到20世纪,历史与地理分科设置,是一个西方学校课程的普遍现象。

19世纪末,由于受赫尔巴特、杜威等人的教育思想的影响,人文社会学科领域也出现了课程综合化的趋势。在人文社会学科领域,最早出现综合课程的是美国。在美国,人文社会学科综合课程冠名为“社会科”(Social Studies)。据美国学者的文献分析,最早使用“社会科”一词的是托马斯·琼斯,在他的一篇文章中第一次使用了“社会科”的名称,该文章发表在1905年的《南方劳动者》杂志上。之后,琼斯拓展、充实了自己的文章,把它放在一本名为《汉普顿的社会科课程》的书里。[③] 社会科的创设,适应了当时社会的诸多需求,如民主社会生活的保持、工业经济的发展、科学技术的进步,以及大量新的移民涌向城市等。[④]

---

① 约翰·杜威:《我们怎样思维·经验与教育》,姜文闵译,人民教育出版社,2004年,第262页。

② 佐藤正夫:《教学论原理》,钟启泉译,人民教育出版社,1996年,第102页。

③ Ross,E. W.. *The Social Studies Curriculum: Purposes,Problems and Possibilities*. State Univercity of New York Press. 2001:21.

④ Zevin,J.. *Social Studies for the Twenty-first Century*. Lawrence Erlbaum Associates. 2000:6.

1916 年，全美教育协会建立了“重建中等教育委员会”，其下设的“社会科委员会”，发布了一个具有历史意义的报告，史称《1916 年社会科报告》。在这个报告中，首次将“社会科”指定为一个学校课程领域，并被定义为“直接与人类社会的组织和发展相关，与作为一个社会群体成员中的人相关的学科内容的学习”；增强社会效能和培育良好公民，是该课程的核心目的；公民身份、作为社会成员的责任感、道德品质培育等作为社会科的主要教育目标；学科内容的组织模式为环境拓展模式，即先从邻里，再扩展到整个人类社会。①

社会科改革运动的最主要成效是促成全美社会科协会的建立。1921 年，全美社会科协会正式成立，它的章程指出：“社会科涵盖历史和社会科学学科，以及那些与民主社会中个体角色有关的探究领域，旨在保护他（她）的正直和尊严，并且关注重要社会议题和人类关系问题的理解与解决。”②1937 年，全美社会科协会创办了自己的会刊《社会科教育》（*Social Education*），成为指导全国社会科教育教学的有力工具和学术交流的平台。

在 20 世纪上半期，对美国社会科课程发展和教材编撰做出重要贡献的人物当属哈罗德·拉格。20 世纪 20 年代，由于受当时进步主义教育思想的影响，拉格及其同事康茨等人十分反对当时以历史科为核心的社会领域课程所呈现的零碎分立且与社会生活少有关联的知识，主张社会领域的课程应将现有的知识加以统整，以探讨社会的问题为其内容，并且协助学生以这些社会问题为核心，进行批判式的探究以及开放式的讨论。③ 拉格进一步主张，应该采用跨学科整合的、基于问题的社会科替代以往的历史和地理学科。根据这些教育设想，拉格编制了统称为《人类及其变迁中的社会》的一系列社会科教科书，主要包括“美国文明介绍”、“现

① Garcia, J. & Michaelis, J. U.. Social Studies for Children: A Guide to Basic Instruction (12th Edition). Allyn & Bacon, 2001: 3.

② Garcia, J. & Michaelis, J. U.. Social Studies for Children: A Guide to Basic Instruction (12th Edition). Allyn & Bacon, 2001: 3.

③ 单文经：《Rugg 及 Bruner 社会领域课程改革经验的启示》，《教育研究集刊》，2005 年第 1 期。

代世界中日益变化的文明”、“美国文明的历史”、“美国文化问题介绍”,[①]这些教科书都采取问题中心、跨越学科边界的设计思路,向学生全面展示美国的历史与当代社会,对综合社会科教材的编撰理论进行了开创性的探索。正如学者尼尔森指出的:“在拉格编制《社会科学手册》之前,没有社会科教科书,也没有任何社会科课程。”所以有人也将拉格的社会科课程思想简称为“拉格课程”。[②] “拉格课程”的出现,对美国和其他国家的社会科课程的设计产生了深远影响。

三、当代社会科课程的勃兴与发展

到了当代,随着科学知识的激增以及科学发展的日益综合化的需要,以及人们日益面临的越来越多的社会问题的困扰,学校教育仍然采用传统分科学习的方式已难以适应时代变化的新形势。为了应对这一变化,早在 20 世纪 70 年代,在一些国际会议上就提出了“在教育方法和教育内容的组织方面实行跨学科”的主张。随后十几年,“跨学科”教育方案逐渐成为学校改革的一个热点问题。教师们发现自己不得不把各门学科结合和整合起来,同时还要避免把各学科并列在一起,弄成一个纯粹的杂烩。学习者们也感到,既需要一种可以统帅事实和细节的全面而统一的视野,又需要了解和掌握不同领域的特点。联合国教科文组织的《第二个中期规划(1984—1989)》可能提供了一条可行的途径:“面对复杂的需要,为了避免使课程超载,解决的办法不是在现行内容中增添新的因素,而应考虑到有关各学科的补充性和计划中的教育目的,而把所有因素有机地整合成一个个新的、复合的整体。”[③]于是,这一时期,一批专门探讨课程综合化的理论著作也应运而生,如英格拉姆的《课程综合与终身教育》、雅各贝

---

① Evans, R. W.. *This Happened in America: Harold Rugg and the Censure of Social Studies*. Information Age Publishing. 2007:94.

② Mraz, M. Harold O.. Rugg and the Foundation of Social Studies. *International Journal of Social Education*, 2004, (1).

③ S·拉塞克、G·维迪努:《从现在到 2000 年教育内容发展的全球展望》,马胜利等译,教育科学出版社,1996 年,第 213—214 页。

斯的《跨学科课程：设计与实施》、宾尼的《课程统整：民主教育的核心》等，为当代综合课程的勃兴奠定了理论基础。

20世纪下半期，伴随着课程综合化改革的浪潮，世界上许多国家的中小学都陆续开设了综合社会科课程。在小学阶段设置综合型社会学科课程，基本上成为世界上绝大多数国家的共识，并在课程实践中已取得了不少成功的经验。中学阶段综合型社会科课程的开设，从总体上看，远不及小学阶段普遍，究其原因，主要在于社会学科本身的研究状况以及教育科学的发展水平。

中学的综合型社会科课程的设置，关键问题是如何把各社会学科领域的知识融会在一门新的课程中，使之成为有利于学生学习的有机整体。较为理想的情况是，当代社会科学研究工作者可以把历史、人文地理、社会、经济等学科知识整合起来，形成一门新的综合性学科，教育界人士以此为依托来开设课程。但就现有的社会学科研究方法、技术和取得的成果来看，要创建这样一门新的综合型学科，难度颇大。这取决于跨学科研究的发展水平。而当今世界跨学科研究的发展却存在三大阻力：其一是跨学科共识的匮乏；其二是僵化的科研体制；其三是学科割据的传统教育。要克服这三方面的阻力，是不可能一蹴而就的，这种局面还将继续，甚至长期存在下去。①

社会科学的研究水平和成果还不足以支撑一门知识范畴周全且有机联系的综合化社会科课程。课程开发人员所面临的一个首要问题，便是如何把以纵向时间观念为主要逻辑顺序的“历史”与以横向空间观念为主要逻辑顺序的“地理”有机地结合起来，融合在一门课程中，这是一个颇为棘手的问题。相对而言，小学阶段的综合社会学科课程的开设要容易些，小学的课程多为常识性的，对知识结构、学科逻辑的要求没有中学那么高。尽管如此，各国教育界人士仍在不懈努力，以推进中学阶段综合社会科课程改革，其中以法国的改革为典型。

① 秦麟征：《跨学科研究的未来》，《国外社会科学》，1996年第1期。

20 世纪 70 年代以前，法国的人文社会学科课程在中学阶段都是分科设课的。70 年代推行的“哈比改革”，决定以综合课程代替分科课程。初中阶段合并历史、地理、公民课，增加经济学内容，开设“人文科学”的综合课程，促进学生运用所学的知识，在实践中发展观察、联系、信息分析等能力。但是这种做法致使历史知识的延续性被打破，年代界标也消失了。学生丧失了关于法国历史的共同记忆。以削弱历史教育为代价，最终不为国民所接受。到了 80 年代中期，法国中小学恢复了以往分科设课的方式，初中阶段仍旧开设历史、地理课。可见，中学阶段把历史、地理、经济学等学科领域的知识有机整合起来成为一个系统，进而形成一门课程，以便于学生进行综合性的学习，的确是一件繁难的事，其中有许多问题亟待人们去研究和探索。

然而，面对这一改革难题，人们并没有退缩。特别是在世纪之交，为了更好地迎接新世纪的挑战，培养适合 21 世纪需要的合格公民和复合型人才，使课程内容更适合学生的学习，更多的国家和地区进行了积极的探索。

1994 年，面对新世纪的挑战，美国着手制定《美国国家社会科课程标准》，提出了以主题轴的课程框架来组织课程内容的新思路。① 进入 21 世纪，在全球教育改革的浪潮的影响下，美国社会科教育又呈现出一些新的改革趋势，即重点关注公民教育、全球教育、课堂教学中技术的运用和课程标准化运动四个方面。②

1998 年，日本制定的中学教学计划，一方面采取分科联合型课程结构，加强史、地等学科的相互联系；另一方面强调“综合学习”，以培养学生的综合能力和生存能力。③

2001 年，中国香港课程发展议会在新确立的课程框架中提出了八大

① 美国国家社会科协会：《美国国家社会科课程标准》，高峡、杨丽娟、宋时春译，教育科学出版社，2008 年，第 15－21 页。

② Garcia, J. & Michaelis, J. U.. *Social Studies for Children: A Guide to Basic Instruction* (12th Edition). Allyn & Bacon, 2001: 8.

③ 李稚勇、方明生：《社会科教育展望》，华东师范大学出版社，2001 年，第 152 页。

学习领域，“人文、社会及人文教育”（Personal，Social and Humanties Education，简称 PSHE）成为其中一个独立的学习领域。2003 年开始，不少中学在初中开设“人文、社会及人文教育”范围内的传统科目，例如经公、地理、历史等，但也同时开办通识教育，并冠以不同的名称，例如综合人文科（Integrated Humantities）或社会科（Social Studies）或通识教育（Liberal Studies）等。①

我国台湾地区在制定跨世纪的课程计划时，也都提出了有关综合型社会科课程的构想。1998 年颁布了《九年一贯课程总纲纲要》，《课程纲要》基于个体发展、社会文化、自然环境三个方面，将原来的中小学科目整合成七大学习领域。其中“社会”领域主要由过去的历史、地理、公民、道德等科目整合而成，并通过九大主题轴来构建课程框架，即人与时间；人与空间；演变与不变；意义与价值；自我、人际与群己；权力、规则与人权；生产、分配与消费；科学、技术与社会；全球关联。②

20 世纪 90 年代，我国大陆地区率先在浙江、上海等地推行社会科课程，以改变长期以来分科课程一统天下的局面。2001 年，在新世纪的课程改革中，我国也将推行综合课程作为一项重要的改革目标，整合传统人文社会学科的《历史与社会》课程也应运而生，该课程在全国范围内的推出，对探索具有我国自身特点的社会科课程模式具有重要意义。2011 年，我国的教育部门颁布了重新修订的《义务教育历史与社会课程标准》，标志着我国的社会科课程改革又进入一个崭新的时期。

第二节　社会科课程的理论基础

在学校教育中，积极倡导设立综合性的社会科课程，除现实需求外，还有着多方面的理论依据。下面本节就着重从系统论、脑科学、教育学、

① 香港课程发展议会：《学会学习：终身学习、全人发展》，香港印务局，2001 年，第 43 页。

② 唐光燕：《21 世纪初台湾国民中学实施社会科课程统整的适切性研究》，华南师范大学硕士学位论文，2002 年，第 52 页。

历史学等方面探讨社会科课程整合的理论基础。

一、系统论

20世纪中期以后，随着全球化步伐的加快，人类面临的社会问题也越来越多，越来越复杂。这些问题又都表现为整体性或系统性的问题。于是以系统为研究对象的崭新理论——系统论，就应运而生。系统论最早是由美籍奥地利生物学家贝塔朗菲提出的。系统论提出的整体化思想以及系统的思维方法，是学校人文社会学科课程综合化设计的重要理论基础。

1.系统论的基本观点

概括起来，系统论的主要内容涵盖以下几个方面：

(1)系统的概念。系统一词，来源于古希腊语，是由部分构成整体的意思。通常把系统定义为：是指具有特定功能的、相互间具有有机联系的许多要素所构成的一个整体。[①] 从这一定义可以看出，系统中各要素不是孤立的存在，每个要素在系统中都处于一定的位置，起着特定的作用。要素之间相互关联，构成了一个不可分割的整体。要素是整体中的要素，如果将要素从系统整体中割离出来，它将失去要素的作用。

(2)系统的思想。系统论的核心思想是系统的整体观念。贝塔朗菲强调，任何系统都是一个有机的整体，它不是各个部分的机械组合或简单相加，系统的整体功能是各要素在孤立状态下所没有的性质。他用亚里士多德的“整体大于部分之和”的名言来说明系统的整体性[②]，反对那种认为要素性能好，整体性能一定好，以局部说明整体的机械论的观点。

(3)系统思维方法。系统思维就是把认识对象作为系统，从系统和要素、要素和要素、系统和环境的相互联系、相互作用中综合地考察认识对象的一种思维方法。长期以来，由于受传统科学思维方式的影响，人们过

① 霍绍周：《系统论》，科学技术文献出版社，1988年，第24页。

② L.V.贝塔朗菲：《普通系统论的历史和现状》。转引自中国社科院情报研究所：《科学学译文集》，科学出版社，1980年，第305页。

分专注于分学科领域的研究，忽视各学科之间的协同研究，从而使学科之间出现了一些研究的"盲点"，而这些"盲点"越来越成为当前科学研究领域创新成果的诞生地。而运用系统思维的方法，就可以有效弥补以往科研范式的不足，为科学发展不断开拓新的视野。

2.系统论思想对中学人文社会学科课程设计的启示

系统论是当代科学研究的重要方法论和认识论思想，也对学校人文社会学科的课程设计提供了重要的启示。人文社会学科课程是以人类及其社会活动为认识对象的，人类社会本身就是一个大系统，因而对社会问题的认识也必须具有系统的观念。然而，我国目前的中小学教育将人文社会学科具体分成历史、地理、政治、社会等具体学科的做法，不仅增加了学生的学习负担，也不利于学生对人类社会形成系统的、整体的认识。特别是在全球化的时代，出现了许多困扰人类的全球性问题，如人口、资源、环境、战争等问题，这些问题不是仅仅依靠某一学科领域的知识就能解决的，人们必须掌握从多学科、多视角进行系统认识的能力和方法，方能获得满意的答案。国际上也有资料证明：分立科目不足以协助学生进行复杂层次的学习。[①] 开设人文社会学科综合课程，就是运用系统科学的理论，为学生提供综合化、整体化、最优化的学习内容，并在教师有计划、有意识的引导下，形成对历史和社会问题的一种系统、综合和辩证的认识习惯，训练思维的深刻性、多维性和灵活性，进而培养创造性解决问题的能力。

二、脑科学

法国社会科学高级研究院院长埃宾特教授指出："理解认识功能和头脑工作之间的关系是一项对人类极具贡献的事。了解头脑做了什么，是如何做的，的确是解决教育、教学问题的最佳途径。"[②]同样，科学家对人脑认知方式的最新研究成果，也为人文社会学科课程整合提供了重要的

---

① 詹姆斯·A.宾尼：《课程统整》，单文经等译，华东师范大学出版社，2003年，第40页。

② 转引自沈德立：《脑功能开发的理论与实践》，教育科学出版社，2001年，第4页。

理论基础。

1. 脑科学研究的有关成果

近些年来，脑科学研究取得一系列突破性的重要成果，其中对学校课程设计具有启示意义的研究成果主要有：

脑相容理论。"脑相容"(Brain-Compatible)一词最先由美国学者列斯力·哈特(Hart, L.)于1983年提出，他认为存在着"与脑兼容的"或"与脑对抗的"(brain-antagonistic)教育。[①] 随着脑神经科学研究的不断发展，在课程与教学方面，凯恩(Caine, R. N.)等学者又提出了"与人脑相容"的教学观念，并逐渐形成所谓的脑相容学习理论(Brain-Compatible Learning Theory)。脑相容学习理论认为，人脑是以平行、多元的方式，同时将大量、形式复杂的讯息，分散在各个不同的区域加以处理，所以线性、序列的学习方式不见得适合人脑的运行机制。正是因为并行的和相互联系的加工过程是脑的典型特征，就像城市一样，所以脑被描述成"全息的"或"整体的"或"相互连接的"。[②] 该理论还进一步指出，基于脑的学习依据的是这样的事实，即不同的学科之间互相联系，并共享脑所能辨认和组织的信息。[③]

全脑思维论。对大脑的最新研究表明，虽然脑的两个半球的功能存在着不对称性，但不是分开来运行的，而是共同来完成所有的认知任务。正如美国芝加哥大学著名生理心理学家利维(Levy, J.)在《右脑和左脑：事实还是虚构？》一文中指出的："两个大脑的错误是建立在错误的前提下的：由于每一个半脑都是专门化的，每一个大脑必须作为独立的大脑来运行。但是事实上，反过来才是对的。由于大脑中的脑区不同，它们必须整合起来活动。精确地说，整合所引发的行动和思维过程的确要比每一个脑区的贡献大，而且整合的贡献也不同于每个脑区的贡献。因此，由于这一观点的大前提是错误的，所以所有从该前提基础上推导出来的论断也

① 雷纳特·N·凯恩等：《创设联结：教学与人脑》，华东师范大学出版社，2004年，第4页。
② 雷纳特·N·凯恩等：《创设联结：教学与人脑》，华东师范大学出版社，2004年，第24页。
③ 雷纳特·N·凯恩等：《创设联结：教学与人脑》，华东师范大学出版社，2004年，第4页。

都是错误的”。[①] 可见,仅仅强调半脑的主导作用显然是失之偏颇的。那些鼓吹“右脑思维”者最好转而促进“全脑思维”,为学习者提供“全面概述”以及“逐步深入”的教学。有学者对此做了一个形象的解释:如果可以使用高架式投影仪来创编呈现学习计划的幻灯片,那么呈现的第一张幻灯片应是描绘全貌的大画面,随后是更为详细地呈现下级主题的幻灯片,这样就使让“整体”与“细节”交替出现,以确保每位学生都是全脑学习者。[②]

2.脑科学研究成果对学校人文学科课程设计的启示

以上脑科学的研究成果对中学人文社会学科的课程设计具有重要启示。脑相容理论给我们的启示是:知识联系越密切,越易于与大脑相容。大脑不存在针对历史、地理、社会等不同学科领域的机能,它更像是一个路标,将这些不同的学科领域有机地联系在一起。因此,在初中阶段,将具有内在价值关联的历史、人文地理及其他人文社会科学的相关知识内容进行整合设计,设置人文社会学科综合课程,引导学生经历超越学科的综合观察和思考的学习过程,是符合人类大脑的认知方式和认知规律的。全脑思维理论给我们的启示是:人文社会学科课程的设计,不仅要关注具体学科的内容设计,而且还要关注整个人文社会学科课程的宏观设计,为各具体学科找到一个“课程之家”,这样的课程内容才能实现“整体”与“细节”的交相辉映,进而促进大脑潜能的充分开发。因此,从某种意义上说,设置人文社会学科综合课程,有利于学生形成基于脑认知特点的最佳学习方式。

三、教育学

当代教育观念的一个重要转变,就是从以往关注教师的“教”转向关注学生的“学”。那么,学生的学习是如何发生的?学生是怎样学习

① Levy,L. Right Brain. Left Brain: Fact and Fiction. *Psychology Today*,1985,(5).

② E.詹森:《基于脑的学习:教学与训练的新科学》,梁平译,华东师范大学出版社,2008年,第19页。

的？学生对所学的知识是如何理解的？作为影响当代中国教育改革最重要的教育理论——建构主义教育理论，对这些问题进行了全新的解释。

1. 建构主义教育理论关于学习内涵的诠释

建构主义教育理论认为：知识不是通过教师传授得到的，而是学习者在一定的情境即社会文化背景下，借助其他人（包括教师和学习伙伴）的帮助，利用必要的学习资料，通过意义建构的方式获得的。据此，建构主义学习环境的创设，需要涵盖情境、协作、会话和意义建构四个核心要素。[①]

首先，真正的学习发生在真实的情境之中，发现、分析和解决真实世界的问题对学生具有十分重要的教育意义。情境是指与某一事件相关的整个情景、背景或环境。[②] 以往在学校发生的很多所谓的正式学习，往往都是脱离特定情境的。这种学习存在着形式化、抽象化、记忆表征单一化等弊病，由此获得的知识只会应付考试，而不能迁移至复杂的真实情境中用于具体问题的解决。因此，创设多样化的、真实的问题情境，是建构主义教学模式得以实现的前提。

其次，通过协作、会话增强学生对未知世界的探求动力。在现行的学校教学中，"教师问学生答"占主导的师生交往模式，再加上以成绩为重的评价方式，是学生缺乏合作意识和探究愿望的重要原因。建构主义教育理论强调，只有转变传统教学中的师生交往方式，创设师生之间、生生之间协作、会话的教学氛围，才能有效地保护学生对未知世界的探究愿望，促进其认知结构的不断更新与发展。可见，协作、会话又是建构主义教学模式得以实现的保障。

最后，通过意义建构，才能使学生较全面、深刻地理解所学知识的本质特征及其内在联系。经历对真实世界的问题解决，以及与他人的协作与会话，学生不断组织、诠释和运用知识，并将相关的知识与理论有机联

① 顾明远、孟繁华：《国际教育新理念》，海南出版社，2001 年，第 281 页。

② 转引自高文：《教学模式论》，上海教育出版社，2002 年，第 79 页。

结起来。在这种主动、积极的学习过程中，学生的新知得以有意义地建构。

2. 建构主义教育理论对中学人文社会学科课程设计的启示

根据上述建构主义教育理论对学习内涵的诠释，传统的人文社会学科课程将知识以分门别类的方式加以呈现的做法，是不利于学生对所学知识进行有意义的建构的。这种课程虽然有利于学生深入学习每一门学科，但是分立的学科易于造成知识的割裂，妨碍知识之间的相互诠释、参照与印证，也不利于情境的创设，以及师生之间的会话和协作。而要想建构结构化的、连接丰富而灵活的、提取顺畅的知识网络，就必须提供机会让学生置身于多样化的问题情境中来建构新知。对此，有学者主张，真正的学习应该是一种统整性或综合性的学习，即以重要问题所形成的情境与脉络组织相关知识，将知识学习导向重要问题的理解与解决。[①] 据此，人文社会学科的课程设计，亦应突破传统的学科藩篱，尝试以重要问题或主题为中心整合相关的学科内容。例如，人文社会学科课程中涉及的“人口爆炸”、“资源短缺”、“环境污染”、“遗产保护”、“地区冲突”“经济全球化”等学习主题，都超越了单一的学科界限，具有明显的跨学科特性。以这些主题为核心进行课程设计，有助于引导学生进行跨学科、跨领域的综合学习，从而为知识的多元建构创造良好的学习环境。可见，人文社会学科综合课程所倡导的以联系、整合为特征的内容设计思路，正是建构主义教育理论的集中体现。

四、历史学

历史学科是中学人文社会学科课程的核心科目。以历史学科为核心对其他人文社会学科进行整合，也是国内外中小学人文学科课程整合的最主要方式。[②] 历史学作为中学历史学科知识的重要来源，其理论的特点及其发展变化也必然会影响到中学人文社会学科的课程设计。

① 陈新转：《课程统整理论与设计》，商鼎文化出版社，2003 年，第 114 页。

② 李稚勇：《社会科教育概论》，高等教育出版社，2005 年，第 117—118 页。

1. 从“年鉴学派”到“社会科学新史学派”

从宏观的历史学发展趋势来看，19 世纪是历史学专业化、学科化的时代，到 20 世纪特别是“二战”后，历史学与其他学科领域的交流、融合，显示出一种整体化与综合化的趋势。

20 世纪上半期，在西方史学界，突破以德国史学家兰克为代表的传统史学的“新史学”呼声日渐强烈，狭隘的政治史研究逐渐被“总体史”所取代，单纯考订史料和叙述事件的做法被广泛吸取其他学科养分的跨学科研究取代。而对这一趋势的推进做出最主要贡献的当属法国的年鉴学派。费弗尔和布洛赫作为年鉴学派的创始人，以“唯一真正的历史是总体的历史”为理论旗帜，主张历史学家应当把社会历史作为一个整体来研究，除了政治、军事之外，还应包括经济、思想、文化、宗教和人类生活等各个方面的内容，历史研究不仅是对组成历史的各个方面的分别研究，更要重视对历史各方面、各层次的有机联系的综合研究。[①] 年鉴派提出的“整体历史”（总体史）与“历史综合”的口号，把人类社会看成是一个有机联系的整体，并进行跨学科与多学科的综合研究，从而开启了 20 世纪历史研究的新方向。

“二战”以后，历史学研究的综合化特点更加明显，特别是与社会科学之间的关系更加密切，逐渐显示出“史学的社会科学化”的趋势。[②] 美国“社会科学新史学派”的兴起就是这一趋势的典型说明。在这一学派的影响和倡导下，历史学开始积极引进和借鉴社会科学的理论与方法，并逐渐诞生一系列新的分支学科，如新经济史学、新政治史学、新社会史学、历史地理学、历史人口学、历史人类学、心理史学等，从而使历史学的研究领域得到前所未有的拓展，并显示出明显的跨学科的特征。对此，有学者不无感慨地说：历史学从来就不是孤独的，随着时间的推移，它与其他知识分支的联系更加紧密，以至最近它被戏称为“跨学科合并最繁忙的地方之

① 张广智：《西方史学史》，复旦大学出版社，2000 年，第 276 页。

② 张广智：《西方史学史》，复旦大学出版社，2000 年，第 320 页。

一”。[①] 事实证明，历史学的跨学科研究，历史学与其他社会学科之间的交流与融合，可以使历史学的潜在功能得到充分的发挥，从而在了解过去、认识当代与预测未来的过程中，使历史学发挥出更大的作用。

2. 历史学理论的发展对中学人文社会学科课程设计的启示

历史学理论研究的不断发展并日益整体化、综合化的趋势，极大地丰富了以历史知识为核心的中学人文社会学科的内涵，并为学校课程设计提供了重要思路。具体表现在：

一是应注意加强历史学科与其他人文社会学科的联系。在现行的中学人文社会学科课程中，首先应关注历史与人文地理的联系。因为地理环境是人类历史发生的舞台，一定的历史总是发生在一定的地理环境之中的，忽略了地理环境的因素，对许多历史问题也就难以做出科学、合理的解释。此外，还要关注历史与文学的联系。在历史学习中，适当地运用一些喜闻乐见的文学作品，既可以激发学生的历史学习兴趣，也有利于学生更深刻理解“文史不分家”、“文史相通”的道理。开设人文社会学科综合课程，加强历史学科与其他人文社会学科的联系，对改变固守人文社会学科藩篱的传统教育方式具有重要意义。

二是应注意发挥历史学科的社会教育功能。历史学不断社会科学化的趋势，体现了历史学在人们认识社会、改造社会方面所发挥的独特功能。同样，中学的历史教育也应重视发挥历史教育的社会功能。历史教育的目的，不仅仅是帮助学生认识过去，更重要的是，要让学生通过掌握一种历史思维的方法，以便更好地认识现实，并创造一个未来的新社会。开设人文社会学科综合课程，不仅不会削弱历史教育的功能，而且会进一步拓宽历史教育的视野，并促使其社会功能得到更有效的发挥。

上述这些理论都从不同的角度诠释了中学人文社会学科课程整合的合理性和必要性，也为我们进行学校课程与教学的设计提供了有力的理论支撑。

---

① 朱丽·汤普森·克莱恩：《跨越边界：知识·学科·学科互涉》，南京大学出版社，2009 年，第 92 页。

第二章　社会科课程国际比较

20世纪下半期，伴随着课程综合化的改革浪潮，世界上绝大多数国家的中小学都相继开设了社会科。20世纪90年代，我国浙江、上海等地区的中小学也进行了综合社会科的改革尝试。在新世纪的课程改革中，我国又将推行综合课程列为课程改革的主要目标之一。因此，认真总结和借鉴国内外在社会科改革方面的经验，是该课程得以顺利实施的重要前提。

第一节　美国社会科课程评介

美国是世界上最早开设社会科课程的国家。在长期的研究和实践中，逐渐形成了三种主要的社会科课程类型，即全美社会科协会推出的社会科课程类型，美国加利福尼亚等州采用的历史—社会科学课程类型，以及伊利诺斯等州采用的"社会科学"课程类型，[①]这些不同类型的社会科课程体现了美国课程设计的多样化特点。其中，前两种课程类型在美国影响颇大，下面作重点介绍和分析。

① Lobes, L. S.. *Surveying State Standards: National History Education Network's* 1997 *Report on State Social Studies Standards*. The History Teacher, 1998, (2).

一、全美社会科协会推出的社会科课程

长期以来，由于美国教育制度采地方分权制，各州可依据教育法制订课程标准，接着由学区内的教育委员会依据课程标准订定学区的课程纲要，再由各校依据课程纲要安排具体课程。此课程体制的优点是可顾及各州及地方的实际，缺点是不利于提高学生的学业成就，造成学生的学业成就在州际或地方间的差异。有鉴于此，美国国会于1992年通过《公元2000年教育目标法案》，明确规定部分科目必须订定全国性的课程标准，这些科目包括：艺术、公民与政府、经济、英语、外国语、地理、历史、数学、体育、科学及职业教育。到2000年，所有学生的学业成就必须达到一定的标准。社会科虽然未列入上述的指定科目中，但全美社会科协会仍于1993年成立课程标准工作小组，致力于全国性社会科课程标准的制订。工作小组成员包括大学教授、小学到高中的教师，以及州和学区的社会科督学。经过一年多的努力，于1994年完成社会科课程标准的制订，并于同年9月出版《追求卓越：社会科的课程标准》（*Expectations of Excellence*：*Curriculum Standards for Social Studies*）。此后十余年，该课程标准在美国各州中小学得到广泛的运用，并成为一些国家和地区编制社会科课程标准的蓝本。2010年，全美社会科协会对该课程标准进行了重新修订，编辑出版了《国家社会科课程标准：一个教学、学习与评价的框架》（*Nation Curriculum Standards for Social Studies*：*A Framework for Teaching*，*Learning*，*and Assessment*）．这一课程标准反映了当代美国社会科教育改革的新趋势，即旨在为21世纪的社会科教育重新定位。

（一）社会科课程的性质和目标

在课程目标上，美国新版课程标准沿袭了全美社会科协会给社会科所下的传统定义：社会科是一门将社会科学和人文科学各学习领域进行整合研究的课程，旨在促进公民能力的发展。在学校的课程计划中，社会科课程由多种地位同等的而且自成体系的学科领域所组成，这些领域来

自于人类学、考古学、经济学、地理学、历史学、法学、哲学、政治学、心理学、宗教学和社会学等学科，并提供取自于人文科学、数学和自然科学的适当的内容。社会科教育的主要目标是，帮助年轻人提高这样一种能力：作为生存于文化多元的、民主的社会中的公民能在这个相互依存的世界中做出有利于公众利益的、有见地的、明智的抉择。[①] 据此，课程标准进一步指出：我们的工作是应该阐明社会科学习与民主价值观以及积极的社会公民之间的重要联系。我们必须坚守社会科的基本准则，以确保学生获得必要的知识、技能和思想意识，去指导日常的行为，也为他们日后升学、就业，以及成为一个民主社会的公民做好准备。[②] 概而言之，美国社会科教育的宗旨就是要让学生掌握在民主国家履行"公民责任"所需要的知识、技能和态度。

（二）社会科课程内容

《国家社会科课程标准：一个教授、学习与评价的框架》继续采用十大主题轴课程组织形式。这十大主题轴分别为：文化（Culture）；时间、延续及变迁（Time, Continuity & Change）；人、地方及环境（People, Places & Environments）；个人发展与认同（Individual Development and Identity）；个体、群体和机构（1ndividuals, Groups & Institutions）；权力、权威及管理（Power, Authority & Governance）；生产、分配及消费（Production, Distribution, & Consumption）；科学、技术与社会（Science, Technology & Society）；全球联系（Global Connections）；公民理想与实践（Civic Ideals and Practices）。以下针对每一主题轴加以说明。

1. 文化

通过文化及文化多样性的学习，学生应该知道人类怎样创造、学习、分享和适应文化，并理解文化在塑造他们的生活和社会交际中所发挥的

---

① National Council for the Social Studies. *Nation Curriculum Standards for Social Studies: A Framework for Teaching, Learning, and Assessment*. NCSS, 2010:9.

② National Council for the Social Studies. *Nation Curriculum Standards for Social Studies: A Framework for Teaching, Learning, and Assessment*. NCSS, 2010:9.

作用。在此主题范围内,应学习的问题包括:不同文化的共同特性是什么?信仰体系(如宗教和政治理念)如何对文化产生影响?为了适应不同的理念与信仰,文化是如何变化的?语言可以传达给我们什么文化信息?该主题主要出现在历史、地理、人类学及探讨多元文化的学习单元之中。

2.时间、延续及变迁

通过对历史及其遗产的学习,学习者检视历史上人们的制度、价值观及其信仰,获得历史探究和阐释的技能,理解一些重要的历史事件与进程是如何影响现代世界的。在此主题范围内,应学习的问题包括:我是谁?过去发生过什么事情?我和这些事情有何关联?世界如何改变?其未来的发展趋势怎样?为什么我们会把自己和过去的历史联系起来?该主题主要出现在与历史学有关的学习单元之中。

3.人、地方及环境

科技的发展缩短了人与人之间的距离。为适应今日社会、文化及经济的快速发展,学生必须了解人、地方及环境之间的互动关系以发展空间观及地理观。在此主题范围内,应学习的问题包括:某些事物位于何处?这些事物为何位于该处?群聚的事物反映出何种模式?何谓区域?地形如何变化?地形变化对人类有何影响?学习此主题有助于学生了解人类与环境的关系。该主题主要出现在地理学及区域研究所构成的学习单元之中。

4.个人发展与认同

个人认同受到所属文化、团体和机构的影响。探讨人类的各种行为方式有助于了解社会规范与个人认同之间的关系,认识影响个人认同的社会化过程,并洞悉个人行动为背后的伦理原则。因此,社会科应提供学生学习个人发展与认同的机会。在此主题范围内,应学习的问题包括:人们如何学习?人们的行为怎样形成?什么因素会影响人们的学习、理解与成长?人们如何满足自己的基本需求?该主题主要出现在与心理学及人类学有关的学习单元之中。

5.个体、群体和机构

学校、教堂、家庭、行政部门和法庭等公共机构是我们生活不可或缺的角色。因此,学生有必要了解公共机构是如何形成的?它受什么控制和影响?公共机构如何影响个人与文化?公共机构是如何维系或变化的?在此主题范围内,应学习的问题包括:社会机构在不同的社会中扮演何种角色?社会机构如何影响个体?社会机构如何变化?个人在机构改变的过程中扮演何种角色?该主题主要出现在与社会学、人类学、心理学、政治学及历史学等有关的学习单元之中。

6.权力、权威及管理

了解社会的权力、权威及管理的结构及其运作模式,是发展公民能力的重要方面。在此主题范围内,应学习的问题包括:何谓权力?权力有哪些形式?谁是权力的拥有者?权力如何获得、运用并确保其合理性?何谓合法的权威?政府如何形成、维持及改变?政府如何满足民众的需求保障民众的利益?政府如何保障个人的权力?通过探讨不同管理体系的效用及特色,可以帮助学生了解团体及国家应如何解决冲突并建立社会秩序及安全;而学习个人权利和义务、社会团体的需求以及公平社会这三者间的动态关系,则能使学生在面对社会问题时,成为有效的问题解决者。该主题主要出现在与政治、法律、历史等有关的学习单元之中。

7.生产、分配及消费

有限的资源无法满足人类无穷的物质欲望,于是产生了经济问题。在此主题范围内,应学习的问题包括:哪些产品值得生产?如何组织生产过程?如何分配产品及劳务?如何有效配置生产的四大要素(土地、劳动、资本及企业)?由于目前许多国家的经济政策是全球性的,各国唯有对互赖性的世界经济有通盘了解,才能制定出有效的经济策略。因此,社会科应提供学生人类如何生产、分配及消费产品和劳务等知识的学习机会。该主题主要出现在与经济学等有关的学习单元之中。

8.科学、技术与社会

日新月异的科技为人类带来了福音,也为人类制造了许多问题。在此主题范围内，应学习的问题包括：新科技总是优于旧科技吗？新科技带来怎样的社会变革？我们应如何应对科技带来的种种变化？如何使科技更好地造福于人类？当科技与人类价值产生冲突时，我们应如何保持基本的价值与信念？该主题主要出现在与历史、地理、经济、公民与政府等有关的学习单元之中。

9. 全球联系

全球互相依赖的现实，要求学生理解在国际社会中各种各样的全球性联系，以及因国家利益和全球优先考虑的事情之间频繁出现的紧张状态。在此主题范围内，应学习的问题包括：医疗保健、经济发展、环境质量、基本人权、经济竞争与依赖、种族对立、经济及军事联盟等。该主题主要出现在与地理、文化及经济等有关的学习单元之中。

10. 公民理想与实践

理解公民理想与实践是充分参与社会的关键，是社会科学习的中心目的。因此，社会科应指导学生了解不同时期及社会的公民理想与实践，并且要能知道如何缩短公民理想与现实之间的距离。在此主题范围内，应学习的问题包括：何谓公民参与？个人应如何参与社会？公民的含义是如何演变的？如何权衡权利与义务？公民在社区、国家及国际社会中应扮演何种角色？该主题主要出现于历史、政治学、文化人类学、全球教育及法律教育等有关的学习单元之中。①

（四）社会科技能学习要求

社会科技能的培养是美国社会科课程的重要目标。这些技能主要包括学习技能和社会技能两大方面。在学习技能方面，十分关注批判性思维技能、现代信息技术运用技能的培养。在社会技能方面，从“个人交往”、“群体交往”和“社会参与”三方面加以概括。这些技能的有效达成，有利于实现提升公民能力的课程宗旨（见表 2-1）。

---

① National Council for the Social Studies. *Nation Curriculum Standards for Social Studies: A Framework for Teaching, Learning, and Assessment*. NCSS, 2010:3—4.

表 2-1 美国社会科技能学习要求①

<table>
<tr><th>技能</th><th>学习要求</th></tr>
<tr><td>基本技能</td><td>• 理解并清晰地进行听、说、读、写
• 阐释和运用基于学科的概念
• 描述人、地、事之间的联系
• 将事件置于时间序列中
• 区分事实与观点
• 判断作者的意图
• 判别和分析异同点
• 分析因果关系
• 探究复杂的范式、相互性和关联性
• 区分各种选项
• 发展应用抽象原理的能力
• 探究、观察、识别和分析个体或机构是如何相互影响的
• 定位、分析、评判和运用适当的资源和资料
• 评判资料的可靠性和可信度，并能识别出偏见、宣传和审查
• 运用各种媒体获得、分析、评价和创造信息
• 调查、阐释和分析多方面的史料和观点
• 从各种说法中构建并表达有说服力的观点
• 通过分析冲突和评价议题提出解决问题的思路</td></tr>
<tr><td>批判性思维技能</td><td>定位信息
• 运用图书馆、在线或其他搜索工具来定位资料
• 运用关键词、图表、索引和目录来定位信息
• 运用社区中的信息资源
探究信息
• 运用一则文章、文献、视音频资料的相关部分
• 在社区中进行个体采访
• 评价信息资源——印刷的、视频的、音频的、电子的
• 运用地图、地球仪、图表以及地理信息系统
• 阐释社会的、政治的卡通信息
• 通过文物来阐释历史
组织信息
• 建构提纲
• 编写摘要
• 制作目录
解释信息
• 陈述各种信息之间的关系
• 从事实材料中得出结论
• 依据事实信息预测可能的结果
• 辨认和阐释不同的观点</td></tr>
</table>

① National Council for the Social Studies. *Nation Curriculum Standards for Social Studies: A Framework for Teaching, Learning, and Assessment*. NCSS, 2010:163－166.

续表

技能	学习要求
批判性思维技能	• 将知识迁移到新情境之中 评价信息 • 判断信息是否真实可靠 • 评价信息是否充分 • 从信息的来源、客观性、技术性等方面评价信息的有效性 运用信息技术 • 操作输入装置 • 操作其他媒体或通信技术 • 运用适当的多媒体资源进行直接的和独立的学习活动 • 运用基于网络的信息库 • 运用在线信息资源以满足协作、研究和发表与交流的需要 • 在学习中运用技术工具来调查研究、分析信息、解决问题和做出决定
学习策略	做出决策 • 确定一个需要决策的情境 • 获取与决定有关的必要资料 • 确定各种行动方案，并预测其可能的各种结果 • 制定最佳行动方案的标准 • 基于标准和获得的资料做出决定 • 采取行动以实施决定 • 检视和评价结果 探究学习 • 在探究的基础上提出有力的、复杂的问题 • 通过观察、调查和探究发展理解力 • 组织、创造和交流思想与结果 • 讨论、联系并与其他作品进行比较 • 反思探究过程并进行自我评价 分析议题 • 确定议题并找出主要的对立观点 • 找出和呈示支持每一种观点的论据 • 确定相互冲突的价值观或信仰 • 对一个观点进行辩护和论证 • 对一种相对立的观点进行总结 • 说服他人采纳自己的观点 基于问题的学习 • 介绍并讨论一个真实世界的问题 • 通过集体讨论确定什么是已经知道的、什么是需要探讨的 • 形成并清晰地表达一个问题 • 确定可能的解决方案 • 研究、分析和解决 • 呈现解决结果和佐证材料

续表

技能	学习要求
人际关系与社会交往	个人技能 • 展示正直与诚实 • 交流自己的信仰、情感与信念 • 尊重和宽容他人的信仰、情感与信念 • 调整自己的行为以适合各种群体和情境的变化 协作技能 • 为形成群体内的支持性氛围做出贡献 • 参与制定群体生活的规则和方针 • 参与在群体委派的工作，组织、计划、做出决策及采取行动 • 在解决冲突或异议时，参与劝说、妥协、辩论和协商 公民参与 • 理解重要的民主决策过程 • 认识并理解公共社会问题 • 与持不同观点的人进行对话 • 展示关注他人的权利和福利、社会责任、宽容与尊重等公民素养 • 通过集体解决问题、公共演讲、抗议、投票等活动来体现公众意愿

（四）社会科有效教学原则

为了增强课程标准对教学的指导性，美国社会科协会的课程标准在附录部分还提出了一些有效教学的原则。

1. 有效的社会科教学是富有意义的

有效的社会科教学要使学生明白学习的意义和价值，在教学中，不是要学生背记那些毫无联系的知识或者是训练一些孤立的技能，他们所应该学到的东西是他们发现在校内外有用的、有着相互联系的知识、技能、信仰和态度的网络化的知识。

在富有意义的社会科教学中，学生在学习上的努力，是通过欣赏和兴趣去激发的，学生能主动地去关注周围世界所发生的一切，应用社会科学专业人员的思维框架和研究方法去搜集、解释信息。这样，社会科的学习才能成为学生终身的兴趣，成为培育社会理性的基础。

富有意义的社会科教学还体现在，教师不会将过多的主题纳入到教学之中，他们着重选取一些最有用的信息、最具代表性的案例、最鼓舞人心的榜样、在真实背景下发生的事件，以及学生们知道且在校外生活中能运用的概念和原理，等等。

2. 有效的社会科教学是统整的

从对教学主题的来源来看，有效的社会科教学是跨学科的。这些主题的取材可来自社会科的基础学科，又来自于艺术、科学和人文学科，也来自时事、地方的典型事件和学生的亲身经历。

有效的社会科是跨时空的统整。这种统整既联系过去，又展望未来。有效的社会科教学引导学生运用历史的、地理的、文化的视角去认识已有的知识，扩大学生的视野，避免对社会现象进行狭隘的想当然的认识。

有效的教学是知识、技能、信仰、价值观和态度的统整。这种教学特别强调在知识运用过程中培养技能，注意提供学生各种实践运用的机会，使技能得到自然的运用。

社会科教学要求有效地利用技术、交流和读写技能，以此来增加学生学习的重要维度。

3. 有效的社会科教学是基于不同价值观的

有效的社会科教学关注道德伦理方面的主题，通过学生对有争议问题的探讨，借此来反映他们的社会价值观和对公众利益的关注程度。

有效的社会科教学要善于激发学生潜在的关于社会政治方面的意识，教导学生进行批判性思维的活动，以及作出有关社会性问题的价值判断。学生要知道如何搜集和分析有关资料，对相互矛盾的观点进行评论，在考虑各种价值观的情况下合理地作出决定。学生们通过讨论、辩论、模仿、研究、批判性思考、决策，学会对社会问题进行基于不同价值观的推理。

有效的社会科教学鼓励学生识别相互对立的观点，尊重他人的立场和观点，敏锐地意识到文化的异同，勇于承担社会责任并付诸行动。

4. 有效的社会科教学是富有挑战性的

在富有挑战性的社会科教学中，教师应鼓励班级发挥学习型群体的功能。学生应知道反思性讨论的目的，即采取合作学习的方式以加深对学习内容的意义和潜在意义的理解。因此，学生必须学会倾听，并对不同的观点作出慎重的回应。

富有挑战性的教学,要求教师必须确保学习内容适合学生的发展水平、文化背景,并通过提供各种支持,使学生能处理挑战性的活动,从而为学生学习的成功铺平道路。

挑战性的学习还表现在教师对学生观点的回应上。教师要关注学生的思考,尊重他们的观点,并要求学生的观点必须建立在一定论据的基础上。但教师不能总是接受学生的观点或让全班自由讨论,而要对错误的观点及时指出并予以纠正,对学生的假设提出问题,澄清一些模糊的概念。

5.有效的社会科教学是积极主动的

积极主动的教学,要求教师的指导工作,从起初的作出示范、进行解释和提供信息来帮助学生建构他们的知识结构,逐渐过渡到减少直接的指导,以鼓励学生成为独立的、自主的学习者。

积极主动的教学,要求学生在历史或社会事件展开的过程中,能进行反思并作出决策。

积极主动的教学,要求学生不是被动地接受和复制课程内容,而是通过联系他们已有的知识和经验来吸收和消化这些内容,建构起自己的新认识。

积极主动的教学,要求学生注意把社会科课程中学到的知识和获得的能力运用于真实的生活之中。①

(五)全美社会科协会的社会科课程类型评析

美国社会科协会推出的社会科课程标准,是美国最有影响的一部课程标准,有 31 个州在采用这一标准,也是世界上许多国家和地区的社会科课程标准编制所效仿的对象。下面主要就该课程标准在课程目标、课程组织及课程实施等方面的特点加以评析。

在课程目标上,该课程强调提升学生的公民能力。正如早期美国总

① National Council for the Social Studies. *Nation Curriculum Standards for Social Studies: A Framework for Teaching, Learning, and Assessment*. NCSS, 2010:169—171.

统托马斯·杰斐逊指出的，民主的活力取决于教育和公民的积极参与。尽管公民能力的提升并不是单靠社会科就能实现的，但在美国的学校教育中，与其他课程相比，社会科课程更集中地体现了这一责任。[①]“新标准”的颁布，进一步明确了社会科是美国公民教育的最核心课程，从而凸显出该课程在学校教育中无可替代的重要地位。

在课程组织上，以主题轴作为课程内容的组织线索。一方面，课程的内容以主题为架构，每一主题都可从相关的学科内容加以探讨，从而打破学科界限，加强了课程内容的横向联系，形成科际整合的课程组织模式；另一方面，每一主题在不同年级阶段重复出现，主题的概括性、复杂性和抽象性随年级的升高而加深，学生不断地重复接触这些主题，且每次都从不同角度学习这些主题，这又加强了课程内容的纵向联系，实现了中小学社会科课程内容的一体化。可见，主题轴的构架方式不仅有助于合理组织课程内容，而且能够帮助学生有意义地综合学习社会科内容，并不断拓展学习的广度和深度。

在课程实施上，强调教学的有效性。为了增强课程实施的有效性，课程标准提出了诸项教学原则，如有意义原则、统整原则、富有挑战性原则、积极性原则等，这些教学原则的有效贯彻，有助于更好地实现社会科的教育价值。此外，为了更有效地体现这些原则，该课程标准在每一主题之下又列举数个适合不同年级的教学活动，以及相应的教学方法。这些方法可归纳为讨论法、分组研究与报告、合作学习、问题解决法、探究法、议题中心教学法以及价值澄清法，等等。这些方法都强调学生是主动的知识探究者和问题解决者，而非被动的知识接受者。

二、美国加利福尼亚州的历史—社会科学课程

加利福尼亚州的历史—社会科学课程标准的出台，在美国被称为是一个具有里程碑意义的重大改革，此后各州在推行州的课程标准时常被

---

① National Council for the Social Studies. *Nation Curriculum Standards for Social Studies: A Framework for Teaching, Learning, and Assessment*. NCSS, 2010:9.

视为典范加以引用。[①] 下面就着重对该州的历史—社会科学课程作介绍和评价。

(一)加利福尼亚州历史—社会科学课程出台的背景

20 世纪 80 年代以前,由于受杜威的进步主义教育思想的影响,美国中小学的社会科课程带有明显的经验主义的特征。这种课程范式认为,学生、学科知识与社会三者之间具有内在的统一性,这种统一是儿童在主动与环境的交互过程中达成的,最终使学生的心理经验达到学科逻辑的高度。据此,在课程内容的组织上,社会科课程采取的是环境扩展的模式,这种模式的基本组织原则是,把地理上的由近及远和概念上的从简单到复杂结合起来,因而其内容编排顺序是从儿童身边的环境开始,如家庭、学校和邻里,依次扩展到社区、州、国家与世界。

进入 80 年代,环境扩展模式的弊端越来越凸显出来。主要原因是,随着时代的发展,信息以前所未有的速度进行传播,学生获取的信息与经验比以前时代的学生丰富很多,社区以外的州、国家,甚至世界对于他们来说都不再陌生。此外,一个现象是否在学生的经验范围之内并不是由地理上的远近来决定的,而是由概念的难易来决定的。很显然,环境扩展模式并不完全符合从具体到抽象的一般逻辑顺序,社会科课程内容的组织应该有多种模式。

最先对环境扩展模式提出挑战的就是加利福尼亚州。早在 1987 年,美国加州的教育部门就拟定了一个中小学历史—社会科学课程框架,该框架强调以历史和地理为核心重新构建社会科课程的内容体系。1989 年,美国在社会科课程领域又先后出台了四份有影响力的改革报告,即美国学校社会科委员会推出的《21 世纪社会科课程指导》、布拉德利学校历史学会推出的《美国教育中的历史课现状》、美国教师联合会出版的《民主的半截故事:美国历史教科书应该加入些什么?》、全国州长协会发表的

① Alexander, F. & Crabtree, C.. California's New History-social Science Curriculum Promises Richness and Depth. *Educational Leadership*, 1988, (9).

《转变中的美国:国际前沿》。[①] 这四份改革报告无一例外都强调历史和地理应该成为中小学社会科课程的核心内容,支持加州的社会科课程框架,强烈要求实质性地修改或者替代中小学传统的环境扩展课程模式。随着环境扩展模式不断遭到人们的质疑和批评,学科中心的社会科课程开始受到各方的关注。

学科中心的社会科课程,在课程哲学观上属于要素主义课程范式。这种课程范式强调人类文化遗产的传承,主张学科中心,重视教材的逻辑组织,并认为学校课程由若干门学科组成,是为学生提供分化了的、有组织的经验最有效率的方法。进入 20 世纪 90 年代,学科中心的社会科课程在理论界受到大力提倡,并在教学实践中占据了主导地位。其中,许多教育学者和历史学家还极力主张以历史为中心的社会科课程,这些学者认为,历史比任何其他学科都更直接地有助于学生形成清晰的民族归属感、强烈的爱国主义情感,有助于学生充分理解公民的责任,有助于他们形成富有同情心的、公正的态度。[②] 这样,以历史为中心的社会科课程也就成为了美国许多州教育部门的重要参照模式。

(二)加利福尼亚州新历史—社会科学课程标准及其特点

1998 年,美国加州的教育部门对原 1987 年课程标准做了进一步的完善,推出了一部新的历史—社会科学课程标准,新标准对幼儿园到 12 年级的课程内容作了具体规定(见表 2-2)。

表 2-2 加利福尼亚州历史—社会科学课程内容[③]

年级	课程内容
幼儿园	学习和工作的今昔

① Patrick, J. J.. Social Studies Curriculum Reform Reports. *ERIC Digest*. ERIC Clearinghouse for Social Studies/Social Science Education, 1990.

② Ross, E. W.. *The Social Studies Curriculum: Purposes, Problem, Possibilities*. State University of New York, 1997:212.

③ California State Board of Education. *History-social Science Content Standards for California Public Schools, Kindergarten Through Grade Twelve*. California State Department of Education, 1998:5-54.

续表

年级	课程内容
一	儿童在时空中的位置
二	与众不同的人们
三	延续和变化
四	加州:变化中的州
五	美国历史与地理:一个新国家的诞生
六	世界历史与地理:古代文明
七	世界历史与地理:中世纪和早期工业化时代
八	美国历史与地理:成长与冲突
九	历史—社会学科选修课
十	世界历史、文化和地理:现代世界
十一	美国历史和地理:20世纪的延续和变化
十二	美国民主和经济原理

从以上的图表可以看出,加州的历史—社会科学课程特别重视历史的学习,三年级就开设历史课,接着还有三个学年(5、8、10)学习美国史,三个学年(6、7、10)学世界史,从而有效克服了环境扩展模式下历史学习不够深入的缺陷。

此外,加州的课程内容还重视史地内容的整合设计。早在1988年,美国专门致力于中小学历史教育研究的机构——布拉德利学校历史委员会就曾建议,历史应该与地理合并成一门学科进行教学。① 基于对历史教育的重视,加州教育部门采纳了这种合并的方式,例如五年级开设“美国历史与地理”,六年级开设“世界历史与地理”。

从加州使用的一本《世界历史与地理》教科书中,我们也可以进一步了解加州历史—社会科学课程内容的特点。该教科书的内容设计思路如下:

1. 以历史为主线组织教科书内容。在该教科书中,地理和其他人文

① The Bradley Commission on History in Schools. Building a History Curriculum: Guidelines for Teaching History in Schools. *The History Teacher*,1989,(1).

学科的知识是散布于历史发展的进程之中的，从而形成一种“大历史”的教科书内容体系（见表2-3）。

表2-3　《世界历史与地理》教科书内容目录[①]

单元	《世界历史与地理（一）》	《世界历史与地理（二）》
第一单元	人类和地球的起源：舞台和演员	16—17世纪：文艺复兴与早期近代世界
第二单元	美索不达米亚和中东：文明的曙光	18世纪：启蒙时期与革命
第三单元	古代埃及：追求永恒	19世纪：工业革命、民族主义和帝国主义
第四单元	古代希腊：西方文明的源头	1900—1925：第一次世界大战和共产主义出现
第五单元	古代中国和亚洲：东方文明的源头	1925—1945：法西斯的兴起和第二次世界大战
第六单元	古代罗马：形成与瓦解	1945至今：冷战和空间时代
第七单元	中世纪：从动荡到统一的欧洲	当代问题：走向世界新秩序
第八单元	文艺复兴和新世界：近代思想的出现	

2. 加强历史与地理知识的融合与渗透。在《世界历史与地理》教科书内容设计时，一些重要的地理概念常常会渗透在史实的阐述之中。例如“迁移”的概念出现在“‘直立人’迁移出非洲”、“联系庞大的罗马商业帝国的道路”、“漂洋过海的维京人定居在英国和法国”、“欧洲人扩张世界海上贸易”、“移民到美洲”、“蒸汽机改变旅行和贸易的方式”、“东德人涌进西柏林”、“科索沃穆斯林被从塞尔维亚驱逐”等内容之中；“区域”的概念在“美索不达米亚和中东：文明的曙光”这个单元中被这样提及：美索不达米亚是一个区域，位于一个更大叫“新月沃地”的农业区域之中，而“新月沃地”又位于中东这个更广阔的区域当中；地理术语“海峡”被应用在学习“早期人类在冰期时从白令海峡迁移到美洲”的内容之中；地理术语“地峡”在“古代希腊”这个单元中被介绍，用来描述把希腊本土与伯罗奔尼撒半岛联系的颈状地带；“经度”和“纬度”的概念是在学习古希腊天文学家

① Maxwell, M. G.. *World History & Geography*. http://www.studentsfriend.com.

托勒密,以及哥伦布美洲航行的内容时被提及;“文化传播”的概念被考虑在“亚历山大在亚洲的征服”、“中国通向罗马的丝绸之路”、“欧洲人从伊斯兰世界获得先进的知识的十字军东征”、“19 世纪的欧洲帝制”这些内容中加以介绍。

(三)加利福尼亚州历史—社会科学课程目标体系

加州历史—社会科学课程目标体系是由“知识与文化理解”、“民主理解和公民价值”、“技能达成和社会参与”三部分构成的。具体内容如下:

1. 知识与文化理解

由于历史—社会科学课程涉及众多社会学科领域的知识,因此该目标又分成一些具体的学科知识目标。

历史知识的目标,包括发展研究技能和历史神入的意识;理解历史时间和年表的含意;分析因果关系;理解延续和变化的原因;知道历史是带有政治色彩的“共同记忆”;理解历史上宗教、哲学和其他主要信仰体系的重要性。

地理知识的目标,包括发展空间意识;发展确定地理位置的技能;理解人与环境的相互作用;理解人类迁移;理解世界上的区域以及它们的历史的、文化的、经济的和政治的特征。

伦理知识的目标,包括认识到生命的神圣和个人的尊严;理解不同的社会在解决伦理问题上的不同方式;理解那些影响人们行为的观念;认识到伦理和人权是无论何时何地人们所普遍关注的问题。

2. 技能达成与社会参与

该目标又包括基本的学习技能、批判性思维能力、参与技能三个方面。

基本的学习技能主要包括:通过倾听、观察、运用社区资源、阅读各种形式的文献以及原始的和第二手的资料以获取信息;检索、选择和组织各种文献资料诸如图书、杂志、政府档案、百科全书以及书目提要中的信息;通过运用计算机、缩微胶卷和其他电子媒体搜索和分析信息;阅读和解释地图、地球仪、模型、图表、图画和政治卡通片;理解运用在历史和社会科学研究中的专业术语；以文字和语言的形式清晰地组织和表达思想。

批判性思维技能主要包括：(1)确定和澄清问题。要求学生能够：识别中心议题或问题的能力；判定相关信息的能力；指出可靠信息与不可靠信息，或者主要信息与次要信息之间差别的能力；提出适当的问题，以便更加深入和清晰地理解议题的能力。(2)判断与问题有关的信息。要求学生能够：区分事实、观点和有说服力的判断的能力；判定一组陈述与另一组陈述以及形成这种陈述的背景状况是否一致的能力；识别没有明确表述的假定的能力；认出旧框框、陈词滥调、偏见、宣传和语义上的歪曲的能力。(3)解答问题和得出结论。要求学生能够：在为一个结论的合理性进行辩护时，决定所提供的材料在数量和质量上是否充足的能力；对问题的解决方式作出合理的选择的能力；检测结论或假设的能力；预测一个事件、一系列事件或者一个政策建议可能出现的结果的能力。

参与技能主要包括：发展个人技能；发展群体交往技能；发展社会的、政治的参与技能。

3.民主理解与公民价值

该目标主要包括国家认同、宪政遗产，以及公民价值、权利和义务三部分内容。

“国家认同”要求学生：认识美国社会的多元文化特点；理解美国平等和民主的思想观念；理解作为一个移民国家的美国在世界历史上的特殊作用，等等。

“宪政遗产”要求学生：理解民主的基本原则；理解基本的宪政概念如代议制政府、权利分离和陪审团审讯的历史起源。

“公民价值、权力和义务”要求学生：理解在分享民主制下的公民素质要求；理解民主体制下的个人责任。①

当然，以上这三方面的目标不是孤立存在的，它们之间是相互联系

---

① California State Board of Education. *History-social Science Framework for California Public Schools, Kindergarten Through Grade Twelve*. California State Department of Education, 2005:12-26.

的、相互影响的。例如，批判性思维技能的目标，是学生在具有挑战性的历史、地理和经济等学科知识的学习中形成的；民主理解和公民价值目标的达成，只有理解了国家的制度及其思想的渊源，才能真正丰富和确立起来；公民参与也同样需要政治学、伦理学等方面的知识。在课程实施过程中，只有把握好这三个方面的关系，课程目标方能全面、有效地达成。

(四)加利福尼亚州历史—社会科学课程标准对学生分析技能的要求

重视学生分析技能的培养，是当代美国社会科教学改革的重要特点。分析技能包括提出问题的技能、搜集证据的能力、分析关键问题的能力、评价不同行为过程的来龙去脉的能力等。加州的历史—社会科学课程同样十分重视对学生分析技能的培养，每一学段的分析技能都从“时间和空间思维”、“历史研究、证据及观点”、“历史阐释”三个方面作出明确的要求。以 6～8 年级对学生分析技能的要求为例(见表 2-4)。

表 2-4　加利福尼亚州历史—社会科学分析技能(6～8 年级)[①]

	分析技能
时间和空间思维	• 学生能够解释主要历史事件与其他事件是如何联系的。 • 学生能够对他们正在学习的历史阶段的主要事件、人物、时期构建各种年表。 • 学生运用各种地图和文献来确定社区、城市、州和国家的自然和人文特征，解释历史上人口的迁移，帝国的扩张和瓦解，经济体系的生成。
历史研究、证据及观点	• 学生构建需要通过历史学习和研究能够回答的问题。 • 学生从历史叙述和故事中区分事实和观点。 • 学生在历史叙述和故事中区分相关和无关的信息，主要的和次要的信息，可靠的和不可靠的信息。 • 学生评价原始的和第二手资料的可信度，并从中得出有说服力的结论。 • 学生探究关于历史事件的不同历史观点，并确定作出这些历史说明的背景情况。

① California State Board of Education. *History-social Science Content Standards for California Public Schools, Kindergarten Through Grade Twelve*. California State Department of Education, 1998: 21－22.

续表

	分析技能
历史阐释	• 学生将历史人物和事件置于一定的时空框架之中去解释历史上的主要争议和问题。 • 学生理解并识别历史事件中的原因、影响、序列和相关性，包括长远和近期的因果关系。 • 学生解释历史延续方面的资料，并能将形成的观念和事件结合起来解释出现的新情境。 • 学生认识到历史上的机会、疏忽、失误的作用。 • 学生认识到，当新材料被发现时，历史的解释也相应地发生变化。 • 学生解释经济运行的基本指数，并对经济和政治问题作出得失分析。

从表 2-4 我们可以看出，加州历史—社会科学课程对学生分析技能的要求具有以下特点：一是注重培养学生跨学科综合分析问题的技能。如在“时间和空间思维”技能领域中，让学生运用各种地图和文献来确定社区、城市、州和国家的自然和人文特征，就需要他们具备综合运用历史、地理等学科的知识分析问题的技能；二是重视学生掌握研究历史和社会问题的基本方法。在加州，初中阶段就要求学生掌握一些历史研究和社会研究的基本方法，如评价史料的价值和可信度，学会搜集各种证据，并运用证据材料建构自己对历史和社会问题的认识。这些要求说明，加州的课程旨在把学生从小培养成为“有思想的读者”，而不仅仅是获得一些具体的学科知识。

（五）加利福尼亚州的历史—社会科学课程评析

通过对加州的历史—社会科学课程的介绍，使我们进一步了解了大洋彼岸社会科课程的发展情况。概括起来，加州课程标准呈现出以下一些特色：

1. 注意体现社会科课程设计的一体化。从上述加州历史—社会科学课程可以看出，从幼儿园到 12 年级，社会科的课程内容都进行了统筹规划。无论是知识内容的学习要求，还是技能的学习要求，都呈现出一个螺旋式上升的过程，充分体现了课程内容设计的连续性、顺序性和整合性的原则。

2. 突出历史教育的功能。以历史学科为核心，整合相关的人文社会学科内容，构建社会科课程的内容体系，既体现了加州课程对历史教育的功能和价值的特别关注，也反映了当代美国及国际社会科课程改革的基本特征。

3. 重视学科基础知识的掌握。在加州的历史—社会科学课程标准中，有关“知识与文化理解”的课程目标，除规定了不同学段的总的学习标准外，还对历史、地理、伦理、经济等学科领域的学习标准进行了明确的规定。这样设计，可以保证学生获得必要的学科基础知识，从而更好地实现历史、地理等学科的教育功能。

4. 强调学生技能目标的全面达成。加州的历史—社会科学课程，除了对分析、综合、比较和归纳等方面技能进行要求外，还特别重视学生推理、判断、质疑和反思等方面的技能培养。这些技能的训练，有利于学生形成批判思维和探究意识，对于一个生存于民主社会的公民来说至关重要。

5. 关注课程内容的跨学科整合设计。作为一门综合课程，跨学科课程内容设计是否合理，直接关系到该课程的实施效果。加州历史—社会科学课程在历史内容的设计中，特别关注与地理内容的联系和整合，强调在时间和空间背景下叙述历史事件，成为社会科课程内容整合的一个重要范式。

第二节　日、澳、法三国社会科课程评介

20 世纪下半期，除美国以外，日、澳、法等国也积极进行综合社会科课程的改革尝试，并取得了一系列宝贵的经验，同样值得研究和借鉴。下面主要就此三个国家的社会科课程分别作介绍和评析。

一、日本学校社会科课程评介

日本的社会科课程是在“二战”后借鉴美国经验设置的，但在课程发

展的过程中，并没有照搬美国的模式，而是根据日本的历史和现实社会的特点，走出了一条符合本国实际的社会科课程的改革道路。

1. 日本学校社会科课程的历史发展及其特点

“二战”以前，日本学校课程基本上是分科设置的，人文学科主要开设历史、地理等课程。日本的社会科是“二战”后借鉴美国的课程设置方式出现的。战后初期，日本的社会科主要包括传统的历史与地理两科内容，同时也涉及其他人文学科的基本知识。例如，1953 年文部省教育课程审议会就曾指出：在社会科中，不可忽视学生对地理（尤其是对区域地理）和历史（尤其是年代史）基本知识的吸收和理解；在社会科领域中，与历史、地理并行的政治、经济、社会等方面的知识，随着时代的发展而日益重要，亦不可加以忽视。据此，在 1955 年修订的社会科教学大纲中，基本上形成了历史、地理、公民（政治、经济、社会）三足鼎立的局面，有人称之为“π型”结构，即历史、地理两科同时在初中一、二年级分科施教，分科编撰教科书，为三年级学习公民科奠定背景基础，同时也为高中的分科教学提供了系统的基础知识。①

在课程目标的定位上，日本社会科教育的目的可以概括为“培养公民资质”。所谓公民资质，一般来说就是作为国家和社会的成员所必须具备的知识、能力、情感和态度。“公民资质”一词的正式使用开始于 1968 年版的《社会科学习指导要领》，该学习指导要领将社会科的目标规定为“加深对社会生活的正确认识，培育民主国家和社会的成员所必需的公民资质”。② 在 1998 年修订颁布的学习指导要领中，初中社会科公民领域的目标被定为“在宽广的视野上，提高对社会的关心，以考察各种资料为基础，多方面、多角度地加深对日本国土和历史的理解与热爱，培养公民的基础教养，养成生存于国际社会的、民主和平国家与社会的形成者所必备

① 参阅吴文星：《社会科七—九年级课程设计刍议——以日本为例》，《历史教育》（我国台湾地区），1999 年第 4 期。

② 转引自市川博：《社会科的使命与魅力——日本社会科教育文选》编者序，沈晓敏主译，教育科学出版社，2006 年。

的公民基础资质。"[①]在日本，由于社会科是以发展学生的公民资质为己任，因而社会科逐渐成为与学生生活和社会发展联系最为密切的学科之一，也是最富挑战性的课程。

在课程内容的设计上，随着时代的发展，其教学内容也在不断地更新和调整。20世纪90年代以来，为了适应课程综合化的趋势，日本教育部门主要针对课程内容进行了某些调整，主要体现在：在初三公民课程领域增加综合性的学习主题——"现代日本的历程和我们的生活"、"世界和平和人类福利的提高"；为避免记忆、背诵年号、人名、地名及具体琐细事件，历史学科建议日本历史年代的划分与世界历史年代相整合，采用大时段，调整教材内容；地理学科建议以案例方式，学习了解区域性的特色，在学习过程中培养学生了解区域特色的方法与形成概念与看法的能力。[②] 除了对传统的学科内容进行综合化的改造外，还增加了部分综合学习的内容。综合学习的内容，一般说来都是综合性的，涉及国际理解、文化、环境、人权、福祉、健康教育，以及学生感兴趣的、关心的课题，地区学校的特色课题等。

2. 日本学校社会科课程发展的综合化趋势——以综合学习方式为核心

在日本，对于课程综合化问题的研究由来已久。早在1971年，日本中央教育审议会咨询报告就提出教学观念的转变，即从偏重知识教学向突出学生自学、自我思考教育目标的转变。此后，日本的教育界逐渐研究、实验发展出一种日本独特的教育方式——综合性学习。综合性学习理念提出的主要理由在于：对于处在一个急剧变化社会的儿童来说，单凭现有的学科学习所获得的知识或能力是无法应对很多现代问题的。即是说，将各种知识分门别类，并在固定且有限的时间里传授的学校教育已经走到了极限。要求学校面对的课题已经变得非常复杂，这些课题不可能

① 赵亚夫：《日本学校社会科教育研究》，北京师范大学出版社，2001年，第298页。

② 韩震、朱明光：《义务教育历史与社会课程标准解读》，北京师范大学出版社，2012年，第12页。

包容在一个学科之内。而且在解决这种现代的课题时，比起传统的分析性思考，更需要综合性的思考。据此，1995年7月，在日本中央教育审议会的第一次报告中明确指出："要确保打破学科框框、跨学科、综合性的学习顺利实施的时间"。这一报告显示了这样一种认识：追求跨学科的、综合性的学习，并确认这种学习对培养儿童的"生存能力"，让他们更好地适应以国际化、信息化等为标志的社会变化是十分必需的。接着，在1998年重新修订的中小学《学习指导纲要》的总则中，进一步确定了综合学习课程的重要地位，并指出，在综合学习课程中应进行跨学科的综合性学习。[①] 特别是在2002年全面实施的《新学习指导要领》中，对综合学习又提出了更明确的要求，用日本大阪教育大学的木下百合子教授的话说，就是"综合学习时代到来了"。[①]

日本的课程综合化思想对日本社会科课程的设计及其教学都产生了深刻的影响。在社会科的教育方式上，日本社会科教育综合学习的分类，这些分类包括：学科内综合学习、合科综合学习、学际综合学习、课题综合学习、学生自主综合学习。[②] 学科内综合是在学科的单元教学层次上，采用综合地处理单元内容的方法；合科综合学习是将两个或两个以上学科内容综合在一起进行的教学活动；学际综合学习是由不同学科的教师在不同的学科教学时间内共同研讨一个专题的教学活动；课题综合学习是以学生的兴趣、关注社会生活的课题为探究对象的超越学科界限的学习活动；学生自主综合学习是依学生的兴趣、关注，自由设定学习主题而展开的学习活动。

总之，日本的社会科尽管采取分科较为明显的π型结构，但加强各学科间以及学科内部的联系和融合，突出综合学习的价值和功能，体现了日本社会科课程日益综合化的发展趋势。

---

① 钟启泉：《综合学习时代的课程论——日本教育学者木下百合子教授访谈》，《教育科学论坛》，2006年第7期。

② 李稚勇、方明生：《社会科教育展望》，华东师范大学出版社，2001年，第402—404页。

二、澳大利亚学校社会科课程改革

20世纪60年代末、70年代初，澳大利亚学校面临的一个难题，就是如何处理已经非常拥挤的课程，以及日益增长的社会科学知识（以前未曾涵盖社会学、人类学等学科知识）的问题。1967年，联合国教科文组织澳大利亚委员会主持召开了“中学社会科学教学研讨会”。会议认为，无论是独立开设还是与其他科目相“联系”，现有的历史、地理、政治、经济等科目都将是儿童社会教育的基本组成部分；同时，尽管存在一定难度，学校还应探索将其他学科如社会学、人类学和社会心理学等纳入教学内容的有效方法，从多学科的途径探讨人口增长、食物、环境污染等社会问题；并决定成立全国性的社会科学委员会，以指导学校社会科的教学和研究工作。

1969年，联邦政府公布《社会科学课程开发（草案）》，对一至十二年级的社会课程设置作了明确的规定（见表2-5），并由刚刚组建的全国社会科学教学委员会负责实施。委员会在1972—1978年间召开多次全国性会议，并开展地区培训，对社会科在全国范围内的推广和实施起到了重要的推动作用。

表2-5　20世纪70年代澳大利亚的社会课程设置①

州名	一至七年级	八至十年级	十一至十二年级
昆士兰	社会科	历史、地理或社会研究（八年级）历史、地理、公民素质、社会研究、社会科（九至十年级）	近现代历史、地理、古代历史、经济、社会研究
南澳大利亚	社会科	社会科、历史、地理、宗教	历史、地理、经济、社会学、社会科
新南威尔士	社会科（一至六年级）	社会科学、历史、地理、亚洲研究、商务（七至十年级）	近现代历史、地理、古代历史、经济及其他科
维多利亚	社会科（一至六年级）	学校自行决定（七至十一年级）	历史、地理、商务和法律、经济、社会学、心理学

① 丁尧清：《学校社会课程的演变与分析》，广东教育出版社，2005年，第183页。

续表

州名	一至七年级	八至十年级	十一至十二年级
塔斯马尼亚	社会科	社会科学（八）社会科学或历史、地理（九至十年级）	历史、地理、经济、环境科学、社会心理学
西澳大利亚	社会科	社会科或历史、地理	历史、地理、经济、政治

从课程设置上看，新州和维多利亚州的初中科目较多，而且学校有较大的自主权，可以根据学生需要和能力提供多种多样的课程，除了传统的历史、地理科外，一些学校还开设消费者教育、法律、亚洲历史、通识、政府和政治等科目。在高中，各州普遍开设历史、地理、经济三科，新的社会科学科目（如社会学、社会心理学）和多学科科目（如环境科学）也在推广。

20 世纪 80 年代，联邦政府进一步采取措施加强课程开发，并与经济和社会的发展相适应。1989 年，联邦和州教育部门在 Hobart 聚会共同制定了全国教育目标，目标之一是推行全国课程，包括八个学习领域，即英语、数学、科学、社会与环境教育、技术、艺术、外语和体育。其中社会与环境课程（Studies of Society and Environment，简称 SOSE）由五大主题轴构成，即时间、延续和变迁（历史）；地方和空间（地理）；文化（社会学和社会人类学）；资源（经济和环境）；体制（经济、法律和社会学）。社会与环境课程旨在使学生广泛地获得有关澳大利亚社会的历史知识、地理环境知识，以及某些重要制度的知识，以便成为有良好见地和见识的公民，能够做出理性判断和明智决策，以更好地适应自己生活的社会。① 可见，作为一门综合课程，该课程比其他基础学科更注重并更擅长培养作为一个公民应有的全面而完整的价值观。20 世纪 90 年代以后，多数州采纳了全国课程框架，逐步在学校以社会和环境科取代原来的历史、地理和商务三科。

可以说，从 20 世纪 70 年代以来，澳大利亚社会科课程的综合化改革取得了很大进展，但是也应该看到，就目前实施的情况来看，存在的问题

① 从立新、章燕主:《澳大利亚课程标准》，人民教育出版社，2005 年，第 383 页。

依然是非常突出的。最突出的问题是历史教育的地位问题。

2006年8月，澳大利亚教育、科学与培训部在堪培拉国会大厦召开“澳大利亚历史峰会”。会上，总理霍华德在峰会的致辞中指出：他所领导的联邦政府希望澳大利亚历史能够在中小学中成为一门单独设置的学科。教育、科学与培训部部长毕晓普指出，目前澳大利亚历史教育主要的质的问题是，在大多数州，澳大利亚历史课成为繁多课程的牺牲品，并与其他跨学科的诸如“社会与环境研究”或“时间、传承与变革”等名目不一的综合课杂糅在一起，这就淡化了历史学科，而且学生只能学习到很少的历史，更多学习的是历史的片断与政治学科。这一趋势必须得到改变。然而，澳大利亚有部分州却发出信号，表示他们将抵制来自堪培拉与著名历史学家的压力，南澳大利亚州的教育厅厅长简·洛马克斯·史密斯在8月18日就表示，她对南澳大利亚州学校中的历史教育非常自信，她说：“我们教历史。它可能不被叫作历史，它可能被称为‘社会与环境研究’，但是，我告诉你，它一定是历史。”在本次峰会上被毕晓普点名批评的昆士兰州有关代表也表示，他们保留反对意见。也有人表示，澳大利亚历史应该成为课程的一个核心，但这并不意味着使之成为必修课。[①]

由于人文学科课程设置的分合之争和意见不一，导致澳大利亚各州在人文学科课程设置的方式上也是合科与分科并存，并没有形成一个统一的模式。

三、法国学校社会科课程

面临激烈的国际竞争，在美国课程改革的影响下，法国也启动了课程改革。1959年1月2日，戴高乐就任法兰西第五共和国总统。紧接着，戴高乐政府就发布了《教育改革法令》。依照这一法令，至1969年，法国进行了以“学会学习”为主旨的课程改革，在小学阶段把道德、历史、地理、观察、练习、科学方法初探等整合起来成为“觉醒(启发)课程”。1975年，

---

① 胡乐乐:《澳大利亚:计划大力重振历史教育》,《上海教育》,2006年第10期。

法国议会又通过并颁布了当时的教育部长哈比(R. Haby)提出的一项教育改革法案(简称"哈比改革")。哈比改革实施新的课程计划,为了与小学的综合课程"觉醒课程"相连贯,在初中阶段合并了原来的历史、地理、公民课,增加经济学内容,创设了综合型人文社会学科课程"经济与社会"(Econmics and Social Studies)。①

初中"经济与社会"用主题式课程来取代以往的以历史年代为顺序的历史课,用主题式课程取代以往年代式的历史课程,其内容主题涉及农业、人类与城市、人类的生存环境、伊斯兰教、运输以及发展问题。但是在教学实践的过程中,由于这些课程内容跨越性很大,知识缺乏内在的逻辑,最终导致学生基本历史知识的匮乏和时空概念的混乱。1982 年法国的一位历史学教授受教育部长之托对中小学进行调查,其结果令人震惊和担忧。调查结果表明,小学生中仅有 25%的人知道法兰西第二帝国是 1870 年结束的,32%的人知道拿破仑三世是帝国的国王,仅有 20%的人了解第二次世界大战中意大利是法国的敌人,多数刚进中学的学生不知道法国大革命爆发的年份。法兰西科学院的阿兰・德考指责:"法国的历史课被砍掉了……竟让我们的孩子对过去一无所知,一代代长此下去,他们只有一些零散的知识,只能从回忆录中,从化装影片、电视和动画片中,得到一些零碎的知识。从教学大纲中根本得不到完整的知识。"致使法国总统密特朗在 1983 年的内阁会议上强调指出"轻史误国"。②

面对社会课程改革的尴尬局面,1985 年法国作出一项关于课程改革的重要决定,即废止自 1969 年开始实行的课程方案,教育部颁布了全国小学新教学大纲,小学开设史地课、公民课等。1986 年新的初中教学大纲和课程表出台,初中阶段设置分科型历史、地理、经济和公民。高中仍然开设分科型史地、公民、哲学等。也就是说,自 20 世纪 80 年代中期以

① Monde, L.. The General Reform of Primary-secondary Education (La Réforme Haby). *European Education*, 1975, (3).

② Dumas, W. & Lee, W. B.. Joan of What? The History Crisis in France Schools. *The History Teacher*, 1985, (4).

来，法国从小学一年级直至高中毕业班，都设置了历史课。强调按年代线索进行历史教学，用历史方法论来研究历史问题。这一时期的历史教育，在强调年代学构架的同时，关注历史方法，扩大史学范畴，注意社会联系。法国的一位社会科学教育专家的文章提到，历史教学必须做到以下几点：

第一，应该使学生通过掌握客观历史的认识方法，即通过内容的不断更新(以往社会事实的发现)，特定的和多元的资料的应用，以及过去与现在等途径来感悟和理解历史概念。

第二，应该使学生通过一种主动探究的态度，基于问题情境的研究，多重因果联系，以及概念性词语的重要性来参与建构自己的知识结构。

第三，应该通过围绕基本概念构建一个清晰的知识体系，借此来表明历史科的社会功能，即能够理解社会的特征和功能，能够接触复杂因果关系的基本层面，能够与社会的共同记忆建立联系。①

由此可见，在法国20世纪80年代的课程改革中，尽管恢复了传统的历史课，但是加强历史课程自身的综合化改革，发挥历史课程的社会功能，仍是课程改革的重要方向。

从以上这些国家社会科课程改革的经历来看，每个国家在社会科改革的过程中，都根据自己的国情走出了一条适合本国特点的社会科课程的发展道路。日本根据自己的历史和国情的特点，采用分科联合型的社会科课程模式；澳大利亚根据自身的历史与国情的特点，各州形成了综合性的“社会与环境”与分科历史、地理并存的课程格局；法国则在总结社会科课程改革经验教训的基础上，又回到了传统的分科课程的形式，但仍强调历史课程的综合化。总之，社会科课程改革是一个世界性的难题，每个国家必须根据自己的国情选择适当的课程模式，不能简单照搬他国的经验。

---

① Monde, L.. The General Reform of Primary-secondary Education (La Réforme Haby). *European Education*, 1988, (2).

第三节　我国社会科课程改革的经验与启示

20 世纪 80 年代，据联合国教科文组织一项调查显示，全世界大多数国家和地区都在中小学阶段开设了综合课程，初中基本上都是综合课程和分科课程并存的局面。在亚洲寄回问卷的国家和地区中，仅有中国和老挝只设置传统的分科课程。[①] 为了适应世界课程改革的这一重要趋势，20 世纪 80 年代末，我国也开始着手在中小学进行综合课程的改革尝试，浙江、上海等部分地区在全国率先实施。1988 年，浙江省和上海市在义务教育课程改革中，决定以社会课程取代原历史、地理课，在小学和初中进行综合课程的实验。下面就简单将 20 世纪 90 年代这些地区的社会科课程的改革情况作一介绍和分析。

一、浙江省社会科课程改革

1991 年 10 月，浙江省的《社会科教学指导纲要》通过了国家中小学教材审定委员会的审定，这是我国第一个通过国家审定的、在一个省使用的初中综合社会课程。经过 20 世纪最后十年的探索，浙江的社会科课程改革已取得了初步的成效。

一是构建了一个相对完整的社会科课程体系。浙江《义务教育全日制初级中学社会教学指导纲要》指出：社会课是一门初步了解社会现象，认识社会发展规律，学习研究社会的基本方法的课程。它以人与社会的关系为主线，以古今中外的政治、经济、文化、人口、民俗、环境等方面的基础知识为主要内容，重视乡土教学和社会实践活动。[②] 据此，浙江初中社会课的内容分四部分：第一部分是人类生存的地理环境；第二部分是人类社会的历史发展；第三部分是当代人类社会状况；第四部分是观察社会的

① 李建平：《中小学综合课程如何开设》，《教育发展研究》，2003 年第 1 期。

② 浙江省教育委员会：《义务教育全日制初级中学各科教学指导纲要》，浙江教育出版社，1997 年，第 148 页。

正确立场、观点和方法。这四部分内容对原历史、地理和现代社会生活的内容进行了初步的整合，构成了一个相对完整的社会科课程体系。

二是对教材内容进行了综合化的设计。根据课程综合化的要求，浙江《社会》课程在教材设计上也进行了综合化的初步探索。如在历史内容部分，大胆采用中外历史合编的方式，不仅体现了综合课程的要求，而且也更有利于学生形成对人类社会的系统认识；在地理内容部分，加强了人地关系和人与社会的内容，突出了人口、资源和环境的教育，体现了地理教育在学生公民素养培育方面的独特功能；另外，也是本课程最大的一个亮点，就是增加了学科认识方法的课程内容"观察社会的正确立场、观点和方法"，体现了从内容到方法的初步整合。

当然，作为一种崭新的课程形式，由于理论探索和实施经验的缺乏，浙江的社会课程在实践的过程中也存在以下一些明显的不足：

一是在课程的目标要求上，并没有对学生综合认知和解决问题的能力培养提出明确的要求，而这正是实施综合课程的一个重要目的。

二是课程的综合度低，保留了比较明显的学科界限。从教学指导纲要和教科书的编制不难看出，七年级是地理领域的学习内容，八年级是学习历史领域的内容，学科界限较为明显，课程综合的价值难以体现。

三是教材内容的体系还亟待完善。例如浙江版《社会》教科书尽管提出了中外历史合编的设计思想，但是由于缺乏一条有机的组织线索，导致中外历史各自为政，没有有机地整合在一起，因而也不利于学生正确理解世界发展与中国发展的互动关系。

二、上海部分地区的社会科课程改革

这一时期，上海的部分中学也进行了社会科课程改革的尝试。根据上海中小学课程教材改革委员会颁布的《全日制九年义务教育课程标准(草案)》，七至九年级《社会》学科的总目标是：使学生掌握关于社会的基础知识，初步了解社会的构成，初步了解我国的历史、现状和发展方向，初步了解世界概括与发展潮流，培养热爱祖国的思想感情和面向世界、面向未来、面向现代化的改革开放意识，认识个人在社会中的地位和责任；训练他们观察、认识社会生活的基本观点和方法，培养适应社会生活和进行人际文明交往的初步能力。

课程标准的要求对社会科教科书的编写提出了挑战。新的《社会》教材，要求融合史、地和有关社会知识，拓宽知识面，降低专业性知识的难度，提高适用性，从人类社会同自然环境的联系中，论述社会的经济、政治和文化生活，并以社会的历史传统、现实状况和未来趋势等多方面、多角度综述关于社会的基础知识，形成新的学科体系。按照这一要求编写的六册《社会》教材在20世纪90年代陆续出版。六册教材的内容划分为三个部分："社会常识"（第一册）、"祖国概况"（第二、三、四册）和"世界概况"（第五、六册）。这套社会教材有以下几个特点：

一是十分重视历史知识的地位和作用。据统计，整套教材中历史知识约占60%。该套教材的编者认为，从宏观上讲，历史的含意是包罗万象的，世上万物都有其发展的历史。从某种意义上讲，我们所有的知识都是历史知识。对人类社会来说，它包括社会生活的各个方面。因此，可以说，历史是一门可以包容其他学科的社会学科。由于历史学科是最富有包容性，而又是社会学科中扎根最深的，所以历史知识作为社会科中的主要部分和基本内容是理所当然的。①

二是采用社会史的内容组织形式。与分科的历史课本相比，尽管保留了历史课本中的主要内容，但在内容组织形式上，打破了历史课本的"王朝体系"，以某一历史时期为基本单位，涉及人类社会的各个领域。如《社会》第三册，把中国古代社会的发展作为一个历史时期，在这一历史时期中叙述农业、工商业和城市、交通、政治制度、军事、知识分子和妇女、社会矛盾和斗争、文化等诸多方面。这样设计旨在说明本教材叙述的是中国古代社会，而不是"中国古代史"。

三是注意到史地知识的结合。如讲述我国成为世界东方大国的优越

① 陆满堂：《中学〈社会〉与历史》，《历史教学问题》，1992年第3期。

地理条件时，不仅涉及行政区划的现状，而且引导学生理解祖国统一的重要意义。又如介绍世界区域地理时，又紧密联系社会历史的内容，譬如“战后日本的经济起飞”、“非洲殖民统治与民族经济”、“美洲与新大陆的发现”、“海洋开发与世界贸易市场的建立”等。这样设计，可以在更为广阔的领域里打开学生的眼界。

当然，我们也应看到上海社会科课程的一些不足。例如，课程的综合度不高，基本上属于“拼盘式”设计；课程与教材着重考虑的是知识范畴的整合，缺乏对方法、能力方面进行整合的思考；另外，对学生的经验、社会问题的关注也不够。

20 世纪 90 年代浙江和上海部分中学进行的社会科课程改革实验，虽然还远不够成熟和令人满意，但毕竟是在我国土生土长起来的，是我们自己的研究成果，无论改革的结果如何，与来自其他国家的经验相比，都具有更加鲜明的针对性和借鉴性。

三、20 世纪末我国学校社会科课程改革的经验启示

进入 21 世纪，我国的新一轮课程改革全面展开，在初中阶段设置社会科课程，也是课程改革的一项重要内容。在课程设计过程中，历史的经验是需要认真总结的。概括起来，20 世纪末我国社会科课程改革带给我们的启示主要有以下几点：

1. 社会科课程的设计必须考虑我国的实际情况。由于每个国家的历史与国情不同，因而社会科课程具有明显的民族性和地域性的特点。每个国家或地区的社会科课程都必须根据具体的国情、区情，以及具体的教育状况作出相应的设计，不能简单照搬照抄别国的内容和模式。据此，我国的社会科课程设计，在借鉴别国经验的同时，还应充分考虑我国历史与国情的特点，在内容选择和组织模式上体现出中国特色。此外，社会科课程的改革是一个世界性的难题，成功的经验不多，再加上我国是一个地域辽阔、人口众多、各地区之间经济与文化发展不平衡的国家，社会科课程的模式也不能作整齐划一的要求，而应根据不同地区的实际情况和学生

状况进行灵活的设计。

2.社会科课程要充分体现综合课程的功能。与分科课程相比,社会科课程有其重要的教育价值,需要在我国的课程改革中进行大胆的实践。以往的改革实践经验表明,社会科课程的内容设计必须要有一定的综合度。如果采取综合度较低的综合课程形式,目前我国课程结构中存在的知识中心、学科本位的弊病将得不到根治,课程综合将只有形式,而无实质意义。而让学生"通过有形的内容整合载体,达到无形的经验整合的境界",[①]才是开设综合课程所要达到的终极目的。

3.社会科课程要突出历史教育的功能。社会科课程的改革,绝对不能削弱历史教育的功能,这也是美、法、澳等国社会科课程改革的重要历史经验,需要我们高度重视。我国有五千年悠久的文明历史,源远流长,未曾间断,这是世界历史上绝无仅有的。因此,在社会科课程设计过程中,更应该充分体现这一国情,要善于利用和挖掘丰富的历史资源,培养学生高尚的理想和情操,汲取历史智慧,增强民族认同感和社会责任感。

① 吴国珍:《走出综合课程改革实践困境的反思》,《教育发展研究》,2006 年第 3 期。

第三章 《历史与社会》课程设计理论

在新世纪的课程改革中，我国的初中社会科课程命名为“历史与社会”，并且编订了两部《历史与社会》课程标准的实验稿，即《历史与社会课程标准（一）》（以下简称“标准一”）和《历史与社会课程标准（二）》（以下简称“标准二”），先后出版了三套《历史与社会》教材，初步构建起了具有我国自身特色的社会科课程体系，在课程综合化道路上又迈出了可喜的一步。经过十年课程改革的实践，我国教育部门将两部课程标准合并为一，并于2011年底正式颁布了《义务教育历史与社会课程标准》，这标志着我国的社会科课程改革又进入一个新阶段。本章将着重对我国《历史与社会》课程的设计理论进行探讨。

第一节 《历史与社会》课程的价值探析

课程是为促进学生的学习和发展、满足社会发展需要而设计的，因而促进学生的学习和发展、满足社会发展需要就应该成为课程设计的重要原则或出发点。随着基础教育课程改革的深入发展，我国传统的学校课程结构——单一的分科课程的结构，既不利于减轻学生过重的课业负担，也不利于复合型、创新型人才的培养，加强课程的综合化改革，已成大势所趋。仅就人文社会学科领域而言，将具有内在逻辑和价值关联的原有历史、地理等分科课程内容以及其他人文社会学科的内容加以整合，设置《历史与社会》课程，对于完善我国基础教育的课程结构和内容，促进学生综合认知及解决问题能力的发展，以及增强公民教育的效果方面，都具有十分重要的课程价值。因此，深入探析《历史与社会》课程的价值，是该课程得以有效实施的前提。

一、优化学校人文社会学科课程的结构与内容

从学校课程建设的角度看，分科课程和综合课程都是学校课程的重要组织形式。分科课程与综合课程的并肩发展，也是当今世界主要国家中小学课程结构的主要特点。我国的课程改革实践也表明，《历史与社会》课程的实施，对于改变以往初中阶段单一的分科课程结构，以及优化初中人文社会学科课程内容方面，具有重要的现实意义。

1. 有利于优化学校人文社会学科的课程结构

20 世纪后半期，在基础教育人文社会学科课程领域，世界上许多国家逐渐改变传统学校的课程结构——单一的分科课程的结构，开始增设综合性的社会科课程，其改革的动因主要有两个方面。

一是解决学校课程门类拥挤的问题。20 世纪下半期，人类进入了一个知识爆炸的时代。在知识激增的同时，学科门类也层出不穷。仅就人文社会学科而言，学科门类就有两三千门之多。[①] 而学校作为人类文化知识传播的重要场所，必然也要适应知识爆炸的这种趋势，在学校教育中，需要不断补充新的知识和学科门类，如经济学、社会学等方面的知识。但是，我们知道，学生在校学习时间是有限的，知识和学科门类的不断增加，又必然会造成学生学业负担的增加。许多国家为了解决这一矛盾问题，采用的一个主要办法，就是加强课程的综合化，整合学科门类，而不是

① 丁柏铨、胡治华：《人文社会科学基础》，首都师范大学出版社，2004 年，第 143 页。

仅仅采取增加学科门类或知识容量的方式加以解决的。

二是适应现代人文社会科学发展的综合化趋势。现代科学研究的发展，逐渐呈现出两种趋势，即分化的趋势和整合的趋势。一方面，在每一学科领域内部不断出现再分化，愈来愈深入，愈来愈细致；另一方面，许多学科领域之间不断融合和渗透，出现了众多的交叉学科和综合学科。专家预言，既高度分化又高度综合而以高度综合为主的整体化趋势，是当代科学发展的基本特征。同样，人文社会科学各学科间交叉渗透、逐步趋向融通、注重学科联系的综合化趋势，也是当代人文社会科学发展的最主要特征之一。这一特征也必然要影响到基础教育人文社会学科的课程设置。传统人文社会学科课程分科设置的做法，仅仅体现了其分化的趋势，而难以体现其综合的趋势。因此，对传统人文社会学科课程进行综合化改革，或者推行综合课程，也是当代人文社会科学发展趋势的要求。

浙江十年课改实践表明，推行《历史与社会》课程，对于初中人文社会学科的课程结构的改革意义在于：(1)将原历史学、地理学、社会学等领域的学科知识整合为一门课程，减少了初中阶段的学科门类，避免了部分学科内容的机械重复，减轻了学生过重的课业负担；(2)将具有内在逻辑或价值关联的原历史、地理学科以及其他人文社会学科的内容统整在一起，又促进了各学科之间的联系和融通，增强了各人文社会学科在学校教育中所发挥的协同效应；(3)使我国初中阶段的课程结构更为均衡，更有弹性，更体现出实用性，呈现出多样化的特点，加强了课程的选择性。可以说，《历史与社会》课程的推出，是初中阶段学校课程结构的一次重大变革，在我国课程发展史上具有重要意义。

2. 有利于优化学校人文社会学科的课程内容

传统学校分科课程的发展，固然有其教育的积极方面，例如，有利于学生获得关于某一学科领域系统、深入的科学文化知识，有利于专业化人才的培养。但是，过分注重分科课程的发展，又必然造成其消极的一面，即忽视了客观世界本身的统一性、学科之间的关联性。这样的课程内容，也导致学生对世界和社会的认识的分裂，缺乏对客观事物的整体认识和全局观念。正像西方有学者感到忧虑的，在大多数情况下，学生的书包才是联合各门教学科目的唯一联系。[①] 因此，推出《历史与社会》课程，对于加强学校人文社会学科之间的联系和贯通，优化学校人文社会学科的课程内容体系，具有重要的教育价值。

首先，该课程强调人文社会科学知识的全面性。除传统的历史与地理的学习内容以外，该课程还增加了面向学生、面向生活、面向社会的学习内容，如社会学、经济学、政治学、文化学等方面的学习内容，这些内容在传统课程中是很少涉及的，但又是作为一个现代公民所必须掌握的一些基本知识。补充这方面的课程内容，可以使学生对人文社会科学知识有一个更全方位的了解，也有利于学生运用多学科的知识和方法，从多个角度观察和认识自己所生活的社会。

其次，该课程强调注重各学科间知识的融合和渗透。我国自古就有“文史不分家”、“史地是一家”之说，然而在传统的历史教学中，教师们虽然也注意到这一点，但由于学科的界限始终难以达到有机的融合。《历史与社会》课程的设置，则有助于这一问题的解决。《历史与社会》课程内容的设计，就十分注重历史与其他人文学科内容的相互联系、相互照应，如《义务教育历史与社会课程标准》中就有这样的要求：“引述相关资料，解释地理条件对文明多样性的作用，以及人类活动对自然环境的影响”、“区分历史叙述和文学作品的差别，知道获取历史信息的常用方法、途径及其功用”等，这些内容要求就使历史与地理等人文学科的知识有机地融合在一起，有利于学生形成跨学科观察和分析问题的能力。

还有，该课程强调各学科知识内部的融合和联系。例如，在历史知识部分，本课程采用“中外历史混编”的方式，即把中国历史发展的基本过程作为主轴，与不同时期世界主要区域文明或国家的特点相对照，与在世界历史发展进程中产生了重大影响的事件相联系，从而使学生在人类社会发展的大背景中关注中国的命运，感受祖国的荣辱与兴衰。在人文地理

---

① H·A·索罗金：《未来教师应当掌握跨学科联系》，《比较教育研究》，1985年第1期。

部分,又突出了“区域地理”的内容,关注区域发展规划、合理开发和利用自然资源,解决区域生态环境及人口问题等,从而使自然环境与人们的社会生活密切联系起来。

总之,由于《历史与社会》课程特别强调各学科领域之间的相互影响、相互渗透,使得初中人文学科的教育内容,不再是相互孤立,而是成为一个有机联系的整体。正如有学者描述的,“课程统整就像计算机的IC(集成电路,Integrated Circuit),将个别独立存在的电子组件结合起来,成为功能强大的处理器。课程统整也像人体的组织结构,将各种器官系统组合起来,成为一个具有思考与行动的人。”①《历史与社会》课程所追求的正是这样一种整合、集成的教育内容体系。

二、培养学生综合认知与创造性解决问题的能力

“学会学习、学会创造”是信息时代、学习化社会对未来人才提出的要求。《历史与社会》课程所具有的知识整体性和视角多维性的特点,为学生学习能力和创新能力的发展提供了广阔的教育空间。

1. 有利于培养学生综合理解和运用知识的能力

学生学习的规律表明,“连根带叶”的知识,比简化的、片段的、孤立的知识更容易被接受。正如同人类不能离群而繁衍一样,隔离的观念必定会凋零,终至死亡。反之,在学科的统一体之下被了解的观念,将会在理解上常保鲜艳的活力。② 杜威对此也有一段很经典的论述。他针对当时学校教育存在的知识与经验割裂的现象曾指出:“过去学习的教材是孤立的;就如同把知识放在不透水的互相隔开的船舱里一样。如果要问,这些知识的结果如何?知识到哪里去了?那么正确的回答是:这些知识仍保存在原来存放他们的封闭的船舱里面。如果出现了和当初学习知识时同样的情境,那么知识也可以回忆起来,并且也会是有用的。但是,这些知识在当初学习时是互相割裂开来的,因而这些知识同其他经验并没有什

① 游家政:《课程创新》,师大书苑有限公司,2002年,第173页。

② 黄炳煌:《课程理论之基础》,文景出版社,1982年,第95页。

么关联，所以在实际的生活情境中，这些知识就不能发挥效用了。"[①]这些理论上的发现告诉我们：综合性、多维性的课程文本对于学生理解和运用所学知识是大有裨益的。

《历史与社会》教材中一道有关"红军长征"的习题也充分说明了这一点。这道习题先让学生有感情地朗读毛泽东的诗《长征》，然后要求学生对照中国地形图找出红军长征的所经过的地区，最后让学生谈谈读这首诗的体会。与传统历史课相比，这样设计的优点在于：(1)运用地形图比区域图更能形象、直观地帮助学生理解红军行军的艰难；(2)将历史和地理知识作为背景知识，会加深学生对这首诗的理解，例如诗中的"金沙水拍云崖暖，大渡桥横铁索寒"，如果学生了解了"突破金沙江"和"强渡大渡河"两个历史事件，也就更容易理解这两句诗的内涵。可见，《历史与社会》课程所倡导的跨学科、跨领域的综合学习方式，更有助于学生搭建起一种网状立体的知识结构，促进学生所学知识的深入理解和灵活运用，从而达到最优化的学习效果。

2. 有利于培养学生创造性解决问题的能力

前南斯拉夫著名教学论专家鲍良克指出：综合是典型的创造性活动，没有综合就没有创造。[②] 德国心理学家韦特海默也认为，创造性思维"不是零敲碎打而是和整体特征密切相关的，它们随着整体特征而运转，由情境结构上的实际需要所决定"。[③] 我国学者也指出：创新学习实质上就是"基于头脑中的观念重组而产生新颖而有价值的思维产品的学习活动。[④]从某种意义上讲，创造性思维就是将各种信息整合到一起而得出一个整体的、新的理解和认识。综合课程由于特别鼓励学生从不同学科的视角对问题情境进行解构，这有助于他们突破学科知识定势，避免思维僵化，从而为创造性观点的产生提供了机会。例如，有教师在讲"举世闻名的古

① 杜威：《我们怎样思维·经验与教育》，人民教育出版社，2005 年，第 265 页。

② 弗·鲍良克：《教学论》，叶澜译，福建人民出版社，1984 年，第 169 页。

③ 韦特海默：《创造性思维》，教育科学出版社，1987 年，第 214—215 页。

④ 庞维国：《课堂中的创新学习：生成论的视角》，《华东师范大学学报(教科版)》，2009 年第 4 期。

代工程"一课时，让学生参考历史地图以及史学研究的有关论述，讨论"中国古代长城的功用"这一问题。通过讨论，学生不仅认识到长城具有军事防御的功能，还认识到长城在保障"丝绸之路"畅通、促进胡汉经贸往来等方面也发挥了积极的作用。还有，在讲"隋唐大运河"这一历史内容时，教师也一改过去悬挂《隋运河示意图》向学生介绍开凿年代、运河分四段等讲法，而是挂了一幅《中国水系图》，让学生讨论"如何开凿运河最省力"的问题，最终有学生提出"沟通支流、湖泊最省力"的办法。可见，在解决特定的历史或社会问题时，如果有意识地引导学生采取跨学科的方式，更有利于拓宽学生的思维空间，促进学生多学科知识的联系和整合，进而形成创造性地分析和解决问题的思维方式。

三、提升学校公民教育与历史教育的功能

《历史与社会》是在义务教育阶段以历史、人文地理和相关学科为载体，对学生进行公民教育的综合课程。在增强学校公民教育的效果，尤其是发挥历史教育的社会功能方面，该课程有着传统分科课程无法比拟的优越性。

1. 有利于增强学校公民教育的效果

从世界各国的情况看，学校教育一直都承担着为社会培养合格公民的重要使命。在西方国家，自德国教育家凯兴斯泰纳大力倡导公民教育以来，公民课或社会课一直在培养学生必备的公民素质方面扮演着重要角色。例如，美国社会科课程的宗旨是"提升公民能力"，日本社会科课程的目标是"培养公民资质"。相比较而言，我国自新中国成立以来，尽管一直开设有与西方类似的"思想品德课"或"历史课"，但是我国以往的这些课程更偏重于政治教育和人文知识教育，而对公民教育始终缺乏系统的课程规划。正如有学者指出的，由于我们的公民教育意识一向淡薄，所以一直以'大德育'涵盖公民教育的内容，没有提出明确的公民教育。如果从培养合格公民的视角来看待今天的学校德育，把公民教育突出来，并与现有德育的各个部分进行整合，成为一个有机的教育系统，可以在一定程

度上提高学校教育特别是思想政治教育方法的有效性。[①]

从某种意义上说，专门开设一门以公民教育为宗旨的人文社会学科课程——《历史与社会》，就是为了弥补以往学校教育在公民教育方面的不足。在公民素养培育方面，《历史与社会》课程的根本任务在于，通过对历史、地理以及其他人文社会科学知识的学习，培育学生认识人、社会与自然及其相互关系所必备的人文素质，养成更为理性、更有智慧地参与现代社会生活所必要的思维习惯及能力，为建设公民社会奠定基础。由于《历史与社会》课程所具有的综合性、人文性和实践性强的特点，若以《历史与社会》课程为核心，整合学校教育中各学科的公民教育的有关内容，必定会对构建符合我国自身特点的公民教育的内容体系，以及提升公民教育的质量和水平起到积极的促进作用。

2.有利于发挥历史教育的社会功能

传统的历史课程，由于过分注重学科知识的系统性和完整性，结果导致历史教育的内容远离现实社会和学生的实际。这样的“历史”只能被视为“古董”，而不是现实生活的源头。而将分科的历史课程与其他人文社会学科课程加以有机地整合，开设综合课程《历史与社会》，就可以有效地解决历史与现实割裂的问题，促使其社会功能得到更好地发挥。

《义务教育历史与社会课程标准》中历史内容的设计就是很好的说明。例如，在八年级的课程内容“社会变迁与文明演进”中，虽然该部分内容侧重于完成历史教育的任务，但在这部分内容中，历史教育所扮演的角色已不仅仅是传递人类过去的历史信息，而是告诉人们历史与现实和未来的联系。这样设计，不但不会削弱历史教育的功能，相反，由于将传统的历史教育内容置于人类社会发展的整体进程中加以审视，致使历史教育的目的和功能更加明确，历史教育所应有的社会功能也得以充分地彰显。还有，本课程注重把社会作为一个动态的过程来看待，借助历史的眼光认识今天的社会，使学生纵向了解人类社会的进程，横向了解社会生活

① 朱晓宏:《公民教育》，教育科学出版社，2003年，第15页。

的内容。如《义务教育历史与社会课程标准》中就有这样的要求："描述中国古代社会生活的情景和事例，感受中国传统文化对现实生活的影响"、"总结历史与社会探究的收获，把握新的起点，思考自己成长之路的选择"等，这些要求就使历史与现实的内容有机地统一起来，使历史教育的内容更贴近学生的实际生活，成为指导学生开展社会实践、参与社会生活、选择人生道路、实现个人理想的行动指南，因而也更符合现代教育的价值追求。

总而言之，在《历史与社会》课程的价值问题上，还有很多深入探讨的必要，特别是作为一门人文社会学科综合课程，其教育价值的特殊性需要作进一步的研究和探讨，只有弄清楚这些问题，才能对该课程的实施提供更明确、更有效的指导，从而进一步发挥其在学校教育中的独特功能。

第二节 《历史与社会》课程的目标定位

《历史与社会》课程目标是对课程宗旨及理念的反映，是对课程价值和功能的具体表述。深入探讨《历史与社会》课程目标的内涵与类型，并科学定位《历史与社会》课程目标，对于该课程的有效实施具有重要的指导意义。

一、《历史与社会》课程目标及其分类

1.《历史与社会》课程目标的内涵

《历史与社会》课程目标的实质，就是通过《历史与社会》课程的实施，促进学生主动学习与发展，最终达到国家所期望的要求和标准。这些要求和标准主要涵盖四个方面。

一是时限，即初中阶段学生从事《历史与社会》课程学习活动的时间限度。

二是强调学生的主动发展。《历史与社会》课程目标的达成与否，是以学生的发展状况与水平为判断依据的。其中包含针对教师的教学建

议，教学建议是促使学生主动发展并达到最终水准的重要条件。

三是学生的最终发展状态与发展水平。发展状态是指学生在学习《历史与社会》课程的过程中，学生的情感态度价值观、能力和知识等基本素质能否全面、和谐地得到发展。发展水平是指学生的这些基本素质的发展所能达到的高度。

四是国家的期望，即符合一定社会发展的需求。《历史与社会》课程的内容反映了本国、本民族的历史传统与现实国情，集中体现了国家意识和民族精神。因此，《历史与社会》课程目标也就必然寄托着国家对该课程的期望和需求。

2.《历史与社会》课程目标的分类

在教育发展史上，关于课程目标及分类体系的研究，可以上溯至20世纪20年代美国学者博比特（Bobbitt，F.）。他在其1918年发表的《课程》一文中，接受了英国教育家斯宾塞关于按照严格的目标分类对知识进行选择的主张。[①] 之后，有“行为目标之父”之称的美国课程论专家泰勒又指出：“教育是一种改变人的行为模式的过程。”[②]这里的“行为”是广义的“行为”，既包括外显行为，又包括“思维”、“情感”等内隐行为。接着，泰勒的学生布卢姆开始对教育目标的分类进行了深入的研究，并将之归纳为认知、情感和动作技能三个领域，并与他人合作出版了《教育目标分类学：认知领域》等一系列著作，使教育目标明确化、系统化、具体化，成为美国教育教学研究的重大成果，并在国际上享有盛誉。

在新世纪的课程改革中，我国颁布的两部《历史与社会》课程标准，在课程目标的分类上，也遵循课程目标的基本分类方法，涵盖了认知、技能和情感三个层面，但在具体的目标分类及其表述上，两部《历史与社会》课程标准又有各自的特点。“标准一”的三维目标是“情感态度与价值观”、

① B·S·布卢姆：《目标分类和掌握学习思想与论著选读》，中国环境科学出版社，2006年，第5页。

② 拉尔夫·泰勒：《课程与教学的基本原理》，罗康、张阅译，中国轻工业出版社，2008年，第5页。

“技能与能力”、“知识”;“标准二”的三维目标分类则为“知识与技能”、“过程与方法”、“情感态度与价值观”。至于两部课程标准为什么会形成两种不同的目标分类及表述方式,主要是由于我国学者在关于课程目标的分类及表述上尚未形成统一的看法,主要分歧在第二层面,有的学者主张用“技能与能力”,有的学者建议采用“过程与方法”,还有的学者认为使用“能力与方法”才合适。[①] 关于这个问题,本书的观点认为,尽管“过程与方法”与“技能与能力”两者在表述上是不同的,但对学生所应达到的课程目标要求基本上是一致的,因为注重“过程”的教学,注意传授学生学习和认知的方法,本身就是一种技能或能力的培养和训练。

二、《历史与社会》课程目标解析

《历史与社会》课程目标分为总目标和分类目标。总目标是对课程目标的总体概括。《历史与社会》课程的总目标规定:“历史与社会课程综合历史、地理及相关学科的教学,旨在提高学生的人文素养和学习能力、创新能力、社会实践能力,使他们能够正确面对人生、社会和自然环境中的各种问题,弘扬以爱国主义为核心的民族精神和以改革创新为核心的时代精神,初步形成正确的世界观、人生观和价值观,逐步成长为中国特色社会主义事业的合格建设者和接班人。”分类目标是从知识、能力、情感三个维度对课程总体目标的具体规定。下面就从知识、过程与方法(技能与能力)和情感态度价值观三个维度对课程目标作具体分析。

(一)知识目标解析

1.知识的内涵

“知识”是一个十分常用、普通的术语,人们对它的理解也存在较大的分歧。《辞海》关于知识的定义是:“人类认识的成果或结晶。包括经验知识和理论知识。经验知识是知识的初级形态,系统的科学理论是知识的高级形态。”[②]《中国大百科全书·教育》关于知识的定义是:“所谓知识,

---

① 白月桥:《课程标准实验稿课程目标订定的探讨》,《课程·教材·教法》,2004年第9期。

② 《辞海》,上海辞书出版社,1989年,第1952页。

就它所反映的内容而言，是客观事物的属性与联系的反映，是客观事物在人脑中的主观印象。就它的反映活动形式而言，有时表现为主体对事物的感性知觉或表象，属于感性知识；有时表现为关于事物的概念或规律，属于理性知识。”[①]顾明远的《教育大辞典》关于知识的定义是：“人对事物属性与联系的认识，即个体通过与其环境相互作用后获得的信息及其组织。知识可根据不同的标准分类，按反映深度，可分为反映事物外部属性的感性知识和反映事物本质属性的理性知识；按反映内容，可分为自然的、社会的和思维的知识；按其来源可分为间接知识和直接知识。”[②]英国学者波兰尼根据知识的性质将人类的知识分为显性知识和缄默知识两大类。[③] 美国学者安德森等人将知识分为事实性知识、概念性知识、程序性知识和反思认知知识。[④] 本书采用我国哲学、教育学、心理学界通常的知识分类方法，认为《历史与社会》课程中的知识大致可以分为间接知识（书本知识）和直接知识（经验知识）两大类。

（1）间接知识（书本知识）

间接知识是《历史与社会》课程的最具价值的知识，是该课程的研究专家经过慎重选择而编入课程和教材的知识。从知识的表征方式来看，这部分知识又包括具体知识和理论知识两大类。

具体知识是对一定时间和地点发生的事实或事件的反映。《历史与社会》课程中的具体知识主要包括三种知识：一是符号，主要是学习和记住事物的名称，如历史知识中的时间、地点和人物，地理知识中的地形、气候和河流等；二是事实，指两个以上有名称的客体或事件之间关系的言语陈述，通常是一个个命题陈述。如“辛亥革命发生于1911年”、“浙江省位于中国的东海岸”等。三是整体性知识，由许多单个事实所连接成的大段陈述。如“中国古代官僚制度的变迁”、“辛亥革命的简况”、“中国行政区

---

① 《中国大百科全书·教育》，中国大百科全书出版社，1985年，第525页。

② 顾明远：《教育大辞典》，上海教育出版社，1998年，第2016页。

③ Polanyi，M.. *The Study of Man*. Routledge & Kegan Paul，1957：12.

④ L. W. 安德森等：《学习、教学、评估的分类学》，皮连生译，华东师范大学出版社，2008年，第5—6页。

划的主要层次结构"等。学生学习这些具体知识的主要方式是理解和记忆。

理论知识是对已知事实的本质特征与内在规律的反映。《历史与社会》课程中涉及到的一些人文社会学科的概念、原理、规律等,都属于理论知识。例如,一些重要的概念,如区域、个体社会化、全球化、可持续发展等;重要的原理和规律,如"生产力决定生产关系"、"人民群众是创造和传承文明的主体"、"文化越是民族的,越是世界的"等。理论知识是对具体知识的深化,在《历史与社会》的知识结构中占有主导性的地位。学生学习这类知识,除了理解之外,还需要学会运用。

具体知识与理论知识虽然是知识类型中两个不同的类别,但它们是相互联系、相互影响的。一方面,没有具体知识,理论知识就会成为空壳,不仅无法展开认识上的作用,甚至也无法实际运作,因为"理论的知识经常地是从对实际知识的系统的反映中产生的。因此,学校在注意学生知识的发展方面应该关心他们的实践技巧的发展,也关心他们的理论和实际知识之间的联系"。[①] 另一方面,没有理论知识,具体知识也不可能科学地把握,甚至会失去认识的意义并影响学习的效果,只有"把具体的知识与一般的抽象知识联系起来学,在这种联系中可以最有效地记忆或保持具体的知识"。[②]

(2)直接知识(经验知识)

《历史与社会》是一门社会性、实践性、综合性较强的课程。因此,在课程实施过程中,仅仅关注学生书本知识的学习是远远不够的,还需要为学生提供大量实践活动的机会,以获得必要的直接知识或经验知识。"纸上得来终觉浅,绝知此事要躬行",就说明了这一道理。

我国传统的人文学科教育的方式和方法,往往只注重书本知识的教

① 丹尼斯·劳顿等:《课程研究的理论与实践》,张渭城等译,人民教育出版社,1985年,第17—18页。

② 布卢姆等:《教育目标分类学》第一分册《认知领域》,罗黎辉等译,华东师范大学出版社,1986年,第34页。

学，而对学生的直接经验或直接知识的获得则较少关注，没有给学生留下充分动脑、动手、动口的时间和空间。学生在接受书本知识时，往往未能把概念、原理建立在他们的感性经验的基础之上，这样学生对书本知识的学习只好生吞活剥，死记硬背，不能真正理解，更不能把书本知识运用于实际问题的解决，从而扼杀了主动性和创造力。

直接知识是以学生的直接经验的形式表现出来的，是一种个性化的经验知识，其获取过程强调学生自身的能动性、体验性和创造性，无法单纯由他人传授、灌输获得，必须由学生自己去参与、去经历、去感受、去体悟。从某种意义上讲，获取直接知识的过程就是学生的精神世界自主建构的过程。这种知识获取的方式尽管比获得间接经验费时、费力，但这种方式把学习内容与学生当前的、现实的生活情境有机联系起来，学生获得的是一种情境化的、活化的知识，也是对学生实践能力和创新意识发展极其重要的一种知识。因此，在《历史与社会》课程实施过程中，教师应注意结合教学内容，为学生提供各种探究社会问题和参与社会生活的机会，以确保学生获得丰富的关于历史或社会的直接知识。

2.知识学习的意义

如何看待知识学习的重要性，怎样理解知识学习的意义，这些都是教学理论中反复讨论的问题。在传统人文社会学科的教学中，由于片面强调知识学习的被动接受、记忆、背诵，因而受到越来越多的抨击，甚至知识传授的意义也遭到否定。但从当代教学理论的发展趋势看，知识教学的必要性和重要性是不能轻易否定的，而要从新的角度认识传授知识在教学过程中和学生全面发展中的基础作用。布卢姆曾指出，“问题解决或思维不可能在真空中进行，而是必须以一些‘现实’的知识为基础”，应该把知识“作为学习该领域的方法论的基础，作为解决该领域里各种问题的基础”，[①]甚至认为知识是培养学生的情感、兴趣、态度等方面的基础。我国教学论专家王策三也强调指出，“知识好比一个百宝箱，里面藏了大量珍

① 布卢姆等：《教育目标分类学》第一分册《认知领域》，罗黎辉等译，华东师范大学出版社，1986年，第31—32页。

宝:不仅内含有关于客观事物的特性和规律,而且内含有人类主观能力、思想、情感、价值观等精神力量、品质和态度”,他还认为,“如果根本没有知识或轻视、削弱知识,那么学生的发展更无从谈起,主动学习态度、能力、情感、价值观等等,便无源无本,教师纵有孙猴子的本领也变不出来,道理很简单:巧妇难为无米之炊。”[①]因此,我们应该全面地、辩证地看待传授知识的意义,尤其是知识在教学与发展中的基础作用。

在《历史与社会》课程实施的过程中,同样不能忽视基础知识的学习,但需要指出的是,掌握这些基础知识的过程应该是学生主动学习和建构的过程。也就是说,学生原有的知识是学习和建构新知识的基础,新的知识是引发学生思维和重新建构知识体系的信息源和素材,而不是在传统教学中教师“灌输”下的死记硬背的知识。我们反对死记硬背,但要求学生记住最基本的知识。

3.知识目标定位

《历史与社会》课程中的知识内容,尽管是以历史知识和地理知识为主体的,但并不是历史和地理知识的简单相加和拼凑,而是一个与其他人文社会科学领域知识相整合而形成的一个新的知识系统。概括起来,《历史与社会》课程的知识学习目标主要涵盖以下几个方面:

(1)了解中国历史和世界历史发展的基本线索和基本事实,知道人类物质文明、政治文明、精神文明与生态文明发展的基本趋势,理解近现代中国革命、建设、改革的曲折历程。

历史知识是本课程的重要学习内容。学生只有具备一定的历史知识,才能具备历史的眼光,才能形成历史的观点,才能确立历史的使命感。历史知识的学习,有利于学生在全球化的背景下,保持和发展我们的民族文化传统;有利于学生懂得历史变迁及其发展规律,提高知往鉴今的能力;有利于学生更深刻地理解和认识现实,增强民族认同感和民族自信心。

---

① 王策三:《认真对待“轻视知识”的教育思潮——再评由“应试教育”向素质教育转轨提法的讨论》,《北京大学教育评论》,2004年第3期。

(2)了解人类生存的地理环境,知道不同区域的自然与人文特征,认识人口、资源、环境与社会发展的关系,理解人与自然的和谐发展。

丰富多彩的社会生活总是在一定的地域空间上展开的。学生只有具备一定的地理知识,才能认识到不同区域的环境条件差异是形成多样化社会生活的重要原因;学生只有理解了人口、资源、环境与社会发展的关系,才能树立正确的人地观、发展观和生态观,才能成为对社区、对家乡、对国家有责任感的合格公民。

(3)了解社会生活的丰富内涵,知道参与社会生活的方式和途径,理解个体发展与社会进步的关系。

学生在社会生活中,经常会遇到与政治、经济和文化有关的各种问题,因此有必要学习和掌握一些政治学、经济学、文化学方面的基本知识,以便在走向社会后能够更好地参与社会生活,及时应对社会提出的挑战,更好地适应现代生活。

(二)过程与方法(技能与能力)目标解析

1.过程与方法目标的内涵

"学会学习"是当今世界各国教育改革的重要理念,也是21世纪社会发展对人才的要求。联合国教科文组织颁布的教育文献《学会生存——教育世界的今天和明天》一书中指出:"未来的学校必须把教育的对象变成自己教育自己的主体,受教育的人必须成为教育他自己的人,别人的教育必须成为这个人自己的教育。"① 另一部文献《教育——财富蕴藏其中》也指出:"教育既应提供一个复杂的、不断变动的世界地图,又应提供有助于在这个世界上航行的指南针。教育应围绕四种基本学习加以安排;可以说,这四种学习将是每个人一生中的知识支柱:学会认知,即获得理解的手段;学会做事,以便能够对自己所处的环境产生影响;学会共同生活,以便与他人一道参加人的所有活动并在这些活动中进行合作;最后是学

① 联合国教科文组织国际教育发展委员会:《学会生存——教育世界的今天和明天》,教育科学出版社,1996年,第190页。

会生存，这是前三种学习成果的主要表现。”[①]为了适应现代社会发展的趋势，学校教育也应从过去“记忆性的学习”转变为“行为导向的学习”，其关键是培养学生自主学习和社会适应的能力，让学生掌握终生学习的方法，以及在社会中生活的方法。可见，在新世纪的课程改革中，增设“过程与方法”的目标，是时代发展的必然要求。

将“过程”作为一项重要的课程目标，主要是针对我国基础教育长期存在的一个问题，即“重结论、轻过程”的现象提出的，特别是学生在学习人文学科的过程中，偏重于机械背诵一些固定的知识和结论，而知识的形成过程则不受关注。国外的学者认为：“对于知识来说，如果仅仅局限于背诵下来，那么这些知识就不是一种‘真正的知识’，也不能认为学生‘真正地掌握了知识’。因为在这种情况下，这种知识的学习并没有触及理解过程及学生内在洞察力的培养。”[②]我国学者也研究指出：“从教学的角度讲，学生理解和掌握正确的结论固然重要，但是，如果不经过学生一系列的质疑、判断、比较、选择，以及相应的分析、综合、概括等认识活动，即如果没有多样化的思维过程和认知方式，没有多种观点的碰撞、论争和比较，结论就难以获得，也难以真正理解和巩固。更重要的是，没有以多样性、丰富性为前提的教学过程，学生的创新精神和创新思维不可能培养起来。”[③]新世纪的课程改革将“过程”本身作为课程目标的重要组成部分，是有其特定教育意义的。

将学科认知方法作为与“过程”并列的一项目标，也是课程改革的提出一个新要求。现代教育主张学生应该学会学习，而学会学习的一个重要方面，就是要让学生掌握获得知识的方法。近几十年来，我国广大的学科教育工作者发表了大量的论文、论著，都强调学科认知方法在学科教育中的重要性，大都主张把学科认识方法的掌握作为各科教学的目标。因

---

① 联合国教科文组织国际教育发展委员会：《教育——财富蕴藏其中》，教育科学出版社，1996年，第75页。

② 格兰特·威金斯、杰伊·麦克泰：《理解力的培养与课程设计》，么加利译，中国轻工业出版社，2003年，第64页。

③ 朱慕菊：《走进新课程——与课程实施者对话》，北京师范大学出版社，2003年，第108页。

此，在《纲要》中明文强调：要使学生掌握适应终身学习的“基本方法”。

2.《历史与社会》课程中“过程与方法”目标的定位

根据《历史与社会》课程的功能与价值，《历史与社会》课程标准中“过程与方法”方面的目标要求应重点关注以下几个方面：

(1)经历探索新知的过程，发展推理、判断、质疑和反思的能力

现代教育心理学研究指出，学习过程是一个接受知识的过程，更是一个发现问题、分析问题和解决问题的过程。因此，《历史与社会》课程的学习，就不能仅仅是对具体知识的简单理解和记忆，而是一个学生不断探索新知的过程。在探索新知的过程中，学生不仅要学会运用分析、综合、概括等思维方法，还需要发展推理、判断、质疑和反思的能力，以构建自己对知识的理解和认识，并敢于发表不同的观点和见解。只有经历这样的学习过程，学生的探究意识和创新精神才能被逐步地培养起来。

(2)掌握认识历史、地理和现实社会的途径和方法

掌握了科学的认识方法，学生也就拥有了打开知识宝库的钥匙。在《历史与社会》教学中，学生学会了如何阅读、分析和评价史料，也就掌握了探究历史的重要方法；学生学会运用地图和地球仪，也就拥有了获取地理信息的重要工具；学生掌握了社会调查的技能，也就为进一步认识现实社会提供了可能。因此，在《历史与社会》课程目标的规定上，要求学生掌握各学科领域的思维方法和学习方法，是十分必要的。

(3)形成从多角度、运用多学科的知识综合分析和探究社会问题的能力

现代人类社会面临的许多问题如环境问题、人口问题、能源问题、战争问题等，几乎没有哪一个能凭借一门或两门学科能够解决的，需要多种学科的联合、协作，需要超越各门学科的视野和创造性解决问题的思路，这也是在义务教育阶段开设综合性的社会科课程的重要原因之一。因此，《历史与社会》课程目标的设计，也应将培养学生跨学科分析和探究问题的能力作为重要的课程目标之一，以体现综合课程的特有价值。

（三）情感、态度与价值观目标解析

1.情感、态度与价值观目标的内涵

在我国教育界，以往一般把思想情感领域的学科课程目标称作"思想教育"目标，与知识目标和能力目标共同构成课程的三维目标。在新世纪的课程改革中，我国的学校课程将这一领域的目标概括为"情感态度价值观"，使其内涵更加丰富，更符合现代教育的价值取向。

这一课程目标的表述是由三个具体的概念组成的。与人们通常的理解不同，在新世纪课程改革的背景下，它们被赋予了十分丰富的内涵。[①]情感是一种心理反应，是指比较稳定的、主要与社会性需要相联系的内心体验。学校教育中的情感目标，不仅指学习兴趣、学习热情和学习动机，更是指内心体验和心灵世界的丰富。态度是人们对于事情的看法和采取的行动。学校教育中所指的态度目标，不仅指学生的学习态度、学习责任，更是指乐观的生活态度、求实的科学态度、宽容的人生态度。价值观是如何断定客观事物有无价值及价值大小的根本观点和评价标准。这里指的价值观，不仅强调个人的价值，更强调个人价值和社会价值的统一；不仅强调科学的价值，更强调科学价值与人文价值的统一；不仅强调人类的价值，更强调人类价值与自然价值的统一，从而使学生从内心确立起对真、善、美的价值追求以及人与自然和谐可持续发展的理念。从横向上看，这三个要素具有相对独立性，它们描述了人的情意领域的完整画面；而从纵向看，这三个要素具有层次递进性，它们构成了一个由低级到高级的情意发展的连续体。

2.情感态度价值观的目标定位

《历史与社会》课程是一门以培育学生良好的人文素养和社会责任感为目的的公民教育课程。因此，情感、态度和价值观的目标也就成为这门课程的核心目标。根据《历史与社会》课程的性质和基本理念，情感态度和价值观应重点关注以下几个方面：

---

① 钟启泉、崔允漷、张华：《基础教育课程改革纲要（试行）解读》，华东师范大学出版社，2001年，第276页。

（1）养成深厚的爱国主义情感，认同社会主义核心价值观

要培养学生的爱国主义情感，树立社会主义的核心价值观，就需要学生对祖国的历史与现实有一个全面的了解。而《历史与社会》课程在这方面有着无可替代的功能。《历史与社会》课程由于涵盖了历史、地理、经济、政治、文化等方面的人文社会学科的内容，这些内容都蕴涵着丰富的热爱祖国和热爱社会主义的教育内容。通过历史和地理的学习，学生可以了解我国悠久的历史和优秀的传统文化，认识和领略祖国的大好河山；通过对当代中国政治、经济和文化的学习，可以帮助学生认同社会主义核心价值观，逐步树立走中国特色的社会主义道路的信念。可见，《历史与社会》课程的设置，有利全面、系统地培养学生的爱国主义情感和社会主义核心价值观。

（2）理解和尊重世界各国、各民族的文化传统，形成开放的国际意识

早在 1974 年，联合国教科文组织在第十八届大会上通过了一项《关于促进国际了解、合作与和平的教育以及关于人权与基本自由的教育的建议》，指出了国际意识教育的指导原则，包括以下几点：各级各类教育应具有国际的内容和全球的视野；了解和尊重各国人民及其文化、文明、社会准则和生活方式，包括国内的民族文化和其他国家的文化；认识国与国和人民与人民之间日益增长的全球范围的相互依赖；既认识个人、社会集团和国家各自的权利，亦认识相互承担的义务；理解国际团结与合作的必要性等等。在日益全球化的今天，学生具备开放的国际意识更为必要。对此，世界上许多国家的社会科教育都对国际意识的培养提出了明确的要求。如美国社会科教育内容中的一个重要主题就是“全球联系”，旨在为学生提供全球联系以及相互依存方面的学习经验；[①]日本的社会科也将培养生存于国际社会的“公民资质”作为重要的教育目标；[②]我国的《历

① National Council for the Social Studies. *Nation Curriculum Standards for Social Studies: A Framework for Teaching, Learning, and Assessment*. NCSS, 2010:22.

② 赵亚夫：《日本学校社会科教育研究》，北京师范大学出版社，2001 年，第 80 页。

史与社会课程标准》也明确将培养学生的“全球视野”作为重要的教育目标。[①] 可见，我们要使学生“胸怀祖国，放眼世界”，就必须使学生具有开放的国际意识，《历史与社会》课程在这方面应该承担重要的责任。

(3)关注人类的命运，树立可持续发展的观念

20世纪以来，全球生态环境的恶化已经严重威胁着人类的发展。空气污染、气候变化、臭氧层耗竭、淡水资源缺乏、森林锐减、沙漠化、物种灭绝、生物多样性减少等都是自然界给人类敲响的一次次警钟。严峻的现实告诫人们，人类社会要想持续、稳定、和平地发展，必须处理好人口、资源、环境和发展的关系，走可持续发展的道路。所谓可持续发展，是在不超越资源与环境承载能力的条件下，在不危及后代人需要的前提下，寻求满足当代人发展的途径。实施可持续发展战略，树立科学的发展观，也是关系中华民族生存和发展的大计。因此，在基础教育阶段，加强对学生进行可持续发展的教育，帮助他们树立正确的生育观、环境观、资源观、生态观，显得十分重要。《历史与社会》课程将可持续发展教育作为重要的课程目标，就体现了时代和社会发展的要求。

三、《历史与社会》课程三维目标的相互关系

关于课程目标三个维度之间的关系，《基础教育课程改革纲要》曾如此表述："使获得基础知识与基本技能的过程同时成为学会学习和形成正确价值观的过程"。由此可知，《历史与社会》课程目标中的三维目标，也应是一个密切联系的有机整体。

知识是《历史与社会》学习的基础，是学生掌握学习方法、形成能力的载体，也是形成正确人生观和价值观的载体。没有这样一个载体，综合能力的形成以及正确价值观的养成都是无源之水、无本之木。

过程与方法是《历史与社会》学习的关键，也是学生学习能力形成的主要途径，能力的发展有助于学生对基础知识的掌握、理解和运用，有助

① 教育部：《义务教育历史与社会课程标准》，北京师范大学出版社，2012年，第1页。

于对理论、思想、观念的接受、内化和阐发，有助于从知识的底蕴中激发出思想的火花，使知识转化和升华为信念。

情感、态度和价值观是《历史与社会》学习的灵魂，是学生学习的动力源泉。正如列宁所说的，“……没有‘人的情感’，就从来没有也不可能有人对于真理的追求”。[①] 可见，情感、态度和价值观的教育对学生知识的运用和能力的发挥起着导向的作用。

总之，《历史与社会》课程的三维目标是相互依存、相互渗透的，又是互为条件、互相转化的，是三位一体的关系。在《历史与社会》教学中，教师只有确立三维目标整合的教育发展观，才能确保课程目标全面、有效地达成。

第三节 《历史与社会》课程的内容整合

《历史与社会》课程设置的一个重要目的，就是培养学生对人类社会的综合认知能力。而这一教育目的的达成，不是仅靠某一门学科能独立完成的，必须发挥多学科、多领域协同的综合教育功能。因此，课程内容的综合化设计也就成为《历史与社会》课程设计的核心问题。《历史与社会》课程内容的综合化主要涉及学科内部的综合，以及学科之间的综合。本节着重对《历史与社会》课程中的中外历史内容、史地内容和文史内容的综合化问题进行探讨。

一、《历史与社会》课程中的中外历史内容综合化设计

中外历史的综合是指将传统历史课程中的“中国历史”和“世界历史”两大专题内容加以综合，形成一种囊括中外历史的新型的历史学习内容体系。在新世纪初的《历史与社会》课程编制过程中，我国的有关专家已对中外历史综合进行了大胆的实践和探索，取得了许多宝贵的经验。下

① 《列宁全集》(第20卷)，人民出版社，1958年，第255页。

面将对此问题作进一步的探讨。

（一）中外历史综合的可行性研究

在对初中《历史与社会》课程中的历史内容进行设计时，将中外历史内容进行综合化设计，既有很强的必要性，也有现实的可能性。

1. 中外历史综合的必要性

长期以来，我国初中阶段历史课程的开设，一般是在七、八年级先学习中国历史的内容，在九年级开设世界历史的内容。这样设计，尽管可以使学生对中国历史和世界历史的内容分别有一个相对系统的了解，但不足之处在于，学生难以看到中国历史与世界历史之间的密切关系，不利于学生对人类历史发展进行整体性的认识。而采取中外历史综合的设计形式，则可以较好地解决这一课程设计所存在的问题，也更有利于学生的学习。其理由在于：

一方面，中国历史是世界历史的一部分，尤其是中华文明源远流长，在人类文明史上占有重要地位，缺少了中国历史，难以看清世界历史的全貌。毛泽东曾指出："在中华文明史上有素称发达的农业和手工业，有许多问答的思想家、科学家、政治家、军事家、文学家和艺术家，有丰富的文化典籍。在很早的时候，中国就有了指南针的发明。还在一千八百年前，已经发明了纸法。在一千三百年前，已发明了雕版印刷，在八百年前，更发明了活字印刷。火药的应用，也在欧洲人之前。所以，中国是世界文明发达最早的国家之一，中国已有了将近四千年的有文字可考的历史。"①英国科技史专家李约瑟也指出：中国科学在公元 3 世纪到 13 世纪之间保持一个西方所望尘莫及的水平。② 因此，在世界历史的学习中，缺少了中国历史，难以看到中华文明对世界文明史上的地位及其为世界做出的贡献。缺少中国历史的世界历史，不是真正的世界历史。另一方面，单独学习中国历史，只从中国内部自身的发展考察历史，不利于正确了解世界发

① 《毛泽东选集》（第 3 卷），人民出版社，1990 年，第 586 页。

② 吴国盛：《科学的历程》，湖南科学技术出版社，1997 年，第 272 页。

展与中国发展的互动关系。[①] 尤其是在工业社会来临之后，世界逐渐连成一个整体，中国的发展越来越受到整体世界的制约。中国近代史上发生许多重大事件，都有着深刻的国际背景。因此，学生在学习中国近现代史的内容时，如果缺乏必要的国际背景知识，必然会影响学生对这些重大历史事件的理解和认识。例如，学习"鸦片战争"这一内容时，学生不了解英国资产阶级革命和工业革命的历史，就难以理解中国在近代世界落伍的原因；学习"五四运动"，学生不了解第一次世界大战和俄国"十月革命"的历史背景，就难以理解巴黎和会上中国外交失败的原因，也就难以理解马克思主义对中国社会的巨大影响；学习抗日战争的历史，学生不了解第二次世界大战的国际背景，就难以理解中国抗日战争在世界反法西斯战争中的重要地位，也就难以理解在"二战"后中国成为联合国常任理事国的历史原因。缺少国际背景的中国历史，也不是中国历史的本来面目。

总之，将初中历史课程分为"中国历史"与"世界历史"两大主题，仍然是受历史专业知识体系影响下的一种知识分类方式，并不一定符合初中生的认知特点和认知规律。因为从人脑的认知方式来看，大脑的认知总是从整体到部分，由整体的陪衬来把握部分的意义。而将中外历史加以整合，将中国历史置于世界历史背景下加以呈现，符合学生对人类历史的认知规律，有利于学生客观、真实、全面地认识中国从先进到落后再到重新崛起的历史进程，也更有利于学生理解世界历史由分散到整体发展的全过程。

2. 中外历史综合的可能性

当代人文社会科学研究的整体化趋势，不仅表现为不同学科之间的相互交融与联通，而且单一学科领域内部的研究也呈现出整体化的发展趋势，其中历史研究领域尤为明显。在我国史学发展的整体化趋势中，中外历史的综合化研究又是其突出特征。继年鉴学派之后，当代史学研究领域兴起的"全球史观"、"文明史观"和"现代化理论"都体现了这一综合

---

① 杨宁一：《人教版义务教育课程标准实验教科书历史与社会（八年级下册）编写说明》，《中小学教材教学（中学文科版）》，2004 年第 3 期。

化的特征。

英国历史学家巴勒克拉夫是当代全球史观的首倡者和先行者。1976年问世的《当代史学主要趋势》,明确地阐述了他的"全球历史观"的思想。他这样写道:"认识到需要建立全球的历史观——即超越民族和地区的界限,理解整个世界的历史观——是当前的主要特征之一。"[①]在全球史观研究方面,做出重要贡献还有美国史学家斯塔夫里阿诺夫,正如他在《全球通史》中一书中所说的那样,这本书的主要特点就在于:研究的是全球而不是某一个国家或地区的历史;关注的是整个人类,而不是局限于西方人或非西方人。[②] 我国著名历史学家吴于廑先生也持类似的观点,他经过深入的研究指出:世界历史的发展不仅要关注纵向的发展方面,而且还要关注横向的发展方面。横向的发展方面,是指历史由各地区间的相互闭塞到逐渐开放,由彼此分散到逐步联系密切,终于发展成为整体世界历史的这一客观过程。把分国、分区的历史集成汇编,或者只进行分国、分区的研究,而忽视综合的全局研究,都不能适应世界历史这门学科发展的需要。[③] 概而言之,所谓全球史观,就是不能用孤立的、割裂的眼光去观察世界各个时期、各个国家和地区的历史,而应当站在全球的大视角,从整体上把握世界历史的发展过程。这一史观,为《历史与社会》课程中中外历史的综合提供了重要依据。

文明史观,通常被称为文明史研究范式,是研究历史的一种理论模式。文明史观认为,一部人类社会发展史,从本质上说就是人类文明演进的历史。文明史观的主要特点有:以生产力作为划分文明史发展阶段的标准,把人类文明的历程划分为渔猎采集时代、农业文明时代(包括新石器时代、青铜时代、铁器时代)、工业文明时代(包括手工工场时代、蒸汽时代、电气时代和信息时代);以文明类型作为基本研究单位,

① 巴勒克拉夫:《当代史学主要趋势》,杨豫译,上海译文出版社,1987年,第242页。

② 斯塔夫里阿诺夫:《全球通史——1500年以前的世界》,上海社会科学出版社,1998年,第54页。

③ 吴于廑、齐世荣:《世界史》,高等教育出版社,1994年,总序部分。

承认文明的多元性，承认历史发展的多样性统一，既看到人类社会发展有共同的规律和趋势，又看到不同文明有自己独特的具体发展道路，同时文明史观还关注不同类型文明之间的相互关系，特别是工业社会以来的相互关系，考察国际社会中和全球化过程中人类文明的演进；把中华文明纳入到世界文明当中教学，综合全面地考察研究，由此确定中华文明在世界文明中的地位，在和其他文明的比较中探讨中华文明的特点，同时丰富世界文明的内涵。[①] 由此可见，文明史观十分关注世界上不同文明之间的相互交流、借鉴、融合与碰撞，也包括中华文明与世界其他文明之间的交流和互动，这就成为《历史与社会》课程中的中外历史综合又一理论依据。

现代化理论侧重于考察人类历史以生产力为根本推动力，从农业社会向工业社会的转变以及由此带来的全面的社会变迁。现代化理论提出的"一元多线历史发展观"认为：人类社会的发展最终是由生产力的发展所决定的，但是，在同一生产力水平下，可以出现或存在不同的生产关系或社会制度，并非世界各地的历史都经历了五种生产方式的交替，而是呈现出多样性。[②] 资本主义、社会主义是人类实现现代化的两种基本途径，走什么道路是历史的选择，是由国情决定的。一元多线历史发展观的提出，使《历史与社会》课程中的历史内容设计摆脱了过去单线历史发展观的理论框架的束缚，从而为中外历史进行有机整合提供了理论上的可能性。

史学研究的这些成果对《历史与社会》课程设计有着重要的启示。在对历史课程内容进行设计时，需要具有全球一体化的史学观念，不仅要关注历史发展的纵向联系，更要关注横向联系，特别是中华文明与世界上其他文明之间的互动与联系，并以中外历史内容的综合形态重新建构历史课程内容的新体系，这不仅体现了当代史学发展的新特征，而且也有利于

---

① 杨宁一：《文明史观与中学历史教育》，《中学历史教学参考》，2006年第11期。

② 尹保云：《马克思主义与一元多线历史发展观》。转引自北京大学世界现代化进程研究中心：《罗荣渠与现代化研究》，北京大学出版社，1997年，第116页。

学生形成更加科学的历史观念和思维方式。

(二)中外历史综合的内容设计

1. 中外历史综合的内容体系建构

基于以上认识,将《历史与社会》课程中的中外历史内容进行整合是非常必要的,但是在课程与教材的编制方面,如何将两者有机地整合在一起呢?下面主要以教科书体系的设计探讨中外历史内容的整合思路。

《历史与社会》教科书作为课程内容的重要载体,其设计不仅受教育理论的影响,而且受史学理论的影响。我国传统的历史教科书一般是按单线历史发展观编排的。这种单线演进的历史观认为,人类社会历史的发展是由生产力的发展所决定,一种生产力决定一种生产关系或社会制度,于是人类经历由原始社会、奴隶社会、封建社会、资本主义社会到共产主义社会的一个接续一个的"五种生产方式"或"五个阶段"。[①] 这种单线演进历史观长期以来主宰着社会科学领域的思维,也对中小学历史教育产生了深刻的影响。实践证明,如果按照五种生产方式的演变进行中外历史的整合,会在实际操作中遇到很大的困难。因为人类历史发展的模式是多样的,并不是每个国家都经历了五种生产方式的演变,而是呈现出多样性和不同步性。因此,采用五种生产方式的演变作为教科书内容的逻辑结构,是难以将中外历史有机地整合在一起的。

近些年来,史学研究在马克思主义的指导下,取得了长足的进步。全球史观、文明史观和现代化理论等新的史学研究范式的出现,改变了人们传统的思维模式,扩展了人们的视野,同时也为《历史与社会》教科书中的中外历史内容整合提供了重要思路。这些思路和建议主要有:

整个《历史与社会》课程内容在坚持马克思主义唯物史观的前提下,采用文明史的框架,将人类社会分为史前文明、农业文明、工业文明和信息文明四个阶段。

史前文明阶段:把人类的史前时代合在一起写,不分中外,既因为当

① 尹保云:《马克思主义与一元多线历史发展观》。转引自北京大学世界现代化进程研究中心:《罗荣渠与现代化研究》,北京大学出版社,1997年,第78页。

时的世界还没有形成各具特色的不同文明，也避免了讲述原始社会特征时的许多重复。

农业文明阶段：采用以中国文明为主轴勾勒世界文明史的框架。考虑到中外联系不够密切，中国文明又在世界文明史上长期处于领先地位的客观事实，建议教材设计以中国文明史为主，外国文明史为辅。外国文明史的内容可以独立呈现，亦可与中国文明史结合，突出文明交往的内容。

工业文明和信息文明阶段，是从全球文明出发谈文明史的演变过程。这一阶段的内容设计，建议采取将中国历史置于世界文明的框架中进行呈现。其中有三条线索：第一，文明经历了由分散到整体（由区域到全球）的历程；第二，文明还经历了由低到高的发展（农业文明—工业文明—信息文明等）的历程；第三，中国经历了从先进到落后再到重新崛起的历史发展进程。①

这种中外历史既相对独立、又相互整合的编写方式，符合中国和世界历史发展的基本态势，也符合当代史学发展的基本要求。从学生学习的角度看，这种编写方式，有利于学生对中国历史和世界历史的发展脉络有一个清晰的了解，同时也有利于学生用一种综合的、宏观的眼光重新审视人类历史的发展脉络。这一设计思路，是对中外历史合编理论难题的一次突破，也正是综合课程的理念所期待的。

2. 中外历史综合的内容设计建议

除了在内容框架上做到中外历史综合外，在设计具体的教学内容时，也需要教科书编制者和教师有意识地加强中外历史的联系。下面以《历史与社会》课程标准及教科书的知识内容为基础，就中外历史内容的整合设计提出以下一些建议（见表 3-1）。

① 参阅赵世瑜、杨梅：《综合文科课程与中学历史教学改革》，《历史教学》，2003 年第 5 期；周春生：《文明史概论》，上海教育出版社，2006 年，第 124—153 页。

表 3-1 《历史与社会》课程中的中外历史内容的综合化设计

主题	中外历史综合内容设计
四大文明古国	比较中国文明与其他文明的不同特点
佛教的传播	联系佛教对中国文化的影响
百家争鸣	联系同一时期古希腊的思想家
四大发明	四大发明对欧洲近代社会的影响
丝绸之路	与欧亚地区的联系与交往
郑和下西洋	从时间、动机、规模、结果和影响等方面与哥伦布航行进行比较
马戛尔尼访华	从乾隆皇帝与马戛尔尼的言论比较东西方的思想观念
鸦片战争	联系英国工业革命和殖民扩张的史实
洋务运动	欧洲近代文明对洋务运动的影响、与日本明治维新进行比较
中日甲午战争	日本发动战争的原因;《马关条约》"赎辽费"背后的大国角逐
戊戌变法	联系日本的君主立宪制
辛亥革命	联系西方国家的民主共和制;帝国主义国家对辛亥革命的态度
五四运动	联系第一次世界大战和俄国十月革命
抗日战争	联系第二次世界大战
解放战争	联系美国的对华政策
朝鲜战争	放在美苏冷战的世界格局下看朝鲜战争的起因
中国的外交政策	国际格局下的中国外交
多元文化的交融	文化的多样性及其相互借鉴
政治多极化	讨论中国在联合国中的作用
经济全球化	分析中国在金融危机中的对策及其成效

二、《历史与社会》课程中史地内容的综合化设计

作为一门综合课程,各学科知识之间内在的、逻辑的、本质的联系应是该课程的重要特征。《历史与社会》课程是一门主要由原分科的历史和地理加以综合而形成的一门课程,因此,如何加强史地知识的融合与渗透,也就成为课程内容设计的关键问题。下面拟就此问题作一重点探讨。

（一）史地综合的可行性研究

在《历史与社会》课程设计和学习中，注意加强史地知识内容的融合与渗透，不仅是可行的，而且也是非常必要的。

1. 史地综合的必要性

在《历史与社会》课程学习中，加强史地内容的综合，是十分必要的。

（1）有利于学生全面了解人类历史发展的客观进程

地理环境是人类社会的永恒载体，是社会历史发展的背景与舞台。正是由于复杂多样的地理环境的影响、制约，人类才在历史的长河中演出了一幕幕改造自然与社会的异彩纷呈、有声有色的活剧。[①] 因此，在对《历史与社会》课程中的历史内容进行设计，强调地理环境对历史发展的影响，对于学生形成正确的历史认识是十分重要的。

以原始社会论，没有东非大裂谷周围自然环境的变化，生物进化史上就不会产生“人猿相揖别”这一质的飞跃；没有自然界的压力，就不会促使社会的形成和生产力的进步；没有自然界直接提供的各种生活和生产资料，原始先民们也将会失去生存的依托。总之，这一时期的人地关系基本上是大自然主宰人类的命运，地理环境的作用居主导地位。

以奴隶社会历史而论，四大文明古国的诞生与兴盛均具有特定的地理条件，即位于亚热带、暖温带地区的大河中下游地区。而某些古典文明的兴衰也与气候变迁和生态环境的变异息息相关。

以封建社会的历史而论，游牧民族的几次大规模南侵，气候变迁则是其天然动力；中国古代经济重心东移南迁与黄河流域自然环境的变迁有着密切的联系；中华文明之所以源远流长，也与其周边独特的地理条件有着密切的关系。

以资本主义社会的产生而论，资本主义生产方式最先在地中海沿岸萌芽，继而在西欧临海国家或地区开花结果，显然与这些地区优越的地理

---

① 曹诗图：《地理环境与社会发展》，《云南地理环境研究》，1994 年第 11 期。

位置、开放的地理环境以及丰富的自然资源有关。公元15—17世纪的地理大发现则更是对资本主义的形成与发展，以及世界的发展进程产生了深远的影响。

最后就现代社会的发展而言，澳大利亚之所以称为“骑在羊背上坐在矿车里的国家”，日本之所以成为外向型经济强国，我国之所以出现东西部差异、沿海地区比内陆地区经济发达的规律等，都离不开特定地理条件的影响与制约。当今社会提出的“科学发展观”也是人们在对历史上人地关系深刻反省的基础上得出的符合社会发展规律的科学论断。

由此可见，学生学习历史，如果不了解历史上地理环境对人类社会发展的制约和影响因素，是无法全面理解历史的。

(2)有利于体现综合课程的价值理念

在我国中学的课程设置中，由于单独开设《思想品德》课，因此《历史与社会》主要承担原历史和地理的教育任务，是一门以史地综合为主的课程。当然，作为一门综合课程，要充分体现综合课程的价值理念和追求，就不能将原来历史课和地理课的内容简单地拼合在一起。我国以往社会科课程改革的实践表明，如果采取综合度较低的课程组织形式，即初一学习地理的内容，初二设计历史的内容，学生是无法获得综合学习的旨趣和能力的。为了充分体现综合课程所特有的教育功能，《历史与社会》课程及教材的编制，一方面要注意打破历史和地理的学科界限，从时间和空间两个维度来呈现人类社会的发展进程；另一方面，要有意识地引导学生学会综合运用时间和空间因素，探究历史和现实问题的来龙去脉。唯有如此，才能使《历史与社会》的价值追求落到实处。

2.史地综合的可能性

我国自古就有“史地不分家”的说法。社会历史发展与地理条件的关系，是古今中外的史学家、思想家都十分关注的问题。

我国古代史学家司马迁在史学研究中非常重视自然环境作用与人地关系，他治学有一句名言，即“究天人之际，通古今之变，成一家之言”。唐代史学家杜佑所著《通典》中写道：“凡言地理者多矣，在辨区域，征因革，知要害”。[①] 这说明地理学科与历史学科紧密联系，任何史实都发生在一定的地理位置上，而地理环境与历史发展又是相互影响的。作为中国近代新史学的领军人物，梁启超更是重视研究历史发展的地理条件，特别强调地理学之于历史研究的重要性。关于地理条件与历史发展的关系，梁启超深刻指出：“地理与历史，最有紧切之关系，是读史者所最当留意也。高原适于牧业，平原适于农业，海滨、河渠适于商业，寒带之民，擅长战争，温带之民，能生文明，凡此皆地理历史之公例也。”另外，还指出，“地理与人民二者常相待，然后文明以起，历史以成。若二者相离，则无文明，无历史。其相关之要，恰如肉体与灵魂相待以成人也。”[②]他以形象的比喻指出了地理与历史关系的极端重要性。

外国学者关于史地关系的论述也很多。德国大哲学家康德认为：“地理乃历史之基础”，“地理是静止的历史，历史是变动的地理”。英国哲学家洛克指出：“地理与历史之关系，一如肉体之精神”。[③] 哲学大师黑格尔也有许多关于史地关系的论述，在其著作《历史哲学》的绪论中专门就“历史的地理基础”进行了论述，并指出：“地理基础就是推动民族精神产生的自然联系。”[④]19 世纪末 20 世纪初美国历史学家 F. 杰克森 · 泰勒也认为，人类所有的经历都发生在时间和空间上。泰勒更进一步解释道，整合这两门综合性的学科，比起人们被单独地教授这些知识，可使人们在头脑中对历史事件有更完整的画面和更深层次的理解。在泰勒早期的工作中，对这一主题阐述了他的观点，他声称：“发现各国历史的最主要的答案是在它的地理和历史的联系中。”[⑤]

古今中外的这些先哲们的论述说明，历史与地理的学习不能是孤立地进行的。在《历史与社会》课程设计时，将这两大学科领域的内容进行有机地整合，是必要的，也是完全可行的。

---

① 杜佑：《通典》（卷 171），中华书局，1988 年，第 4451 页。

② 梁启超：《梁启超全集》，北京出版社，1999 年，第 450 页。

③ 梁启超：《地理与文明之关系》，载《饮冰室文集之十》，中华书局，1989 年，第 108 页。

④ 黑格尔：《历史哲学》，张作成、车仁维编译，北京出版社，2008 年，第 33 页。

⑤ 转引自孔云：《对社会课程中地理和历史整合的思考》，《上海教育科研》，2006 年第 7 期。

(二)美国社会科课程中的史地综合设计

美国在中小学开设社会科有着悠久的历史。追求课程内容的综合化，将传统分学科的知识有机整合起来，培养学生的综合能力，提升公民素质，一直是社会科课程努力改革的方向。作为社会科课程中的两大知识领域——历史与地理，如何将两者有机地统整在一起，美国的社会科领域的专家进行了不懈的探索，积累了许多宝贵的经验，值得我们认真借鉴。

1. 当代美国社会科课程改革的主要特征——史地综合

20 世纪 80 年代，以提高教育质量为中心，美国掀起新一轮教育改革运动。1983 年，美国中小学教育质量调查委员会发表报告《国家在危机中：教育改革势在必行》，要求加强基础课程的教学，并将社会科列为五门新基础课程之一(其他分别为数学、英语、自然科学和计算机)。[①] 1985 年，美国科学促进协会成立全美科学技术教育理事会和 5 个学科专家小组，制定面向 21 世纪的基础教育改革蓝图，总报告《普及科学——美国 2061 计划》指出，教育改革应以学科课程改革为重点，培养学生具有宽厚的基础知识和综合思维能力。并建议，每门学科的界限应被软化，强调相互衔接。[②] 可以说，"2061 计划"的推出，进一步推动了美国基础教育综合课程的改革和发展。

面对教育改革的新形势，美国社会科课程的有关研究机构也提出了加强课程内容综合化的主张。例如，布拉德利学校历史委员会认为，"历史和地理的相互联系是形成时间和空间概念的基础，是事物存在的客观方式。"[③]全国学校社会科委员会也认为，"因为它们提供时间和空间的概

① 转引自《国家在危机中：教育改革势在必行》。吕达、周满生：《当代外国教育改革著名文献》(美国卷·第一册)，人民教育出版社，2004 年，第 14 页。

② 《普及科学——美国 2061 计划》。转引自吕达、周满生：《当代外国教育改革著名文献》(美国卷·第二册)，人民教育出版社，2004 年，第 15 页。

③ The Bradley Commission on History in Schools. Building a History Curriculum: Guidelines for Teaching History in Schools. *The History Teacher*, 1989, (1).

念，历史和地理应该成为社会科的基础和框架。”①这些课程改革主张的提出，对美国各州的中学社会科改革产生了重要影响。1988 年，加利福尼亚州的教育部门首先出台的《加利福尼亚公立学校幼儿园至 12 年级历史—社会科学框架》，该课程框架强调，融汇历史和地理的综合科应该是中小学社会科课程的核心。这一课程文献并较早地指出历史与地理在核心课程中联系的必要性：“历史和地理是社会科中两个大的学科……纵观这一课程文献，历史和地理、时间和空间变化的重要性，被反复地强调。”②加州以史地综合为主的课程模式，在美国被称为是一个具有里程碑性质的重大改革，美国各州在推行州的课程标准时常被视为典范加以引用。1990 年，佛罗里达社会科教育委员会出台了名叫《联系、挑战和选择》的社会科课程改革文献，该课程文献强调的一个中心思想就是，建议采那强调历史和地理的社会科方案。紧接着，在 1992 年，又有亚拉巴马和密西西比两个州的教育部门，提出社会科框架要基于历史与地理的相关科目，同时也对公民、政府和经济给予重视。密西西比课程框架，与佛罗里达和加利福尼亚的文献一样，都强调通过美国史和世界史进行地理教学的有效性和逻辑性。③

2. 美国社会科课程中史地综合的理念

历史与地理是人们进行思维的时空维度，历史从时间角度看待人类活动，地理从空间角度看待人类活动，两者是密切联系、相互依赖的。美国教育哲学家杜威很早就指出：“如果忽视历史研究和地理研究之间的相互依赖关系，那么历史就流于罗列历史年代，附加历史事件目录，标明“重要”字样……地理便成为经常发生的不相关联的支离破碎的大

---

① Patrick, J. J.. Geography in History: A Necessary Connection in the School Curriculum. *ERIC Digest*. ERIC Clearinghouse for Social Studies/Social Science Education, 1993.

② Patrick, J. J.. Geography in History: A Necessary Connection in the School Curriculum. *ERIC Digest*. ERIC Clearinghouse for Social Studies/Social Science Education, 1993.

③ Patrick, J. J.. Geography in History: A Necessary Connection in the School Curriculum. *ERIC Digest*. ERIC Clearinghouse for Social Studies/Social Science Education, 1993.

杂烩。”[①]历史学家唐尼也认为，历史是一门最能综合人类各种经验的学科。“它的年代组织模式提供了一种整合社会科课程中大多数学科内容的理想框架……其次是地理，关注历史发展的空间背景。历史帮助学生获得一种时间感，地理使学生认识到空间的重要性，时间和空间是人类文化演变和人类活动的基本维度”。[②] 美国著名地理学家唐纳德·米内格认为，在认识过去和现实的教学中，地理和历史是需要互相补充和密切联系的。在他的著名学术著作《美国的形成：关于美国历史500年的地理视野》的中，有效地阐述了在历史学习中地理思想的运用。在其著作的前言中，米内格强调，“地理不仅仅是历史戏剧的自然舞台，也不仅仅是地球上某些地区的一系列事实材料，它是观察世界的一种特殊的方法。与历史一样，地理是在考虑重大的、复杂的问题时的一个古老的、必要的策略。”[③]以上这些论述从不同的视角诠释了一个道理：对于历史学习者而言，形成一种关于重大历史事件和现象的地理视野是非常必要的，因为地理的一些核心概念，诸如位置、地方和区域，是与历史的一些主要概念，如时间、时期和事件密切联系在一起的。

基于历史与地理这两门学科的密切关系，美国的许多社会科的课程设计者认为，地理和历史应被看作是两门互补的学科，应该被整合在一起进行教学。美国学者拉维奇和芬恩指出：“每个年级的历史学习都应该整合地理的教学，因为地理素养使学生能理解人与环境是如何相互影响的。”并进一步指出，“地理知识能被用来理解历史事件和发展的方式。他指出，历史事件发生在特定的地域中，而地域的特点又常常会影响人类的行为。学生在学习历史时，需要理解陆地上的自然环境特征是怎样影响

① 约翰·杜威：《民主主义与教育》，王承绪译，人民教育出版社，2001年，第228页。

② Backler, A.. Teaching Heography in American History. *ERIC Trend/Issue.* ERIC Clearinghouse for Social Studies/Social Science Education, 1988.

③ Meinig, D.. *The Shaping of America: A Geographic Perspective on 500 Years of American History.* Yale University Press, 1987.

历史上的移民方式、贸易路线、入侵、战争和经济发展的。”[①]另外，在 20 世纪 90 年代美国颁布的《全国教育进展评审会美国史评价框架》文献中，也特别强调学校历史与地理联系的必要性，该文献指出，“历史上人类的活动都发生在一定的地点，存在于一定的空间，并且彼此发生影响，如在自然环境方面，气候和地形就影响人类的行为，同时人们影响他们所居住的地区。并建议，地理的主要概念，如地理位置，空间的相互关系应该成为历史学习的重要部分。”[②]

为了使教师在教学中更好地贯彻史地整合的理念，美国还有组织或个人专门创办了有关的教学网站。例如“学生之友”(www. studentsfriend. com)就是专门为“世界历史与地理”的综合教学提供指导服务的网站，在这个的网站介绍中，也特别指出史地结合进行教学的必要性：

• 有助于整合学生知识，并使其更有意义和并便于记忆。

• 可以提供更多的时间来学习从古代到当代的世界历史。

• 允许学生有更多的时间来区分所学习的地理区域之间的差异，而不是像急行军一样学习完世界上的国家和地区。

• 当地理和历史文化被结合在一起学习时，学生对每个主题的理解会大大加深。

• 由于历史文化提供一个可知的和可理解的背景，地理术语和概念是在一种有意义的背景下学习，而不是记忆无根据和孤立的事实。[③]

可见，在美国的社会科课程中，史地整合已经成为一个重要的设计理念。而如何将史地整合的理念渗透到教学当中，促进学生对社会学科内容的理解和记忆，提高教学的有效性，也日益成为研究者们十分关注的问题。

---

① Backler, A.. Teaching Geography in American History. *ERIC Trend/Issue*. ERIC Clearinghouse for Social Studies/Social Science Education, 1988.

② Backler, A.. Teaching Geography in American History. *ERIC Trend/Issue*. ERIC Clearinghouse for Social Studies/Social Science Education, 1988.

③ *World History & Geography*. http://www. studentsfriend. com.

3. 美国社会科课程中史地整合的策略

那么，如何才能在课程中把历史与地理联系起来呢？美国有课程编制者和教师主张，在历史内容中整合地理，应特别关注美国地理教育联合会颁布的《地理教育指南》中提出的五个地理核心概念：

定位(Location)：在地表所处的位置。

区域(Place)：自然特征和人文特征。

人与环境的相互作用(Interaction of Human and Environment)：区域内的关系。

运动(Movement)：区域间的关系

地区(Region)：它们是如何形成和变化的①

这五个核心概念已被全国地理教育委员会，美国地理学家协会和全国地理协会确认为学校地理教育的基础。以上这五个主题也逐渐被地方学区和州一级教育部门的社会科课程编制者所关注，例如，很有影响力的《加利福尼亚公立学校历史社会科学框架》就采用了这种做法。具体到历史内容的学习中，“定位”是让学生知道历史事件发生在什么地方；“区域”可以让学生知晓形成史实发生区域的自然和人文环境因素；“人地关系”让学生知道历史上某一区域内的人与环境的相互关系；“运动”让学生知道历史上的各区域间的人口、物种和信息的流动情况；“地区”让学生知道世界上主要地区的现状以及形成的历史过程。近些年来，美国的学者还就历史内容如何与五个地理核心概念进行整合提出了具体的教学建议。下面以美国历史中如何整合五个地理核心概念为例进行说明(见表 3-2)。

① Patrick, J. J.. Geography in History: A Necessary Connection in the School Curriculum. *ERIC Digest*. ERIC Clearinghouse for Social Studies/Social Science Education, 1993.

表 3-2 美国史与地理核心概念的整合设计①

历史主题	历史议题	地理概念	认知技能	历史内容
美国形成中的南北方(1787—1796)	确立宪法政府：政治民主的成长	地区	解释地理信息	南北方的地区差异使建立一个宪法政体变得异常复杂；妥协使差异得到改善；妥协对新国家诞生的影响；麦迪逊和华盛顿的作用。
杰斐逊购买路易斯安那的决定(1801—1813)	版图扩张/西进运动	定位	组织和呈现信息	从法国和西班牙手里获得新奥尔良、西佛罗里达、路易斯安那等版图，促进了经济发展，并保障了美国的国家安全；总统杰斐逊和麦迪逊所发挥的作用。
内战和佐治亚州(1880—1870)	内战的结果	区域	提出问题	以内战中佐治亚州琼斯的家庭为背景，介绍内战给美国南部带来深远的影响。
大平原上的文化冲突(1865—1890)	边疆定居者	人与环境的相互关系	形成和检验判断	描述勒科他人在水牛遭到杀戮之前、之中和之后的社会状况，说明美国人生活方式的变化。
匹兹堡的工业革命(1865—1900)	工业发展	区域	做出评价	随着工业企业和城市的发展，美国从1900以后成为世界工业的领导者，匹兹堡和他们的公司控制了全美的钢铁生产。
美国修建巴拿马运河(1901—1914)	世界事务中的美国	定位	形成和检视判断	美国的目的是在中美洲修一条运河；1903年获取巴拿马运河地区；挑战巴拿马地区的不利环境；西奥多·罗斯福总统下令修建运河；1914年运河开通；开凿运河的全球意义。

① Patrick, J. J. & Stoltman, J. P.. *Geography in American History for High School Students. Final High Report*. Agency for Instructional Technology, 1989:10－11.

续表

历史主题	历史议题	地理概念	认知技能	历史内容
一个移民国家（1850—1990）	移民	运动	解释地理信息	移民是美国历史的重要主题；美国移民政策的变化；聚焦在东欧的一个家庭以及移民美国的决定。
北移芝加哥（1900—1945）	城市化	运动	获取信息	芝加哥现代都市群的形成；都市扩张、工商业发展和移民涌向城市；社会变迁；聚焦在20世纪初一个移民到芝加哥的黑人家庭。
沙尘暴的新政（1931—1945）	科学技术对社会的影响	人与环境的相互关系	提出问题	大平原上的大萧条；水土流失；政府通过“新政”帮助遭受沙尘暴的农民；现代科技的运用来处理经济和环境的问题；聚焦于一个农民家庭。
北约的形成和发展（1945—1990）	世界事务中的美国	地区	组织和呈现信息	美国的军事和经济同盟的发展；美国在“二战”后形成的世界观念；北约的形成；杜鲁门总统的对外政策；北约的发展；1990年美苏关系改善。

（三）我国《历史与社会》课程中史地综合的策略

在新世纪的课程改革中，尽管我国的《历史与社会》课程也提出了体现“以时间为经，空间为纬”的课程整合思路，但是无论是课程文本，还是教学实践，史地整合的效果都并不尽如人意。究其原因，主要在于我们在这方面还缺乏系统的理论和实证研究。在《历史与社会》课堂上，学生学习与地理相关的历史内容，还主要局限于阅读地图册，了解历史事件发生的地点，“从地理视角思考历史”[①]的观念还远远没有确立起来。因此，积极借鉴国外的史地综合的经验，并结合我国人文学科的教

① Thornton, S. J.. Integrating Geography into American History. *Education Digest*, 2007, (7).

育实际，构建具有我们自身特点的史地综合的学习内容体系，是值得重点研究的问题。

借鉴美国社会科课程中史地综合的经验，在对《历史与社会》课程中的历史内容设计时，应注意渗透以下一些地理思想。

(1)关注空间位置对历史发展的影响。空间位置指地表上某一事物与其外在客观事物间的空间关系。具体到历史内容的教学中，是指一切历史事件和历史现象的发生都有其特定的空间位置。确定空间位置，对于学生理解这些事件和现象有时是至关重要的。以“隋朝开凿大运河”这一学习内容设计为例。“大运河的开凿”一般都要提及运河的南端城市——杭州。杭州之所以于隋唐以后在国内的城市地位不断提升，就是因为其地处运河南端，并与钱塘江交汇，是江南财富的集散地，得天独厚的区位优势使其最终超过了传统的地区中心——绍兴，一跃成为“东南第一州”。引导学生学会从地理位置的角度分析史实，是学生理解和分析历史的重要技能。

(2)关注史实所发生区域的自然环境和人文环境的特征。历史上一些重要事件或现象的形成和发展都离不开其特定的地理环境。例如，工业革命之所以首先发生在英国，除了历史的因素，如资产阶级革命、殖民扩张、贸易需求等因素外，还应该考虑地理的因素，如新航路开通后，大西洋沿岸取代地中海区域成为欧洲商路的贸易枢纽，而英国就成为最大的受益者。此其一。其二，英国森林资源较少，而煤炭资源丰富，英国就凭借这一自然条件，很早就成为欧洲最大的煤炭生产国，从而为机器大工业的生产提供了强大的动力来源。因此，对“英国工业革命”的介绍，既要考虑其历史的因素，也要考虑其地理的因素，这样才能使学生对这一历史事件有一个全面的理解和认识。

(3)关注历史上各区域内人与环境的相互影响。历史上的一些重要的文明区域，都诞生在地球上自然条件十分优越的大河流域，而后来人们对这些地区的过度开发和破坏，又常常是导致某些文明湮灭的主要原因。以黄河文明的兴衰为例。从气候及地理方面的原因看，秦汉时期，黄河中下游地区普遍比现在温暖湿润，非常适合农作物的生长。还有，黄河中下游是黄土高原或黄土冲积平原，土壤肥沃，土质疏松，易于开垦。因此，古代的黄河中下游地区，也就成为我国经济最发达的地区。但与此同时，随着社会经济的发展，人口逐渐增多，为了缓解人口扩张的压力，必须扩大耕地面积，而毁林开荒也就成为经常性的做法。另外，传统建筑和燃料等都需要大量的木材资源。这样，就导致作为中华文明核心区达4000多年之久的黄河流域的森林资源遭到严重损耗，森林资源的丧失，造成水土流失的加重，农业生态受到破坏，自然灾害的频率增大，强度增强，严重影响了社会稳定和经济发展，再加上气候变化和战争破坏等原因，最终使黄河文明走向衰落。由此可见，从人地关系的相互作用进行分析，是理解黄河文明兴衰的主要途径。

(4)关注历史上不同区域间的人口、商品和信息的流动。人类文明的发展，包括时间上的传承，也包括空间上的传播扩散。而正是这种各文明区域之间的人员、商品和信息的交流，才是人类社会从原始、分散和隔绝的状态逐渐发展成为一个相互联系的整体世界。例如，魏晋南北朝时期的"永嘉南渡"，不仅为南方带来充足的劳动人手，还带来了先进的生产技术，从而有力地促进了我国南方地区的开发；中国古代的"丝绸之路"，不仅是连接东西方的一条商业通道，也是沟通东西方文明交流的通道，中国的丝绸、造纸术、火药、瓷器等发明创造从此传到欧洲，三大宗教伊斯兰教、佛教、基督教也是由此传入中国的；新航路的开辟，更是促进了不同文明区域间的对话和交流，世界从此走向一体。学生了解历史上不同文明区域间的人口、商品和信息的交流情况，也是历史学习的重要方面。

(5)关注历史上一些重要地区的形成与变迁。例如，"了解中国历史上的疆域变化"是课程的一项重要学习内容。学生通过观察中国历代疆域图要认识到：中国历史是一个连绵不断的演进过程，中国历史上的疆域也随着政权的更迭而不断变化。自春秋战国至清前期，虽曾经历了三次社会大分裂，但最终还是走向了秦汉、隋唐和元明清三次大统一，而且统一的时间越来越长，统一的规模越来越大。走向统一，是中国历史发展的总趋势。可见，关注历史上一些重要区域的形成与变迁的轨迹，可以使学生更好地理解历史和认识现实。

基于上述的设计思路，并根据“新标准”的课程内容要求，对《历史与社会》课程中的史地综合内容提出以下一些完善建议（见表 3-3）。

表 3-3 《历史与社会》课程中史地综合的内容设计

主题	地理概念	史地综合内容设计
四大文明古国	区域	描述尼罗河泛滥对埃及农业文明的影响 描述黄河中下游地区的气候、土壤、水源等自然条件对文明产生的影响
古希腊文明	区域	希腊半岛的地理特征对商业文明产生的影响
丝绸之路	区域	从我国西部的地理环境分析丝绸之路开辟的重要性
京杭大运河	定位	分析杭州城市地位提升的原因
秦长城	定位	秦长城是当时中国农耕区与畜牧区的大致分界线
新航路的开辟	地区	世界走向一体化
主要资本主义国家	地区	美国疆域变迁
工业革命	定位	英国的地理位置对工业革命产生的影响
工业化	人类与环境的相互作用	工业化对自然环境的影响
土地革命战争时期	区域	农村包围城市革命道路选择的地理因素
红军长征	区域	运用中国地形图描述红军长征的路线
三大战役	定位	三大战役爆发的区域及其进程
北约和华约	地区	北约和华约两大军事集团的分布
殖民体系的瓦解	定位	埃及收回苏伊士运河及其意义
抗美援朝	定位	中国出兵抗美援朝的地缘政治原因

续表

主题	地理概念	史地综合内容设计
大跃进	人类与环境的相互作用	大跃进对自然环境的影响
改革开放	定位	深圳和上海浦东的发展
一国两制	地区	香港、澳门、台湾是中国领土不可分割的一部分
冷战后的世界格局	地区	苏联解体和北约东扩

三、《历史与社会》课程中的文史内容的综合化设计

“文史不分家”也是我国的一句俗语。在日常的人文学科教学中，教师虽然也意识到这一点，但是由于历史与语文的分科学习，这两者常常难以有机地结合在一起。而综合性的《历史与社会》课程的设置，则有利于这一问题的解决。因此，在《历史与社会》课程与教学设计中，加强文史内容的设计，同样是《历史与社会》课程内容研究的重要方面。

（一）文史综合的可行性研究

在《历史与社会》课程学习中，加强文史知识的联系与融通，不仅是必要的，也是可能的。

1. 文史综合的必要性

首先，有利于激发学生对历史的学习兴趣。学生“喜欢历史但不喜欢历史课”是许多历史教师感到十分困惑的问题。《历史与社会》教材由于篇幅所限，不可能为学生呈现大量生动有趣的历史故事，而仅仅是提供了一个人类社会发展进程的“轮廓”，而这些概要的知识往往很难激发起学生的学习兴趣。但如果用相关的文学作品来补充教学内容，或者向学生推荐一些有关的文学作品以供课外阅读，就可以为学生还原一段有血有肉的历史，并能使其真切地感受历史上人们的生存状态和情感世界。这样学习历史，学生自然会兴趣盎然。

其次，有利于培养学生从多维视角观察问题的能力。培养学生从多维视角观察历史和社会问题的能力，是《历史与社会》课程的重要目标。

在《历史与社会》教学中引入一些历史文学作品，可以帮助学生从文学家的视角理解特定历史时期人们的社会生活，也可以帮助学生深入了解当时人们的思想、观念、困惑和梦想。另外，不同时期（或同一时期）文学作品的作者，由于所持的立场或观点的不同，对同一历史事件或人物的认知和评价也有所不同。阅读这些文学作品，不仅可以拓展学生的知识视野，促进对历史学习内容的理解，而且还有助于发展学生从多维视角观察和分析问题的能力。

最后，有利于塑造学生良好的人格。语文与历史学科在塑造学生良好人格方面都发挥着十分重要的作用。历史教育的主要目的，是使学生从历史发展的角度对社会和社会中的人进行了解和认识，其教学的过程也可以说是使学生学习做人的过程。而对不同历史时期的一些优秀的文学作品的阅读，同样能够打动学生的心灵，激发学生的情感，唤起学生人性的光辉，以及对远大理想的追求。可见，加强文史互动和联系，对学生的人格塑造来说，可以起到异曲同工之妙。但是，长期以来，学校教育中文史分科的局面，导致这两个学科无法对学生的人格塑造产生一种协同效应，教育的质量和效果受到影响。而在《历史与社会》课程中尝试加强文史整合，正是体现了这种教育的诉求。

2.文史综合的可能性

“文史不分”历来是我国人文学科研究的优良传统，早在《论语》中就有“文胜质则史”的说法，把史笔当成华美辞章的代名词。在我国历史上，不少史学家同时也是文学家，他们既写历史著作，又搞文学创作。例如，孔子、司马迁、班固、沈约、欧阳修等都是著名的史学家兼文学家。由于他们具有深厚的文学修养，所写的史学著作不仅有相当高的史学价值，而且有很高的文学价值。例如，唐代史学家刘知己称赞《左传》：“或腴辞润简牍，或美句入咏歌，跌宕而不群，纵横而自得”。[1] 鲁迅先生赞誉《史记》为“史家之绝唱，无韵之离骚”。[2] 班固是汉代的赋家，他著的《汉书》与《史

---

① 浦起龙：《史通通释》，上海古籍出版社，1978年，第451页。

② 《汉文学史纲要》，《鲁迅全集》（第8卷），人民文学出版社，1981年，第308页。

记》齐名，世称“史汉”，在语言艺术和写人叙事方面也是笔墨丰赡。作为唐宋八大家之一的欧阳修，也是“二十四史”中《新唐书》、《新五代史》的作者，新所著史书文笔洁净，属辞简要，为后人所称道。

“文史不分”这种特点，长期伴随着史学的成长，不同时代的文学作品为史学研究提供了的重要素材和见解。恩格斯曾指出，18世纪伟大的批判现实主义作家巴尔扎克，“他在《人间喜剧》里我们提供了一部法国‘社会’特别是巴黎‘上流社会’的卓越的现实主义的历史，他用编年史的方式几乎逐年地把上升的资产阶级在1816年至1848年这一时期对贵族社会日甚一日的冲击描写出来……我从这里，甚至在经济细节方面所学到的东西，也要比从当时所有职业的历史学家、经济学家和统计学家那里学到的全部东西还要多。”[①]司马迁也是一位善于从文学作品中取材的历史学家，他采用了《诗经》中《雅》、《颂》、《风》等部分内容来充实《周本纪》和一些诸侯世家的内容；在《秦始皇本纪》中备录了封禅名山的刻石文字；将垓下之歌写进《项羽本纪》；在《高祖本纪》里面记录了刘邦所做的《大风歌》；在屈原、贾谊、司马相如等人传里面也都收录记载了其个人的文学作品。[②] 我国近代著名史学家陈寅恪还提出了“诗文证史”的治史方法，即将历史上的诗文作为史料来考证历史的研究方法，并提出大量的创造性的研究结论，例如他在《桃花源记旁证》一文中指出：“《桃花源记》寓意之文，亦纪实之文”，也就是说，从当时的东晋社会的历史背景看，它并非纯属虚构，而是当时中原地区占据山险平敞之地的堡坞共同体的理想化。[③]文学与史学之间的这种密切关系，也就为中学课程中加强文史内容的联系提供了理论依据和可能性。

总之，加强文史综合，不仅是《历史与社会》课程学习的需要，也是完善学校课程内容，提升学生的综合素质的需要。

---

① 《马克思恩格斯选集》(第4卷)，人民出版社，1972年，第462页。

② 王明辉：《何谓历史学》，中国戏剧出版社，2005年，第317页。

③ 樊树志：《国史概要》，复旦大学出版社，1998年，第152页。

（三）《历史与社会》课程中文史综合的内容设计

由于《历史与社会》和语文都是初中阶段分设的基础学科，因此这里提及的文史综合，不是一种课程层面的综合，而是如何加强科际联系的问题。尽管教科书内容设计中也涉及了一些文学作品，但是总体数量较少。根据综合课程的理念，并参阅“人教版”初中语文教材中有关的文学作品，对《历史与社会》课程内容设计中可以联系的文学作品提出如下完善建议（见表 3-4）。

表 3-4 《历史与社会》课程中文史综合的内容设计

主题	初中语文教科书（人教版）中有关的文学作品	其他相关的文学作品的推荐
人类的起源	袁珂《女娲造人》；综合性学习《追寻人类的起源》	袁珂《中国古代神话》
诸子百家	《论语》十则；《墨子·公输》；《孟子》两章；《诗经》两篇；《庄子》故事两则；综合性学习我所了解的孔子和孟子	李申《论语译注》、《于丹〈庄子〉心得》、《于丹〈论语〉心得》
秦朝		苏洵《六国论》；杜牧《阿房宫赋》
汉朝		易中天《汉代风云人物》
魏晋南北朝史	陶渊明《桃花源记》、《归园田居》；《木兰诗》；诸葛亮《隆中对》	罗贯中《三国演义》；《易中天品三国》
京杭大运河		皮日休《汴河怀古》；李敬方《汴河直进船》、胡曾《汴水》
隋唐	杜甫《忆昔》、《春望》、《石壕吏》	中国社会科学院文学研究所《唐诗选》
宋朝		胡云翼《宋词选》；邓广铭《岳飞传》
元朝		李淼《元曲三百首译析》、《马可波罗游记》
明清	黄传惕《故宫博物院》	曹雪芹《红楼梦》；凌濛初《初刻拍案惊奇》、《二刻拍案惊奇》、《醒世恒言》、《警世通言》、《喻世明言》

续表

主题	初中语文教科书(人教版)中有关的文学作品	其他相关的文学作品的推荐
鸦片战争		杨国桢《林则徐传》
第二次鸦片战争	就英法联军远征中国给巴特勒上尉的信	
太平天国		张京民《太平天国》;唐浩明《曾国藩》
辛亥革命	鲁迅《故乡》、《孔乙己》、《社戏》	雪岗《鲁迅作品精选》;李菁《天下为公:孙中山传》;林觉民《与妻书》
五四运动	李大钊《艰难的国运和雄健的国民》	
红军长征		毛泽东《长征》;王树增《长征》
抗日战争	鲁迅《中国人失去自信力了吗?》	老舍《四世同堂》;刘知侠《铁道游击队》;冯德英《苦菜花》;孔厥、袁静《新儿女英雄传》
解放战争	臧克家《闻一多先生的说和做》	罗广斌《红岩》;杨沫《青春之歌》
解放初期		丁玲《太阳照在桑干河》;周立波《山乡巨变》
台湾问题		余光中《乡愁》
古希腊和罗马		《古希腊罗马神话故事》
基督教		《圣经故事》
伊斯兰教		《一千零一夜》
文艺复兴运动		但丁《神曲》;莎士比亚《哈姆雷特》
英国工业革命		狄更斯《雾都孤儿》;《双城记》
法国大革命		巴尔杂克《人间喜剧》
美国南北战争		斯托夫人《汤姆叔叔的小屋》
德国统一	都德《最后一课》	
第二次世界大战		解力夫《盗世奸雄希特勒》、《战争狂人东条英机》、《专制魔王墨索里尼》、《纵横捭阖斯大林》、《临危受命丘吉尔》、《身残志坚罗斯福》

总之，中外历史综合、史地综合和文史综合是《历史与社会》课程建设的核心内容，国内在这方面的研究尚少，特别是在实践层面的研究，还未引起足够的重视。因此，加强《历史与社会》课程内容综合的理论与实践研究，对于课程内容体系的科学建构，以及课程的有效实施，都具有十分重要的意义。

第四节 《历史与社会》课程的模式建构

《历史与社会》课程的设置，是对传统学校课程结构的一次重大变革，同时也带来了一系列问题、难题亟待解决。其中一个关键问题，就是如何选择适当的综合模式。关于课程综合的模式问题，近一个多世纪以来，随着对综合课程的理论研究的不断深入，中外学者们从各自不同的视角对综合课程的模式提出了种种设想，需要我们认真总结和提炼。

一、综合课程的模式介绍

对于课程的综合模式，由于中外课程开发者对于综合的立场、视角、方式和方法的不同，导致综合课程的模式也呈现出多样化的形态。

美国的课程论专家雅各贝斯根据课程综合的程度，将综合课程划分为“并行课程”、“多学科课程”、“跨学科课程”、“统整日”和“完全综合课程”五种形式，这些课程类别构成了课程综合程度的一个连续体。①

美国学者罗宾·福格蒂将综合课程分成三大类、十种具体模式：(1)单一学科内的统整：分立式(Fragmented)、联结式(Connected)、窠巢式(Nested)。(2)跨学科间的统整：并列式(Sequenced)、共享式(Shared)、张网式(Webbed)、串线式(Threaded)、综合式(Integrated)。(3)学习者自身或学习者之间的统整：溶入式(Immersed)、网络式(Networked)。②

① Jacobs, H(ed).. *Interdisciplinary Curriculum: Design and Implementation*. Association for Supervision and Curriculum Development, 1989:14.

② Fogarty, R.. Ten Ways to Integrate Curriculum, *Educational Leadership*, 1991, (10).

美国学者 Erickson 主张课程综合的目的在于提升思考层次，因此他认为课程综合依综合的层次可分为两类：(1)多科并列(Multidisciplinary)。属于低层次的综合方式，这类课程通常是以论题为课程组织核心，故又称为论题性课程。(2)学科互动(Interdisciplinary)。这是一种导向较高层次思考的综合方式。由于这类课程强调以重要概念为课程组织核心，故又称为概念性课程。①

表 3-5　Erickson 的论题性与概念性课程对照表

论题性课程	概念性课程
由一系列孤立的事实构架起来	提供心智基模作为具共同属性的事实的分类
维持在较低层次的思考(记忆的)	导向较高层次的思考(综合、分析、理解)
学习保持在了解事实或活动的层次	促成往"规律"的较高层次的方向发展
涵盖事件、议题或一连串的事实，有短期的效果	提供处理生活经验的工具
造成课程重复	以最具代表性、重要性的事例表征概念，减少课程重复

我国台湾地区学者黄译莹从综合课程的意义出发总结出四类课程统整的参考模式：②

(1)学科统整课程——建立学科间的联结。

(2)己课统整课程——建立个人对学科的任职与情意的有意义的联结。

(3)己我统整课程——建立个人意识和身心变化上的联结。

(4)己世统整课程——建立个人的世界以及对待组织系统(如家庭、社会、地球、生态环境等)态度的联结。

这四种统整课程之间所呈现的关系，是逐级放大的，并有包容和扩大的趋势，就像大小圆锥般层层相叠与包容(见图 3-1)。

① Erickson, H. L.. *Stirring the Head, Heat, and Soul: Redefining Curriculum and Instruction*. Corwin, 1995:73.

② 杜政荣：《课程整合的理论与实践》，《中国远程教育》，2002 年第 12 期。

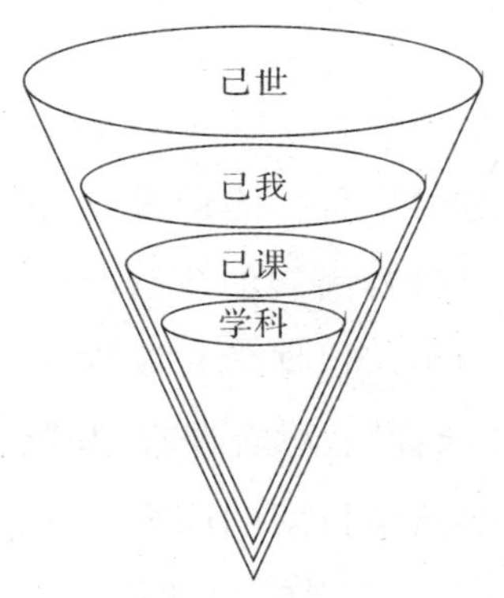

图 3-1　统整课程的相互关系

我国学者代建军、谢利民认为，综合课程的类型有两种形态，即结构型的综合课程和功能型的综合课程。结构型的综合课程强调在课程领域内知识结构的重组，注重在统一原理的基础上重新建构课程形态，它试图突破分科界限，但对分科结构持一种尊重态度。而功能型课程则完全打破分科结构，把知识看成是促进综合经验增长的一种资源，注重学习主题在探究活动和在与环境的交互作用中灵活地理解与运用知识。①

我国学者王斌华从综合的方法的角度，认为综合课程通常可以分为协调型课程、组合型课程和混合型课程。协调型课程指的是在一段时间内采取松散的关联形式，把两门以上相互关联的学科联系起来进行协调学习。组合型课程指的是在一段时间内采取紧密的关联形式，把两门以上学科中相互关联的单元或内容结合在一起。混合型课程通常采用两种综合方法：一是选择与几个学科都有关系的题目或概念，二是把几门相互分离的学习科目紧密地联结在一起，综合成一门课程。②

综合课程模式的划分，可谓仁者见仁、智者见智，但在我国学术界得到广泛认同的观点是：将学校课程的综合领域分为知识本位的综合、学生本位的综合和社会本位的综合，然后再将不同的课程模式纳入各个领域

① 代建军、谢利民：《综合课程的再认识：关系、形态、目的和结构》，《课程·教材·教法》，2000年第10期。

② 王斌华：《综合课程述要》，《全球教育展望》，2001年第2期。

之中。[①]

1. 知识本位的综合

知识本位综合课程是以学科作为课程整合的基点，这种综合课程试图打破或超越各分科课程自身固有的逻辑，形成一种把不同学科内容有机整合为一体的新逻辑体系。根据学科课程综合的程度不同，可以把学科本位课程划分为“相关课程”、“融合课程”和“广域课程”三种模式。

这一类型的课程在加强学科间的联系与交融的同时，仍保留了分科课程的系统性，并未实质性地突破分科课程的界限。

2. 社会本位的综合

以社会为本的课程主要通过核心课程表现出来。这种课程是以源于社会生活的问题为课程整合的核心，其目的是使学习者适应或改进当代社会生活。这种模式一般带有跨学科的性质，不受分科课程界限的限制，突破分科课程的壁垒，比较贴近社会生活，以解决社会问题为逻辑主线，汲取相关学科的知识，自成系统地整合为一体的课程综合模式。它虽不主张以学生的兴趣和动机作为出发点，但课程的编制注重生活逻辑和实践环节，同样兼顾儿童的年龄特征。

这一课程类型的最大缺陷是，不能传授给学生系统的科学知识和人类文化遗产，与“问题”无关的知识往往被忽视，这就有可能导致忽视学生的全面发展。

3. 学生本位的综合

以学生为本的课程主要通过活动课程的方式表现出来。这种课程类型是将学生的生活经验作为课程综合的基础，使学生通过活动获取直接经验，对知识经验进行综合。该课程类型强调学生的兴趣和需要，课程内容的选择和编排，要适应学生身心的自然倾向，以学生的动机作为组织教学的基础。由于课程内容与学生的基本需要及生活有密切联系，对学生的认知能力和情感态度的发展都具有重要意义，它有助于学生健全人格

---

① 有宝华：《综合课程论》，上海教育出版社，2002 年，第 208 页。

的塑造，克服学科本位模式的缺陷。

但这种课程类型在注重学生个体的同时，难以兼顾学科知识固有的联系和运用，也难以在育人方面充分反映国家意志和社会需要，全面体现课程的育人功能。

上述这三种课程类型反映了课程设计的三种价值取向，即知识取向、学生取向和社会取向。而事实上，现实的课程很少有依据唯一的且极端的取向来设计和实施的，各种理论取向都有其一定的合理因素与借鉴价值。[①] 因此，在综合课程模式的选择上，无论采用何种价值取向的课程开发模式，都应兼顾其他两种价值取向，并加以有机地整合，才能设计出比较理想的综合课程模式。

二、社会科课程的基本模式

社会科作为一门人文学科的综合课程，在各国的实施过程中，也形成了各具特色的社会科课程模式。在这些课程模式中，比较成熟的模式主要有：以主题轴贯彻各类知识和认识的课程模式、以各种社会问题作为学习主题的课程模式、以传统课程板块组合而成的课程模式。这三种模式分别体现了以学生社会性发展为中心、以社会问题为中心和以传统学科为中心的综合取向，成为各国社会科课程开发的主要模式。下面就对这三种模式分别进行介绍和分析。

（一）以主题轴贯彻各类知识和认识的课程模式

由全美社会科协会推出的主题轴模式是以学生为本位开发的一种课程模式。“主题轴”是由一个或多个学科领域的核心概念构建而成，旨在打破学科范畴，加强社会科课程与学生社会生活之间的联系，以形成学生整体的、多维的“社会科视野”。

当前，美国（31 个州）、澳大利亚、我国的台湾和香港地区都采用主题轴的社会科课程模式（见表 3-6）。

---

① 钟启泉：《课程设计基础》，山东教育出版社，1998 年，第 6 页。

表 3-6　美、澳、中三国社会科主题轴模式比较

美国	澳大利亚	中国台湾	中国香港
社会科	社会与环境	社会学习	个人、社会及人文教育
文化；时间、延续与变革；人、地与环境；个人发展与认同；个体、群体与制度；权力、权威及管理；生产、分配与消费；科学、技术与社会；全球关联；公民意识与实践	时间、延续与变革；地点与空间；文化；资源；自然与社会系统；调查、传播及参与	人与空间；人与时间；演化与不变；意义与价值；自我、人际与群己；权力、规则与人权；生产、分配与消费；科学、技术与社会；全球关联	个人与群性发展；时间、延续与转变；文化与传承；地方与环境；资源与经济活动；社会体制与公民精神

以美国为代表的这种社会科课程模式，是对社会科课程组织模式的创造性探索。社会科课程模式在关注各个人文社会学科的独特价值的同时，还为这些人文社会学科撑起一把“课程之伞”，使其达成有机的融通与整合，以共同完成公民教育的重要使命。美国社会科课程编制者对此打了一个形象的比喻：社会科与具体学科（历史、地理、经济）的关系，就好像一个管弦乐队演奏一特定的曲目，有时需要某种乐器（历史）为领奏，而其他（地理、经济学）则为伴奏；而有时又需要所有乐器进行合奏，共同完成作曲家的创作意图。演奏效果取决于作曲家的创作（社会科课程设计）、各色乐器的独特音色（各个学科的贡献）、配套的音响（课程设计者和教师的专业水平、学校条件以及教学资源），以及音乐演奏家和乐队指挥（学生、教师、大纲制定者以及实施者）对表达乐曲（课程）含义的时间和方式的知晓程度与技能。①

（二）以各种社会问题作为学习主题的课程模式

该模式是以社会问题为中心进行课程内容整合的一种课程模式。

1.美国的社会问题中心的课程模式

在美国有 6 个州采用“社会科学课程标准”这一以社会问题为中心的

① 美国国家社会科协会：《美国国家社会科课程标准：卓越的期望》，高峡、杨莉娟、宋时春译，教育科学出版社，2008 年，第 14 页。

课程模式，分别是：阿拉斯加州、伊利诺伊州、阿肯色州、明尼苏达州、新墨西哥州和北达科他州。

在课程内容的设计上，该课程标准尽管也包括历史、地理、经济和公民四个学科领域的内容，但这些学科领域的内容是通过一系列历史和社会问题有机地整合在一起的，从而构建起一个跨学科的课程内容体系。例如，历史所起的作用是提供详细的资料，以说明人们在历史上和当代社会是如何做出抉择的，并预测未来社会的发展情况；历史不是作为一门单独的学科呈现与其他学科不相关联的知识。

总之，这一课程模式的特点有三：其一，围绕社会问题设计课程，强调培养学生的能力与社会科学的探究方法，以此来构建跨学科的课程模式；其二，各门具体的社会科学的界限被淡化，在此基础上培养学生提出问题和解决问题的能力，人际交往的能力，以及在学科学习中表达自己观念的能力；其三，社会科学课程标准把注意力集中在培养学生的批判性思维上。①

2. 我国的社会问题中心的课程模式

上海新世纪课程改革中推出的中学《社会》课程，是一种比较典型的问题中心的社会科课程模式。

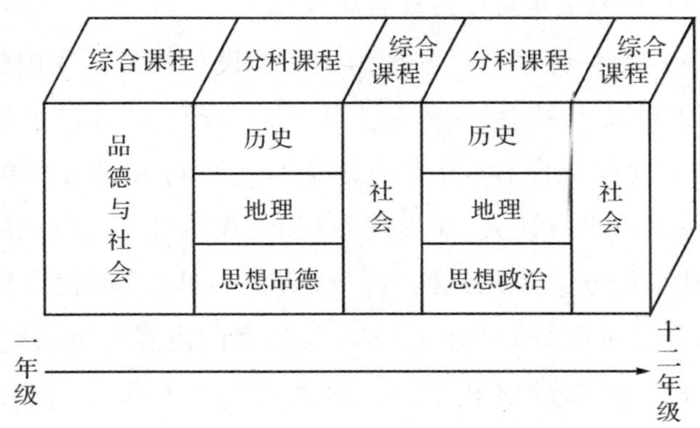

图 3-2 上海市中小学社会科学学习领域课程结构图

---

① Lobes, L. S.. Surveying State Standards: National History Education Network's 1997 Report on State Social Studies Standards. *The History Teacher*, 1998, (3).

从图 3-2 可以看出，在上海初中阶段人文学科课程的设置上，历史、地理课在七、八年级分科开设，到了九年级，开设综合性的《社会》课程；在高中阶段，十、十一年级开设分科的历史和地理，十二年级开设综合性的《社会》。在九年级的《社会》课程中，围绕学生个体社会化过程中遇到的基本问题，设置了 9 个专题：我们生活的社会、人际关系、城市运行、走进市场、信息社会、认识自我、社会角色、社会规则和走向成功。在十二年级的《社会》课程中，围绕人类文明进程和当代中国社会发展中的基本问题，设置了 7 个专题：文明兴衰的现象和启示、经济全球化和民族文化认同、科学与人文、人类的社会理想与历史局限、中国国情与经济发展、社会矛盾与社会和谐、生存环境与可持续发展。①

从上述上海中学九、十二年级的《社会》课程来看，这门课程已不再专门承担历史教育和地理教育的任务，而是以各种社会问题为考察和探究的对象，使学生形成适应社会的能力和意识，引导学生运用已有的知识和经验去分析、解决一些社会问题。可见，上海中学九、十二年级的《社会》课程的学习目的，不再是以具体知识的获取为目标，而是更侧重于学生认识社会、适应社会、参与社会和改造社会的能力提升。

（三）以传统课程板块组合而成的课程模式

该课程模式是一种以学科本位为中心的设计模式。我国新世纪课程改革中推出的《历史与社会》课程基本属于此类模式。由于我国的教育部门规定，凡是开设综合课程《历史与社会》，将不再开设分科的历史和地理。也就是说，《历史与社会》课程需要在七、八年级完成以往历史教育和地理教育的基本任务。因此，这一部分《历史与社会》课程内容的综合度不宜太高，综合度过高势必会打破学科所特有的内容逻辑，影响学生对历史、地理等基础知识的理解和掌握。因此，在七、八年级，较宜采用传统学科板块的组合方式，即主要通过学科内和学科间的融合与渗透来达到课程内容综合的目的。到了九年级，在学生已具备了一定的地理、历

① 上海市中小学课程改革委员会办公室：《上海市中学社会课程标准》(征求意见稿)，上海教育出版社，2006 年，第 29 页。

史等学科知识的基础上，应该更侧重于综合性较强的当代社会问题的探讨，这一部分内容则较适宜采取以各种社会问题作为学习主题的综合方式，以充分体现课程内容整合性、探究性和应用性的特点。所以，我国的《历史与社会》课程采用的课程模式，实际上是以学科本位综合为主兼顾社会问题综合的一种课程综合模式。当然，新世纪先后颁布的三部课程标准尽管同属学科本位课程类型，但三者在具体的综合模式上又有所差异。

1.《义务教育历史与社会课程标准（一）》（实验稿）的综合模式

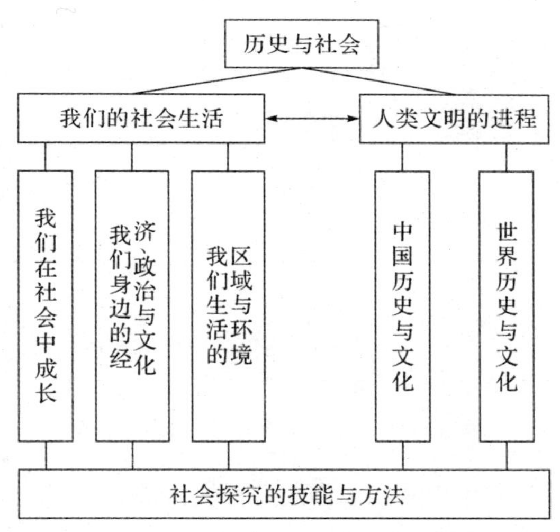

图 3-3 《义务教育历史与社会课程标准（一）》的课程结构示意图

从上图可以看出，该课程标准以公民教育的需要作为建构课程的基点，以现实社会生活和人类历史作为学习和探究的领域。对现实社会生活的探究分设三个学习主题："我们在社会中成长"、"我们身边的经济、政治和文化"、"我们生活的区域与环境"；对人类文明进程的探究由"中国历史与文化"和"世界历史与文化"两个学习主题构成。另外，还特别突出方法与技能的培养，并贯穿于本课程学习的全过程，因为对任何一个主题的探究都要综合运用多种方法和技能。

从"标准一"的内容结构来看，该课程保留了较为明显的学科逻辑，从综合的程度来看，属于“相关课程”的综合模式。这种课程模式试图打破学科间互相孤立的状态，但又没从根本上改变分科课程的性质，只是从分科课程的内容中撷取部分要素并对其进行整合。“标准一”采用这种课程模式，对于学生系统掌握历史、地理的学习内容是有利的，但是由于并没有将史地、中外历史等内容整合起来，形成一个有机联系的内容框架体系，因而从培养学生综合能力的角度来看又有明显的不足。

2.《义务教育历史与社会课程标准(二)》(实验稿)的综合模式

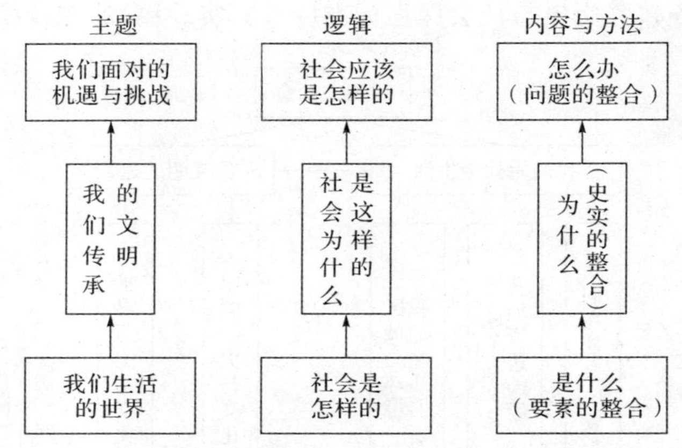

图 3-4 《义务教育历史与社会课程标准(二)》的课程框架示意图

从图 3-4 可以看出，“标准二”的综合模式完全打破了学科课程的藩篱，以主题的形式综合了历史、地理和其他人文学科的内容，能够“逐步将学生的视野从个人生活的狭小范围扩展到人类生活的广阔世界，将个人的生存、发展和精神追求融入社会发展的历程，激发学生关注人类命运、探究社会发展奥秘的愿望”。① 从综合的角度看，该模式已属于融合课程的开发模式。所谓融合课程，是指将两门或两门以上的分科课程融合为一门新课程的课程开发模式。与相关课程的区别在于，融合课程虽然源于分科课程，但其表征形态已经不是分科课程，而是将原有分科课程的内

① 教育部:《义务教育历史与社会课程标准(二)》(实验稿)，北京师范大学出版社，2001 年，第 7 页。

容整合为一门新的课程。[1] 从浙江对这两种综合模式实行的结果来看，融合型的“标准二”逐渐在浙江站稳了脚跟。因为开始试行“标准一”的三个国家级试验区(义乌、余杭和宁波北仑)，在试行完一轮后，也都改用了“标准二”。这一事实说明，要想真正体现综合课程的价值，扭转学科本位的倾向，关联型的综合课程已不合时宜，走向融合是我国初中综合课程发展的必然趋势。

当然，在实践中，“标准二”的综合模式也发现了一些问题和不足。一是整合的范围过大，导致与思想政治课部分内容的重复；二是地理基础知识较为薄弱，难以适应高中地理课程的学习；三是历史知识内容偏少，历史知识体系不够清晰。从一线教师的实践反馈来看，增加史地基础知识的内容，减少与思想政治课的重复内容，成为许多教师的共同呼声。可见，“标准二”的综合模式也亟待改进。

3.2011 版《义务教育历史与社会课程标准》的综合模式

2011 版“新标准”指出，该课程设计的基本思路为：从公民教育的需要和学生的认知特点出发，基于人类活动的地理环境，以人类文明的演进特别是中华文明的发展为主线，以当代社会的发展为主题，整合“历史”与“地理”两个相互关联的学科领域，由近及远、由浅入深地整体规划内容目标的设置与实施。依据这一设计思路，本课程的内容目标分设三个主题。

主题一：生活的时空。以时间和空间为框架，帮助学生从生活的区域、生活的变化两个视角观察和感受生活的意义，同时获得有关地理、历史探究的专门技能和综合能力。

主题二：社会变迁与文明演进。以人类社会的变迁为框架，认识人类物质文明、政治文明、精神文明和生态文明的传承。

主题三：发展的选择。以进入 20 世纪后中国和世界发展道路的选择为框架，以实现中华民族伟大复兴的历程为主线。

---

① 有宝华：《综合课程论》，上海教育出版社，2002 年，第 222 页。

从“新标准”提出的课程框架来看，该综合模式是对“标准一”和“标准二”两种综合模式的继承与发展。一方面，该模式继续采用三大主题轴的内容框架形式，有利于打破传统的学科逻辑体系，体现课程的综合性；另一方面，该模式构建了一个以历史和地理为轴的课程内容框架，有效地避免了与思想政治课的内容重复。总之，“新标准”所提出的课程综合模式，不仅吸收了前两种综合模式的成果经验，而且是在实践的基础上对前两种综合模式的完善和超越，因而也是更符合我国当前社会科教育特点的一种新模式。

第四章 《历史与社会》课程文本设计

课程文本是由教育权威部门以文本形式颁布的重要课程文件或教学材料。其中,课程标准和教科书是最重要的课程文本。课程标准和教科书是课程内容的集中体现,是教师教学的主要依据,也是课程改革成果的重要表现形式。因此,各国的课程改革都十分重视对课程标准和教科书的研究和使用。我国在推行《历史与社会》课程的过程中,《历史与社会》课程标准和教科书的研究与使用也是课程实施的一个重要环节。

第一节 《历史与社会》课程标准的制定与发展

新千年伊始,随着我国的新一轮课程改革正式启动,中小学各学科的课程标准编写组相继成立,近 500 名专家、学者和一线教师投入这些学科的研制工作。2001 年 4 月,各学科的课程标准征求意见稿完成。从 2001 年 4 月起并开始向全社会广泛征求意见,并根据实验区的追踪评估,修改各学科的课程标准。2001 年 9 月,全国有 38 个新课程改革实验区正式启动,计划用 3～5 年的时间完成实验,在全国范围内开始推行新课程。

初中《历史与社会》课程标准也是在这一课程改革的背景下出台的。考虑到各地课程改革的实际情况，教育部组织专家同时编订了两部课程标准(实验稿)，并从2001年起相继投入实验，并在全国范围内顺利推行。经过十年的教学实践，两部课程标准都凸显出各自的特点和优势，同时也暴露出一些明显的问题与不足。2011年，我国的教育部门组织专家将两部课程标准进行合并后，并正式颁布了《义务教育历史与社会课程标准》，这也标志着我国初中社会科课程改革又进入一个新的历史时期。

一、我国社会科课程标准的沿革及内涵

(一)我国社会科课程标准的历史沿革

课程标准并不是一个新术语。早在1912年1月，中华民国教育部就颁布了我国课程发展史上第一个课程标准——《普通教育暂行课程标准》。由于这一时期，中小学设置的是历史和地理等分科型课程，因此也只有分科的课程标准。1923年，北洋政府教育部颁行新学制，即“六三三”学制，亦称“壬戌学制”，并颁布了新的课程标准纲要。新学制课程标准纲要规定在初中阶段尝试开设社会科，主张合科教学，这是我国在中学阶段开设综合社会科课程的第一次尝试。[①] 但是，由于师资难以适应和教材编写困难等原因，并没有在全国普遍推行。1929年，教育部公布中小学暂行课程标准，恢复了分科设课的做法，取消了社会科课程。[②] 到1952年，我国学习苏联，将课程标准总纲改为课程计划，将各科课程标准改为教学大纲。由于初中阶段历史、地理仍是分科设置，因此也只有分科的教学大纲。进入20世纪90年代，我国浙江、上海等地开始试行社会科课程，于是开始出现了地方性的教学大纲，例如浙江的教育部门制定了《义务教育全日制初级中学社会教学指导纲要》。新世纪初的课程改革

① 课程教材研究所:《20世纪中国中小学课程标准·教学大纲汇编·课程(教学)计划卷》，人民教育出版社，2001年，第109页。

② 课程教材研究所:《20世纪中国中小学课程标准·教学大纲汇编·课程(教学)计划卷》，人民教育出版社，2001年，第120页。

中，我国又将教学大纲改为课程标准。由于《历史与社会》课程的诞生，《义务教育历史与社会课程标准》也随之出炉。

(二)《历史与社会》课程标准的内涵

课程标准是指国家对学生在接受一定阶段教育之后的结果所作的具体描述，是一定阶段的教育应达到的具体的质量指标，是学生在各科领域里的基本素质，是具有法定性质的课程文件，是教材编写、教学、评估和考试命题的直接依据，是国家管理和评价课程的基础。[①]

为了帮助一线教师更全面地理解课程标准的内涵，以及在教学中的地位和作用，有学者将"课程标准"与传统的"教学大纲"作了对比分析。两者的区别主要在于：

(1)重心不同。教学大纲以学科知识为本，以知识为中心；课程标准以学生的发展为本，突破知识中心。

(2)指导的行为不同。教学大纲侧重对教师教学工作的指导；课程标准侧重对课程开发与实施的指导，阐述了课程的性质、基本理念和设计思路，以指导课程开发与实施。

(3)要求程度不同。教学大纲是教学应实现的最高要求；课程标准是大多数学生能达到的基本标准，确保基础教育的基础性和发展性。

(4)目标内容不同。教学大纲笼统地提出教学目的，关注知识与技能；课程标准体现素质教育要求，关注基本素质的全面发展，提出知识与技能、过程与方法、情感态度与价值观"三位一体"的课程目标，体现了国家对不同阶段学生在知识与技能、过程与方法、情感态度与价值观等方面的基本要求。

(5)灵活性不同。教学大纲侧重指令性、统一性、硬性的规定，规定教学中应注意的问题等事项，教师必须以大纲为准绳，以教材为依据；课程标准侧重指导性的、开放的、灵活的管理。

(6)目标的行为主体不同。教学大纲站在教师的角度，采用"使学生、

① 教育部：《基础教育课程改革纲要(试行)》，2001 年，第 6 页。

提高学生、培养学生”等陈述方式，目标的行为主体是教师；课程标准站在学生的角度，陈述行为结果的典型特征，目标的行为主体是学生。

(7)关注的行为不同。教学大纲关注教师的教学，侧重如何教；课程标准关注学生的发展，侧重如何学，改善学习方式，倡导自主、探究、合作的学习。[①]

从上述对课程标准内涵的阐释可以得出，《历史与社会》课程标准是对初中阶段学生在人文社会学科领域学习的质量标准和基本素质的具体规定。作为本课程的最重要的课程文本，从传统的“教学大纲”到“课程标准”的演变，不仅仅是名称上的改变，而且也是课程观、教学观和学习观的根本转变，这一变化符合当前国际教育改革和发展的趋势，也体现了现代教育的价值追求。

二、《历史与社会》课程标准的内容结构

2001 年，教育部颁布的《基础教育课程改革纲要(试行)》提出：课程标准应“规定各门课程的性质、目标、内容框架，提出教学和评价建议”。据此，《历史与社会》课程标准主要包括以下几部分内容：

(1)前言：包括课程性质、课程的基本理念、标准设计思路三个方面的内容。

(2)课程目标：包括知识与技能、过程与方法、情感态度和价值观三个方面的目标。

(3)内容标准：具体描述学习领域、目标及行为目标。

(4)实施建议：包括教学建议、评价建议、课程资源开发与利用建议、教材编写建议四个方面。

(5)附录：有术语解释、案例等。

在 2001 年的课程标准中，课程目标和内容标准是课程标准的核心内容。课程目标由总目标和三个分类目标组成。内容标准又分两级目标，

---

① 张先华：《教育思想的革命》，北京大学出版社，2005 年，第 103—105 页。

即专项目标和内容目标。专项目标是对主题内容的分解、细化；内容目标是针对学生的指令性要求，是专项目标的分解、细化，具有“学什么”和“做什么”两种意义。每项内容目标又有相应的“教学活动”的建议，是针对教师的指导性要求，是实施“内容目标”的说明，主要提供“教什么”和“怎么教”两种建议。“内容目标”与“教学活动”的组合，构成了表达“内容标准”的系统要素。

2011年的“新标准”中，其内容结构和表述方式有所变化。将“内容标准”改为“课程内容”，“课程内容”由“内容目标”与“提示与建议”构成。“内容目标”表达规定性要求，行为主体是学生；“提示与建议”表达指导性要求，为实现内容目标提供内容要点和教学活动建议，行为主体是教师。

三、《历史与社会》课程标准的发展与完善

新世纪初，在认真借鉴国内外社会科改革的经验的基础上，并结合我国教育改革的实际，教育部推出了两部课程标准，即《全日制义务教育历史与社会课程标准(一)》(以下简称“标准一”)和《全日制义务教育历史与社会课程标准(二)》(以下简称“标准二”)。

“标准一”是以北京师范大学哲学系韩震教授为主编制的，上海教育出版社出版的《历史与社会》教材是根据“标准一”编写的。“标准二”是以人民教育出版社朱明光副总编为主编制的，“人教版”《历史与社会》是根据“标准二”编写的实验教材。这两部课程标准在课程性质、课程目标基本是一致的，但在课程内容框架、课程分类目标表述上各有千秋。

在课程内容框架上，“标准一”主要包括现实社会生活和人类历史两大领域。现实社会生活的学习内容设计了三个学习主题：“我们在社会中成长”、“我们身边的经济、政治和文化”、“我们生活的区域与环境”；人类文明的进程由“中国历史与文化”和“世界历史与文化”两个学习主题构成。“标准二”分成三大领域，即“我们生活的世界”、“我们传承的文明”、“我们面临的机遇和挑战”。

根据前章关于课程的综合度划分，“标准一”属于相关课程，“标准二”

属于融合课程。“标准一”虽然是以“拼盘式”的综合课程模式出现的，但无论是课程的理念，还是课程的内容，与传统的拼盘式社会科相比，都有了很大的进步，在我国目前的师资条件下，更易于实施和操作，因而也是综合课程设计的一种重要模式。“标准二”已属于比较典型的综合课程，综合范围和融合程度也较为适宜，是我国综合课程设计应大力推广的一种模式。

经过十年的课程改革实践，我国教育部门组织专家将两部课程标准合二为一，并于2011年末正式颁布了《义务教育历史与社会课程标准》（以下简称“新标准”）。与前两部课程标准相比，该课程标准的设计显示出以下几个特点：

（一）强调学生综合思维能力的培养，凸显出综合课程的功能

《历史与社会》是将原历史、地理学科以及其他人文社会学科的内容统整在一起，旨在消除各学科之间的隔阂，形成学生观察社会的综合视野和解决问题的综合思维能力的一种课程模式。因此，加强学科内部以及学科之间，特别是史、地两大学科之间的联系，是该课程标准在设计上特别关注的方面，具体表现在：

在课程性质上，该课程注重史地知识的关联性、整体性，在统筹相关学科知识、优化课程内容结构的基础上，促使学生具有综合观察事物的眼界、掌握综合运用知识的方法、获得综合认识问题的能力。

在课程的基本理念上，该课程强调课程中各相关内容的联系。这些联系包括生活主题与史地知识的联系；历史与地理学科概念的联系；中国与世界的联系；历史现象与现实生活的联系；区域历史的纵向联系；区域之间的横向联系；重大事件的因果联系；史地知识与相关学科知识的联系。

在教学方面，该课程标准建议要抓住有关内容相互联系的节点，凸显综合的意义。具体的教学建议如下：

在以历史线索为主导的总体框架中，采取相对集中与反复呈现的方式提供地理知识。例如，讲古代中外交往，可对照当今世界地图；讲中国

古代民族融合的历史，可结合不同历史时期的教学对照今日中国的版图；从而使学生在历史学习中识记相关区域的范围和位置。又如，人类早期文明区域的出现、古代农耕与游牧民族的分布、近代工业城市的形成，都是地理条件影响文明多样性的讲点。

把中国的发展置于世界舞台上，在人类文明的历程中，呈现中国与世界的关系。例如，可结合海上丝绸之路与马可·波罗来华、"西学东渐"与"东学西渐"等，引导学生认识相关事件发生的缘由，并了解这种交往对中国和世界产生的影响。

把历史现象的记叙与现实生活联系起来。例如，讲中国古代社会生活，可联系现实生活中传统文化的表现，组织学生访谈，了解本地节假活动、民众信仰、人生仪礼，以及民间歌谣、故事和谚语，从中品味传统文化对现实生活的影响。

关注同一历史时期特别是近代以来区域之间的横向联系。例如，绘制新航路开辟的路线图，可联系当时欧洲商品经济的发展；对照此前世界贸易的路线，可说明资本原始积累的时代背景。又如，讲 19 世纪末 20 世纪初中国的民族危机和社会危机，应联系当时帝国主义国家瓜分中国的狂潮，呈现中国传统社会结构和社会生活在工业文明冲击下发生的巨变。

从多个视角对某一重大事件进行解读。例如，讲"巴以冲突与动荡的中东"，可联系这一地区的地理环境、自然资源、领土纠纷、宗教信仰、文化传统、民族矛盾等，从历史渊源与现实利益两方面观察、评析。

由此可见，"新标准"秉持了"标准一"和"标准二"共同确认的综合课程的基本理念，同时对学生综合思维能力的培养提出了更全面、更细致的要求，进一步体现了本课程作为综合课的独特价值。

(二)增加基础知识的学习容量，为高中教育打好基础

与新世纪初的两部《历史与社会》课程标准相比较，"新标准"的最大变化之处在于，增加了历史和地理基础知识的学习容量，并提出了更明确、具体的学习要求。以"世界地理"和"世界近代历史"的内容目标要求为例(见表 4-1)。

表 4-1 "标准二"和"新标准"中的部分学习内容比较

	标准二	新标准
世界地理	2—6 运用各种资料描述世界自然与人文环境的总体特征。	1—1—1 描述世界各大洲、各大洋的分布概况，说明陆地和海洋对人类生存的意义。 1—1—2 描述世界地形、河流湖泊和气候类型的总体特征及其分布，列举自然条件对人类生活有重要影响的实例。 1—1—3 描述世界人口、人种、语言、宗教的概况及其分布，列举人文要素对区域文化特色有重要影响的事例。
世界近代历史	4—3 列举近代史上的重要事件与人物，说明它(他)们在社会变革中的突出作用。	2—3—1 描述开辟新航路的主要人物和路线图，评估开辟新航路的原因和意义。 2—3—2 列举文艺复兴、科学革命、启蒙运动的代表人物，评析他们的主要成就。 2—3—3 讲述欧美建立资产阶级国家的重大事件及其代表人物，说明它们对各自国家历史进程的影响。 2—3—4 列举工业革命的重大发明，描述工业革命给社会生产、社会生活带来的巨大变化。 2—3—5 列举近代欧洲著名的工人运动，说明马克思主义诞生的历史条件和时代意义。 2—3—6 简述德国统一、美国内战、俄国废除农奴制、日本明治维新，评析相关事件和人物对各自国家的发展所产生的影响。 2—3—7 描绘殖民统治的历史版图，评析殖民主义的影响以及被侵略、被压迫民族的反抗斗争。

此外，在教师的教学建议方面，前两部课程标准仅仅提出"教学活动"的建议，而"新标准"在"活动建议"的基础上增加了"要点提示"。例如，"内容目标"有这样一条要求：列举中国境内远古文化遗存，讲述华夏先祖传说，探寻中华文明的起源和地域特征。然后，在"要点提示"中列举了具体的知识要点：北京人遗址；半坡遗址；河姆渡遗址；炎帝和黄帝；黄河和长江是中华文明的发祥地。这样，就对学生必须掌握的基础知识提出了明确要求。

可见，"新标准"增加基础知识的学习容量，有助于教师科学地组织教学内容，也有助于学生获得必要的基本知识，从而较好地扭转了以往课程实施过程中过于淡化基础知识学习的倾向，并为学生进行高中历史和地理的学习打下良好的基础。

（三）突出“过程与方法”的目标要求，旨在使学生学会学习、学会思考

现代教学论认为，教学不再强调把确定的事实、系统的概念的掌握当作目的，而是更强调它们的手段意义，即把事实、概念、规则的教学作为认识事物本质、训练思维能力、掌握学习方法的手段。① 根据现代教育理念，“新标准”进一步突出“过程与方法”的目标要求，并在“内容目标”中提出一系列具体的要求，例如：

1—4—1 认识地图三要素，知道地图的基本种类，运用地图获取所需要的地理信息。

1—4—2 运用各种不同的地图和图表，描述区域的自然环境和人文环境的特点。

1—4—3 熟知表示历史时段的常用词汇或习惯用法，恰当运用它们表述、说明历史事件。

1—4—4 区分历史叙述和文学作品的差别，知道获取历史信息的常用方法、途径及其功用。

1—4—5 区分第一手资料和第二手资料，解释它们各自的意义和功用，运用不同的资料有理有据地论述问题。

1—4—6 归纳获取生活信息的基本途径与方法；评估具体条件和需要，选用适当的社会调查方法。

目标 1—4—1 和目标 1—4—2 强调使用地图是学生获取地理信息的主要途径，也是人们在社会生活中的基本技能；目标 1—4—3 强调学习学会使用年代尺，这是学生建立良好的时序感的基础；目标 1—4—4 和目标 1—4—5 强调史料研习在学生理解历史和建构历史认识方面的重要作用；目标 1—4—6 则强调掌握社会调查等方法对认识现代社会的意义。这些目标要求，分别为学生提供了探究地理、探究历史和探究社会的三把钥匙。学生可以利用这些钥匙主动地去获取知识，建构自己对历史与社会问题的认识，而不是被动地接受一些事实和观念。

① 袁振国：《教育新理念》，教育科学出版社，2002 年，第 124 页。

（四）倡导现代评价理念，促进课程目标的全面落实

加强对教学评价的指导，是“新标准”的又一大亮点。“新标准”强调指出，评价的目的应从注重甄别与选拔转为注重诊断、激励和调控，促进师生之间、学生之间的交流与沟通，帮助教师选择合适的教学策略，激发学生学习动机，促进学生全面发展。对此，“新标准”还从课程目标的三个维度提出了具体的评价建议：

1.关于知识与技能目标的评价

知识与技能，包括学科概念、原理和方法，又包括应用性知识及其操作规范。本课程的评价要着重考查学生对重点知识和技能的理解、运用。例如：

(1)是否清楚中国和世界历史进程的基本事实、脉络，懂得历史与现实的内在联系；

(2)是否清楚中国和世界人文地理的基本状况、特征，懂得人口、资源、环境与社会发展的关系；

(3)是否运用了已有的知识获得新知识、发展新技能，并加深对已有知识的理解；

(4)能否运用学到的知识和技能，在不同情境中面对实际问题；

(5)是否在运用多学科方法解决问题时，表现对知识和技能的整合能力。

2.关于过程与方法的评价

针对过程与方法的评价，是着眼于学生在获得知识、技能的学习中表现出来的观察能力、推理能力、分析能力、判断能力和合作能力，以及综合运用各方面知识和方法创造性地解决问题的能力评价。例如：

(1)能否清晰地、有意义地与他人交流，并共同确定目标，完成学习任务；

(2)能否通过恰当的、高效的方式和途径，获得对历史、地理知识的深入理解和把握；

(3)能否对所探究的历史现象、所考察的社会问题进行质疑、反思；

(4)能否较为理性、客观地评价历史人物、事件和社会问题,并作出自己的解释;

(5)能否依据自己收集到和整理过的有关材料,对所探究的问题阐述自己的观点;

(6)能否选择并运用恰当的方式呈现研究成果。

3.关于"情感·态度·价值观"的评价

针对情感、态度、价值观的评价,既要尊重学生的个性表现,更要坚持正确的价值标准,把握情感和态度的真实性及其变化趋向。例如:

(1)能否重视人与社会、人与自然的关系,切实树立科学发展的观念。

(2)是否熟悉祖国的历史和疆域,认同国家的核心利益,真切表达中华民族归属感、自豪感。

(3)是否关注全球性问题,对维护人类共同利益表示关切。

(4)是否对历史与社会的探究充满渴望,并从中获得对人生意义的感悟。

除了对三个维度的课程目标提出具体的评价建议外,"新标准"还特别强调,要注意从整体上把握三者的关联,并将三者有机地结合起来。这些具体、明确的评价建议,有利于检验教学效果,也有利于课程目标的全面落实。

总之,"新标准"是在总结十年《历史与社会》课改成果的基础上而形成的重要课程文本,也是对前两部课程标准的完善与发展。"新标准"理念的全面落实,必将会促进《历史与社会》课程的进一步改革和发展,开创具有我国自身特点的社会科教育的新局面。

第二节 《历史与社会》教科书的设计与编写

教科书,即通常意义上的课本或教材。教科书是教师教学的基本依据,也是学生获取知识的重要来源。因此,各国的课程改革都十分重视对教科书的研究和编撰。在《历史与社会》课程实施的过程中,教科书的设计始终是备受关注的问题。

一、《历史与社会》教科书设计的理论

《历史与社会》教科书是依据《历史与社会》课程标准编写的，是《历史与社会》教学中最主要、最基本和最常用的课程文本。充分认识《历史与社会》教科书的功能和作用，加强《历史与社会》教科书设计理论的研究，是该课程有效实施的关键。

（一）《历史与社会》教科书的功能定位

教育发展的实践不断证明，不论东西方国家，教科书都是一种重要的教学媒体。虽然现代化的教学媒体大量涌现，但是教科书的作用仍然不可替代。我国学者邵瑞珍等在《教育心理学》一书中曾说："教材（这里主要指教科书）作为一种最普通的同时也是最重要的媒体，在传播知识方面发挥着非常重要的作用。在学校教育中，教材是学生获取知识的主要来源和教师教学的主要依据。"①我国香港的学者也指出："学生在学校求知过程中，除了教师的讲授外，教科书对学生的认知亦起了关键性的作用。一本优质的教科书不但可以提高学生的学习兴趣，并且可以加强他们对课程内容的了解。"②美国学者也认为，"即使拥有了现代教育技术，但要把教科书从形成课程、决定课程的重点及界定学校的中心工作这种角色中排除出来也是不可能的。在许多情况下，教科书仍然是教师使用的唯一指导性材料。教科书极大地影响着甚至决定着一门课程的性质和作用，它的这种影响力深深地影响着学生们的学习经验和获得的知识。"③

教科书在教学中的重要地位是不容置疑的。但是，随着时代的发展，人们对教育理解的不断深入，对教科书（有的学者习惯上称教材）的功能认识也在不断深化。例如，美国有学者指出：许多教材只给学生提供了一

① 邵瑞珍：《教育心理学》，上海教育出版社，1988 年，第 392 页。

② 黄显华、霍秉坤：《寻找课程与教科书设计的理论基础》，人民教育出版社，2002 年，第 74 页。

③ 艾伦・C. 奥恩斯坦、费朗西斯・P. 汉金斯：《课程：基础、原理和问题》（第 3 版），柯森主译，江苏教育出版社，2002 年，第 382 页。

个概括性的观点，至于这种观点所立足的事实或者这种观点的产生过程，它很少或根本没有触及。另外，教材也很少向学生传递那种初始研究的丰富性与相伴生的兴奋。同时指出，以实现学生理解为目标的探究性教材一般有以下一些特点：教材仅仅是本领域重要观念的材料或参考资料；对于本领域的主要观念来说，教材仅仅是一种说法；对于基本问题或单元问题，教材只是提供一种有益而粗略的回答，有待于探究其他答案；对于教材，根据学习目标的需要进行选择性阅读，不必按顺序逐页推进；教材仅仅是实现理解的材料之一，在必要的时候添加其他材料；教材只提供一种概要性的学习，除对其进行讲授外，还需要对其中的内容提出疑问、进行修订等。[①] 日本的学者也认为，"教材终究不过是我们达到目标的一种手段、一种材料"，"教育就是当教材内容全部忘记的时候还能留下来的部分"。[②] 在我国的新课程改革中，课程研究者对传统的教科书的功能进行了反思并给予重新定位。例如，杨启亮教授认为，应该从过去的知识观的教材观，转变为智慧观的教材观。他指出，传统的教材视教材本身呈现的知识为目的，教学即以教材所负载的知识和技能的传授与掌握为宗旨，它也重视智慧的或发展的功能，但终究是把这种功能视为知识的从属和附庸，这种教材观约束了存疑或求异乃至创新的可能性。智慧观的教材观，则视教材为教学使用的材料，它不否认教材所负载的知识和技能的传授与掌握，但却不以此为主要目的，或者就以此为途径和手段，通过它去实现智慧或发展为目的，教材呈现的知识即被视为从属的和附庸的。[③]

《历史与社会》教科书的设计，同样应遵循课程改革的新理念，转变传统的教科书功能观，树立新型的教科书功能观。

这种教科书功能观，强调在掌握知识的过程中，态度、才能和本领的形成更为重要。因为课程标准中那些不确定性的指标，如发展、思维、素

---

① 格兰特·威金斯、杰伊·麦克泰：《理解力培养与课程设计》，么加利译，中国轻工业出版社，2003年，第220页。

② 市川博：《社会科的使命与魅力——日本社会科教育文选》，沈晓敏主译，教育科学出版社，2006年，第170页。

③ 杨启亮：《教材的功能：一种超越知识观的解释》，《课程·教材·教法》，2002年第12期。

质、态度、创造力,等等,都只能是运用教科书的结果,而不是记忆和掌握教科书内容的结果。

这种教科书功能观,强调教科书应成为学生学习活动的材料,因为许多课程目标只能在活动中实现而无法在授受和掌握中实现。特别是作为一门社会性、人文性很强的课程,活动在教育教学过程中更是必不可少的手段。从这个意义上讲,教科书就是师生之间、生生之间进行建设性对话的文本和材料,是开展各种课堂教学活动的指南。

这种教科书功能观,强调教科书仅仅是学生学习的重要材料,除了使用教科书外,教师还需要根据教学的需要开发和利用各种课程资源来补充教科书的内容。

(二)《历史与社会》教科书编订的依据

《历史与社会》教科书作为最主要的教材,是具有高度科学性和指导性的学习材料,因此教科书的编写必须有一定的科学依据。根据《纲要》的要求,教材内容的选择应符合课程标准的要求,体现学生身心发展的特点,反映社会、政治、经济、科技的发展需求。由此可见,《历史与社会》教科书的编订依据主要有以下几个方面:

1. 依据《历史与社会》课程标准

课程标准是编写教科书的依据,而教科书也是实施课程标准的基本工具。因此,正确把握课程标准与教科书之间的关系,无疑是编写《历史与社会》教科书时要十分关照的重要环节。以课程标准为依据编写教科书,大体应考虑两方面的意义。

(1)要严格按照《历史与社会》课程标准的规定,不可擅自修正"课程目标"或随意增减"内容目标"。《历史与社会》教科书的组织方式和基本内容,必须严格按照课程标准的规定,即凡是"内容标准"中规定的"内容目标",理论上讲,都要准确地、无遗漏地按行为目标陈述的要求予以体现;凡是"内容标准"中提供的"教学活动",教科书都要相应地、有所选择、有所侧重地予以反映,并力求适当。《历史与社会》教科书的总体框架和逻辑顺序,应基本按照课程标准既定的"主题轴"设计。因为课程标准所提供的总体设计思路，有其既定的课程和教学的方法论基础，特别是在编制过程中体现了作为综合课程特定的内在逻辑，这是不宜变更的。

(2)要充分利用课程标准制定的规则，有创意地体现教科书编写的特色。从某种意义上讲，从课程标准到教科书的过程，也是一种再创造的过程，无论编写体例、内容的选择，还是呈现方式，都可以根据课程标准的基本要求进行灵活的设计。同样，《历史与社会》课程标准的指导思想，也为编写特色教材提供了前所未有的空间。例如，只要遵循《历史与社会课程标准》所规定的主题框架，有关内容的逻辑结构和编排顺序，都可以自行设计。在“内容目标”规定的框架内，教科书内容的组织方式也可以是多种多样的。

总之，《历史与社会》教科书的编写，既不能偏离课程标准提供的实施规则，又不能拘泥课程标准采用的具体格式。把课程标准转化为教科书成功与否，主要是看其是否有利于理解和把握课程标准规定的内容目标；是否有利于形成合乎教学规律的教科书内容体系；是否有利于发掘教科书引导教学的功能；是否有利于体现综合的意义和价值。[①]

2. 依据课程内容的特点

《历史与社会》课程内容涉及众多学科领域的知识，这些学科知识都有其自身的特点，如“历史”是属于时间性的学科，“地理”属于空间性的学科；政治学、社会学、经济学、心理学等领域的内容则又具有概念性及应用性的特点。《历史与社会》课程内容知识的多样化的特点，也就决定了《历史与社会》教科书内容呈现方式的多样性。

以《历史与社会》教科书(人教版)的内容设计为例。七年级的主题“生活的时空”，旨在帮助学生从生活的区域、生活的变化两个视角观察和感受生活的意义，因此主要以典型案例的方式呈现教科书内容；八年级的主题“社会变迁和文明的演进”主要承担历史教育的任务，教科书

---

① 韩震、朱明光：《义务教育历史与社会课程标准解读》，北京师范大学出版社，2012年，第202—203页。

内容的呈现方式则主要通过历时性的叙述，帮助学生了解人类社会的发展脉络；九年级的主题“发展的选择”，考虑到学生已经具备了一定的历史、地理基础知识，以及对社会问题的探究能力，因此本阶段教科书内容宜采取历时性叙述与主题型整合相结合的编写方式，特别是涉及当代社会问题的内容，如人口、资源、环境等问题，则采用专题探究的方式，以促进学生在探究中提升综合思维能力，以充分体现本课程内容人文性、思辨性和综合性的特点。

3. 依据学生的特点

《历史与社会》教科书的阅读对象是初中学生。因此，教科书内容的设计，就不能仅仅是人文科学内容的简写和缩约，还要依据教育、教学的基本规律，将其转化为适合初中学生阅读和学习的内容。也就是说，教科书内容的安排，既要符合相应的人文科学的逻辑体系，也要适合学生的年龄特征和认知水平。据此，在教科书设计时，还需要考虑以下两个方面的因素：

（1）教科书内容的呈现方式要符合学生的认知特点。根据心理学的研究，初中学生的抽象逻辑思维开始占优势，但是在很大程度上，还属于经验型，他们的抽象思维经常需要具体的、直观的感性经验的直接支持。① 因此，《历史与社会》教科书的设计，也应增加一些形象性的图画、图示和材料，以激发学生的阅读兴趣。例如，介绍“北宋时期社会生活”的内容时，附上“清明上河图”的部分画面，对于学生真切感受北宋时期的都市生活是十分必要的。

（2）教科书内容的难度要符合学生的认知水平。日本学者左藤正夫指出：“新教材在任何时候都要同儿童先前学过的教材，或同儿童凭借先前的教材而发展起来的知识、能力联系起来，将新掌握的知识、能力同旧有知识能力逻辑地统一起来，使儿童逐渐逼近科学的知识体系。”②可见，教科书内容的设计，一定要考虑学生现有的认知水平，千万

① 朱智贤：《儿童心理学》，人民教育出版社，1993年，第509页。

② 佐藤正夫：《教学原理》，钟启泉译，教育科学出版社，2001年，第214页。

不要把学生难以理解的知识强加给学生。例如，在初一年级，教科书在引用古史材料时，可将一些晦涩难懂的材料翻译成现代汉语，以便于学生理解和认识历史。

（三）《历史与社会》教科书的体例和结构

体例和结构是《历史与社会》教科书的组织形式。当课程内容精选出来以后，体例和结构的确定就成了教科书编写的关键问题。

20 世纪 80 年代以来，我国中小学教科书的体例基本上经历了这样几个发展阶段。第一阶段是 80 年代的教科书，主要采用“章节体”的形式；第二阶段是 90 年代的教科书，主要采用以“课”为主的体例，代替了“章节体”的形式；第三阶段是 21 世纪的教科书，主要是在以“课”为主的体例的基础上，增加了“单元”，每个单元包含若干“课”，此外，在每个单元的最后，还设计了一课“综合探究”的学习内容，这是新教科书在体例上的重大创新。具体到我国初中《社会》或《历史与社会》教科书的编写体例，可以说，20 世纪 90 年代初浙江版的《社会》教科书仍采用的是“章节体”体例，而新的《历史与社会》教科书则明显体现了 21 世纪教科书的设计风格。

与体例一样，教科书内容的组织结构也是教科书设计的重要方面。《历史与社会》教科书的内容结构一般包括课文、课文的辅助两大部分。

1. 课文

如果说教科书是最基本、最主要的教材，那么课文就是教科书最主要的教学内容了。课文部分，也是人们俗称的“大字部分”，是教科书内容的主体部分。课文部分最主要的功能是合理地确定知识的数量和质量，防止教学的随意性，避免教学要求上脱离实际，出现较大的偏差。①

2. 课文的辅助部分

教科书的课文辅助部分一般包括课前提要、图片、地图、阅读资料和练习等。这些内容是教科书内容的有机组成部分，也是最能体现教

① 白月桥：《课程变革概论》，河北教育出版社，1999 年，第 329 页。

科书设计特色和风格的地方。例如，为了帮助学生更好地理解课文内容，增强可读性和趣味性，《历史与社会》教科书（沪教版）设计了“大家谈”、“读与思”、“知识窗”、“文件夹”和“活动区”等课文的辅助栏目，形成了该套教科书的特色和风格。

这部分的功能主要体现在：

一是配合课文学习的功能。围绕课文内容及课文的学习，设计相关的项目，使之起到配合的作用。例如，课前提要有利于激起学生的阅读兴趣，引导学生学习课文；图片和地图可与课文叙述相配合，使教科书达到图文并茂；必要的解释性材料对学生理解课文中的概念有一定的帮助，等等。它们各自发挥的作用不同，从中可以获得许多关于进行教学准备和设计教法的提示。

二是丰富课文内容的功能。由于正文的简明扼要，往往不能很详细、具体地展开知识内容，因而需要有补充性的内容和材料。例如《历史与社会》教科书中的小字部分，就可以使正文得以扩展和丰富；一些推荐书目和网站，则提供了更多的学习材料。

三是巩固课文学习的功能。知识的学习，离不开接受和反馈，离不开运用和练习。课文中加插思考题，以及课后的作业练习，都对学生的课文学习有着巩固和提高的作用。此外，如果课文的辅助部分能够在一定程度上超出或深化课文的知识内容，突出问题教学的特色，设计出一系列研究、讨论的活动，就更具有学习方法论上的积极意义。

总之，由于《历史与社会》是一门新兴的综合课程，可借鉴的历史经验较少，如何科学地设计教科书也就成为了一个重要的理论问题。《历史与社会》教科书的设计，除了遵循教科书设计的基本原则以外，更重要的一点是，应根据综合课程的理念，突破传统学科固有的内容体系，建构一个具有综合意义的逻辑框架，促进各相关学科内容的有机融合，在此基础上形成教科书特有的内容体系。

二、《历史与社会》教科书的编写特色

根据两部《历史与社会》课程标准，我国已先后发行了四套《历史与

社会》教科书，即由人民教育出版社按照“标准二”组织编写的《历史与社会》教科书（简称“人教版”）、由人民教育出版社按照“新标准”组织编写的《历史与社会》教科书（简称“新人教版”），由上海教育出版社、地质出版社按照“标准一”编写的《历史与社会》教科书，分别简称“沪教版”、“地质版”。这些教科书的陆续出版，体现教材多样化的时代要求，有利于促进教科书编写水平的发展和进步。下面就分别介绍一下这些教科书的编写特色：

（一）《历史与社会》教科书（新人教版）的编写特色

《历史与社会》教科书一共出版了六册，即七年级“生活的时空”（上、下册），八年级“社会变迁与文明演进”（上、下册）和九年级“发展的选择”（上、下册）。这里重点介绍一下七年级教科书的设计特色。概括起来，七年级教科书的编写特色主要表现在以下几个方面：

1. 充分体现课程标准的精神，凸显出综合课程的教育功能

《历史与社会》教科书是根据“新标准”编写的。根据新标准“关注事物联系，体现综合价值”的课程理念，编者对七年级《历史与社会》教科书内容从时间和空间两个维度进行了整体设计：空间呈现的是区域和位置，但也要关注人文现象的空间分布，以及它们的形成过程、发展规律和演变趋势；时间呈现的是过程和发展，但也要关注历史上区域的自然特点对人类历史发展的影响。据此，前六个单元主要围绕空间维度，认识世界上不同地区人们生活的环境及生活特色。第七单元开始从区域生活内容的差异，过渡到日常生活内容的变化，引导学生感受自己身边的历史，并由此引发对学习历史的意义的思考。第八单元从感受生活中的历史出发，探寻历史上的生活，并联系现实地理区域的位置，了解人类文明发祥地。由此可见，该套教科书的内容设计不再是以学科群的面目出现，而是基于学生的认知水平和生活经验，对历史、地理和社会生活领域的内容进行了有效的统整。这种设计方式，体现了“新标准”所追求的课程理念，有利于学生全面了解和正确认识自己生活的世界，也有利于学生形成审视现实问题的全息意识和能力。

2. 精选各学科领域的核心概念，加强教科书内容与学生及社会生活的联系

为了彻底改变传统课程存在的“难、繁、偏、旧”的弊端，新教科书根据课程标准的基本要求，在具体内容的设计上，注意加强学科知识的基础性和综合性，关注教科书内容与学生生活以及现代社会的联系。

在加强学科知识的基础性和综合性方面，新教科书首先精选了地理学、历史学和社会学等学科的一些核心概念，然后以此来进行单元内容的设计。例如，在介绍人们生活的空间“舞台”时，“社区和区域”就成为这部分的核心概念，教科书的前四个单元都是围绕这些核心概念进行设计的；在对“生活的变化”和“文明探源”两个单元内容设计时，“延续”、“变化”、“史料”又成为这一部分的核心概念，例如在“区域的变化”一课中，课文举了三个典型例子，即从有到无地变化——星宿海，从无到有的变化——泗安镇，就是为了使学生建立“延续”和“变化”的历史意识。总之，将这些学科概念有效地统整在一起，有助于准确把握这些学科的本质特征，有助于学生对学科知识的理解和迁移，并获得终身学习必备的知识和技能。

为了加强与学生生活以及现代社会的联系，新教科书的内容选择力求面向学生、面向生活、面向社会。例如，在地理知识领域，设计了“区域生活”的内容，如第四单元“各具特色的区域生活”，这部分内容旨在使学生了解不同区域下人们是怎样生活的，并鼓励学生参与各种调查活动，了解自己家乡的自然环境和人文环境，如综合探究活动“来自家乡的报告”。此外，增加了“文明中心——城市”一个单元内容，因为世界上有超过50%的人口生活的城市，城市是人们重要的生活空间；世界的城市化进程还在继续，有必要让学生了解世界上典型城市人们的生活。教科书还设计了社会生活史的内容，像在“生活的故事”一课中，课文通过案例介绍了不同时代人们的物质生活和精神生活的变化，这些内容的设计，有助于学生理解自己身边的社会现象、理解自己的生活，从而感受到历史就在自己的身边。

3.体现“过程与方法”的课程目标，倡导探究性的学习方式

新世纪的课程改革增加“过程与方法”的目标，旨在使学生改变死记硬背和被动接受知识的学习方式，引导学生进行探究式学习。教科书根据课程目标的要求，在每个单元的最后，都设计了一课“综合探究”的内容，这是与传统教科书相比最具特色的地方。根据课程标准的要求，“我们生活的世界”主题下的“综合探究”活动，旨在使学生获得探究世界的三把钥匙。为了使学生获得了解地理空间的钥匙，课文中设计了综合探究活动“从地图上获取信息”、“从地球仪上看世界”、“如何认识区域——以南非为例”、“如何认识城市——以莫斯科为例”。为了使学生获得认识历史的钥匙，设计了“过去是怎样记载下来的”的活动内容，主要介绍历史资料的分类，以及第一手资料与第二手资料的区别。为了让学生获得了解现实社会的钥匙，设计了“如何开展社会调查——以调查家乡为例”的活动内容。在教科书中出现学科认识方法的内容，这是以前的教科书中很少见到的。增加这方面的内容，有助于学生了解知识的形成过程，形成科学的思维方法。总之，学生掌握了这三把钥匙，也就掌握了自主学习和独立探究问题的方法，有利于转变被动接受知识的学习方式。

4.减轻学生的学习负担，增强课文内容的活动性、可读性和趣味性

“减负增效”是《历史与社会》教科书设计的重要教育理念。首先，新教科书一改以往每课后都有“自我测评”的做法，而是仅在每个单元之后设计“自我测评”，这样就大大减轻了学生课后作业的数量。此外，课文内容还呈现出“内容活动化，活动内容化”的特点。例如，在“一方水土养一方人”单元的课文内容中，就设计了下面一个活动：“收集资料，尝试从建筑形式、音乐舞蹈、服饰、语言表达、饮食习惯几个方面体会并欣赏黄土高原独有的文化，并从中感受它们与自然环境的关系。”这样的活动设计，强调“知行统一”，“学思联系”，有利于学生的认知和情感的协调发展。还有，通过增强课文内容的可读性、形象性、趣味性，以降低学生的阅读难度，激发学习兴趣。例如，在增强可读性方面，为了帮助初中低年级的学生理解课文的内容，在每个单元前都设计了“单元导读”，在每一课都设计

了“课前提示”的内容，在课文中又增加了“阅读卡”的栏目，这些内容的表述通俗易懂，易于增加学生的阅读和探究的兴趣。

（二）《历史与社会》教科书（沪教版）的编写特色

《历史与社会》教科书（沪教版）是按照“标准一”编写的，共分六册。这里主要介绍一下八年级上册教科书的编写特色。

该册教科书主要叙述中国古代历史，然而采用“另一种叙史方式”，改变了原来中国古代历史教科书按时间顺序叙述历史的体系，而是以专题的方式重新建构历史教学内容，体现了创新性与综合性，颇具特色。

1.《历史与社会》教科书（沪教版）八年级上册主要内容

第一单元　历史悠久的文明古国

第一课　石器开辟的世界

第二课　青铜时代的王朝

第三课　统一国家的形成与发展（上）

第四课　统一国家的形成与发展（下）

第五课　“和同为一家”

第二单元　中国古代政治状况

第六课　至高无上的皇权

第七课　中国古代官僚体制

第八课　改革推动社会进步

第三单元　中国古代社会阶层

第九课　中国古代农民

第十课　中国古代工匠

第十一课　中国古代商人

第十二课　中国古代士人

第十三课　中国古代妇女

第十四课　中国古代艺人

第四单元　中国古代对外交往

第十五课　张骞通西域与丝绸之路

第十六课　玄奘西行与鉴真东渡

第十七课　宋元海外贸易与明朝郑和下西洋

第五单元　中国古代科技成就

第十八课　献给世界的文明之火

第十九课　举世闻名的古代工程

第二十课　天文学、数学和医学成就

第六单元　中国古代思想与艺术

第二十一课　三家并立

第二十二课　《史记》与《资治通鉴》

第二十三课　知己知彼，百战不殆

第二十四课　美的永驻

2.《历史与社会》教科书(沪教版)八年级上册的特点

该册教科书主要叙述的是中国古代的历史，但不是传统的“中国古代史”，而是充分体现《历史与社会》课程的综合性，以专题的方式，如文明古国、中国古代政治、中国古代社会阶层、中国古代对外交往、中国古代科技成就和中国古代思想与艺术，形成六大单元。其综合性可解析为三个层次。

第一，综合性体现在打破学科壁垒，促进相互渗透交流方面。当前，人文社会科学研究发展的总趋势是，各学科在不断分化的基础上相互渗透、相互交叉，跨学科的综合性研究日益凸显。历史学方面，由于社会学的理论和方法的大量引进，一门历史学与社会学的交叉学科的社会史迅速崛起，并已上升成为显学。因此，在教科书的编写中，有意识地进行学科综合是实现学术进步的重要举措。基于这样的认识，该册教科书设计的主导思想，在于突出中国古代历史与文化这条主线的同时，努力融社会、政治、经济、地理等学科的知识于一炉，以期提高学生综合思维能力。

第二，综合性并体现在对《历史与社会》课程的整体把握方面。由于全套教科书是一个整体，每册教科书都仅仅是其中的一个有机组成部分，所以编写者在设计教科书体系时，既注意避免出现前后内容重复的现象，又努力做到上下照应，互相衔接，有所补充。

第三，综合性还体现在对该册教材自身结构的安排方面。该册教科书主要以专题方式叙史，比单纯按时间叙史难度大，有头绪纷杂、易于重复等诸多不便之处。该册教材采取有所侧重、有所调整、大胆突破的方针，最终形成了纵横有序、生动活泼，在连贯中有所跳跃的结构特点。各个部分既主题独立、自我成章，又彼此衔接照应，互相补充渗透，从而使得全书能整体和谐、风格一致。如对中国古代专制主义中央集权政体负面作用的介绍，在“政治状况”专题中涉及较多，而对其在维护国家统一、社会稳定、修建公共工程和抵御外来侵略等方面发挥的积极作用，则放在“科技成就”专题中进行叙述。[①]

(三)《历史与社会》教科书(地质版)的编写特色

《历史与社会》教科书(地质版)是按“标准一”编写的。七年级(上)的第一单元“认识社会的三把钥匙”就颇具特色，即围绕《历史与社会》课程的三大内容构成，提供三种学习的方法论指导，即三把钥匙，作为导言课，具有纲览整套教科书的功用。其主要内容如下：

章起首处引言：社会是五彩缤纷的，也是纷繁复杂的。让我们一起把握认识社会的钥匙，迈好走向社会的第一步。

第一课“历史的钥匙”起首处的引言：今天的社会是由历史发展演变而来的，在现实社会中可以看到过去社会的影响。因此，历史与现实有着一定的联系，通过认识历史，可以更加清楚地认识现实社会。认识历史的途径包括：历史典籍是对人类几千年文明史的文字记录，是我们认识历史的重要途径；考古是我们认识历史的又一重要途径；口耳相传的方式是我们认识历史的一个途径。

第二课“空间的钥匙”起首处的引言：人类生活的地球无限广阔。学会使用地图，可以帮助我们熟悉自己生活的区域和环境，了解祖国，认识世界，扩大我们生活的视野。具体课文内容包括：

① 曹文柱：《另一种叙史方式的尝试——历史与社会第三册评介》，《学科教育》，2003 年第 6 期。

地图的语言：地图是地面一定范围的“缩影”。方向、比例尺和图例是地图的基本语言。

地图的家庭：行政区划图、交通图、历史地图，地形图、导游图。

地球仪和经纬网：地球仪是人们仿照地球的形状，按照一定比例缩小，制作出来的地球模型。在地球仪和地图上，经线和纬线相互交织，形成了经纬网。

第三课“实践的钥匙”起首处的引言：认识社会的途径是多种多样的。除了学习书本知识外，参与社会实践、体验社会生活也是我们认识社会的重要途径。具体课文内容包括：

做生活的有心人。如果我们在日常生活中多注意观察，做生活的有心人，能从中学到许多有用的知识。

积极参与社会实践。不仅可以印证和巩固书本知识，学到许多书本没有的知识，还可以加深我们对社会生活的认识，丰富我们的社会经验。

学做社会调查。第一步，确定调查的主题和对象；第二步，确定调查方法；第三步，撰写调查报告。

由此可见，该套教科书十分重视学生的学法指导。抓住历史认识、地理认识和社会认识的不同特点，为学生指明了各自的学习内容和学习方法。如历史学习的指导，主要让学生学会运用各种史料，如文献史料、文物史料和口述史料，以此来认识历史以及与现实的相互联系，因此历史学习应强调“认识历史的途径”和“历史纪年方法”的学习；地理学习的指导，主要让学生学会使用地图和地球仪，并运用这些认知工具来进一步认识自己生活的家乡、祖国和世界，因此地理学习便强调了“地图的语言”、“地图的家庭”和“地球仪和经纬网”三者；认识社会的指导，提出除了学习书本知识外，参观、访问和社会调查也是我们认识社会的重要途径，引导学生从“做生活的有心人”、“积极参与社会实践”和“学做社会调查”三方面入手来认识社会。

总之，《历史与社会》教科书都以其崭新的教育理念、独特的课程结构体系和灵活多样内容呈现方式，对具有我国自身特色的社会科教科书的编写模式进行了可贵的探索，这是应该值得充分肯定的。当然，我们也应认识到，这些教科书也不是尽善尽美的，还有许多问题需要做进一步的研究。例如，如何加强不同学科间内容的融合与渗透？如何与小学、高中教科书内容进行有效的衔接？如何更有利于多样化教学情境的创设、活动的开展以及评价的实施？等等。

第五章 《历史与社会》教学(上)

教学是课程实施的主要途径。尽管课程实施还可以有其他途径,诸如学生自学、社会考察等方式,但教学无疑占据着课程实施的核心地位。同样,《历史与社会》教学也是《历史与社会》课程实施的主渠道,加强《历史与社会》教学的基本理论和实践问题的研究,是该课程得以顺利实施的重要保障。

第一节 《历史与社会》教学的一般过程及原则

《历史与社会》教学是教师与学生在学校的主要活动,也是对学生实施全面发展教育的基本途径。为了更富有成效地完成教学的任务,《历史与社会》课程教师的教学工作就必须根据学生的认知特点和认知规律展开教学的过程,并遵循一定的教学原则来实施教学。因此,本节首先对《历史与社会》教学的一般过程及其教学原则加以探讨。

一、《历史与社会》教学的一般过程

任何事物都是作为一个过程展开的,教学也是一个

过程。恩格斯说过:“世界不是一成不变的事物的集合体,而是过程的集合体。”[①]教学的基本规律正是存在于教学发展运动的过程之中。要探寻教学的基本规律就要认真分析教学的过程。

在中外教育史上,对教学过程的探讨始终没有中断过。例如孔子很早就主张“学而知之”,并把学习过程或教学过程的主张概括为学、思、习、行。《中庸》把“学”的过程概括为一个完整的公式:“博学之、审问之、慎思之,明辨之,笃行之。”这是中国古代儒家对学习过程的概括。德国哲学家、教育家赫尔巴特运用心理学来解释教学过程,最早提出和论述了教学阶段问题,即把教学过程分为清楚、联合、系统、方法四个阶段。以美国教育家杜威为代表的实用主义教学论认为,教学过程必须以儿童个人生活实践或直接经验作为学习的中心,要求围绕特定的生活事物来学习知识,即“由做中学”。马克思主义产生以后,对教学过程提供了科学的方法论基础。辩证唯物主义认识论认为,人类社会实践是认识的源泉和目的,人类认识是主体对客观世界能动的反映,是由感性认识能动地向理性认识逐步上升和转化的过程;认识反过来又能动地推动和指导实践的发展,实践和认识是相互作用,循环上升的过程。这一规律的阐述,为教学过程提供了科学的方法论基础。教学过程尽管是一种有计划、有目的的特殊的认识过程,但同样遵循感性认识和理性认识的统一、认识与实践相统一的这一认识规律。据此,教学过程一般经过以下四个阶段,即引导学生获得感性认识;引导学生理解知识;引导和组织学生进行实践作业;检查和巩固知识。这四个阶段是相互渗透、相互促进的环节,并具有相对的独立性。[②]

根据辩证唯物主义认识论,并结合《历史与社会》教学的具体特点,《历史与社会》教学的过程一般经历以下几个阶段:

1.激发学生的内在学习需要,明确学习任务

《历史与社会》教学活动的进行,只有在能够激发起学生积极的认知

---

① 《马克思恩格斯选集》(第4卷),人民出版社,1972年,第240页。

② 参阅《中国大百科全书·教育》,中国大百科全书出版社,1985年,第152—153页。

活动的情况下,才能取得良好的教学效果。因此,教学的第一步,教师不是简单地向学生提出本节课应当完成的教学任务或解决的问题。因为这种“外来的”任务不见得就是学生愿意主动接受的任务。因此,教师要能激发起学生的内在学习需要,使他们感到学习这些内容有利于解释或解决他们思想认识上的一些困惑或难题。要做到这一点,一个重要的方式,就是通过创设问题情境的途径,以引发学生猜测、想象、联想、质疑,调动学生进行探究以及争议的意向。例如,有教师在讲七年级“沙漠绿洲”一课时,先让学生播放以色列所处的干旱的热带沙漠地区的风光片,然后再播放被誉为欧洲人的“大花篮”、“大菜篮”的以色列的风光片,视觉的强烈反差必然会引发学生的思考:以色列人是如何在这片干旱的土地上创造了如此卓越的农业成就的呢?学生通过对这些问题的初步思考,也就明确了学习和探究的目标,增强了学习的目的性。

2.引导学生感知教学内容,获得感性认识

人类的认识是以感知为基础的。感知是指形象素材通过感官在意识中的直接反映,是认识过程中最初步的心理现象。学生的学习过程也是从感知开始的。

在《历史与社会》教学中,引导学生充分地感知教学内容,是十分必要的。由于《历史与社会》课程中的许多内容比较抽象,学生又多缺乏相应的感性认识和生活经验,为了让他们更好地领会和理解这些教学内容,教学时就需要借助生动的语言、各种直观材料形象地再现教学内容,以便让学生获得对历史事件或地理环境的真切感受。教育心理学的研究也表明,感觉器官参加教学活动越多,教学过程就进行得越顺利,其教学效果就越好。可见,开展多样化的教学活动,充分调动学生的各种感观,是《历史与社会》教学顺利进行的关键。在《历史与社会》教学中,除了通过教师的语言、教科书文字来呈现教学内容外,还可以通过各种图画、幻灯、录音、录像等方式。近些年来,随着互联网运用的普及,为教师开发和利用课程资源提供了便利条件,大量与教学内容有关的生动、形象的视、音频材料在课堂教学中被广泛运用,这些素材跨越了时空界限,将大千世界生动地展现在学生面前，为增强学生的感性认识创造了良好的条件。例如在讲“山地之国”一课时，教师就可以通过网络搜集关于阿尔卑斯山的精美图片和视频材料，在课堂上向学生展示，以加深学生对瑞士自然风光的直观印象。

通过感知，学生就会在头脑中留下被感知事物的形象——表象，形成表象是《历史与社会》教学活动开展所不可缺少的环节。因为只有获得了清晰的表象，学生才能在教师的引导下展开想象、联想和神入等活动，以进一步加深对教学内容的感知和理解，也为学生进行抽象思维活动奠定基础。

3. 引导学生进行积极思维，获得理性认识

人们的认识如果仅限于感知的层面，就可能只是得到一些生动但不深刻、表面而不是本质的认识。对此，毛泽东曾指出：“认识的真正任务在于经过感觉而到达于思维，达到于逐步了解客观事物的内部矛盾，了解它的规律性，了解这一过程和那一过程的内部联系，即到达于论理的认识。”①

在《历史与社会》教学中，学生对历史和社会问题的认识，也不能仅仅停留在观察、记忆和想象，还需要思维活动的积极参与。因为社会现象的产生和变化、历史事件的因果关系以及地理因素对社会发展的影响等，不通过比较、分析、综合、抽象、概括和具体化等一系列抽象思维过程是不能很好理解的。因此，引导学生从感性认识推向更高水平——理性认识，是掌握《历史与社会》知识的中心环节。学生在从感性认识走向理性认识的这一环节中，教师的引导是十分重要的，教师应该根据学生的年龄、学习水平等具体情况，引导学生透过历史或社会的现象认识其本质。但这种引导，不是简单地灌输现成的观点和结论，更不能让学生机械地、被动地接受某种解释，而是要根据学生已有的知识和经验，帮助他们建构起自己的理解和认识。正如有学者指出的：教学的本质是创造新知。② 在这个

① 《毛泽东选集》(第4卷)，人民出版社，1966年，第262—263页。

② 张华：《试论教学中的知识问题》，《全球教育展望》，2008年第11期。

环节上,更重要的是,教师要体现出教学的民主性和启发性,只有这样,才能充分调动学生进行积极的思考和探究,学生也才敢于大胆地发表自己的观点和见解,这是培养学生的创新思维所必需的。例如,对"一方水土养一方人"这一内容进行教学时,学生仅仅停留在对南北方不同的风土人情的直观认识上是不行的,还要让学生明白为什么会形成这种差别?对此,学生需要在教师的引导下,继续对气候的两个重要因素"气温"和"降水"进行分析,只有理解了造成南北方差别的这些本质原因,才可以说上升到了理性的认识。

4.引导和组织学生进行实践,增强知识的运用能力

通过以上的认知过程,学生开始逐步认识到历史或社会问题的内在本质,理解了新知识与业以掌握的知识间的关系,但这种知识仍较肤浅,尚未透彻地理解。要进一步完全地、牢固地掌握这种知识,就需要学生对这些知识在实践中加以运用。正如毛泽东所说:"认识从实践始,经过实践得到理论的认识,还须再回到实践去。"[①]学生学习的认识过程也一样,只有将所学的知识加以实践运用,去解释社会现象,才能真正加深对这些知识的理解,真正成为学生认识社会、改造社会的工具。现代教育理论也认为,学习知识的过程不是把别人的"现成知识"接受下来,而是把知识变成探究对象,在解决理智问题与现实问题的过程中产生自己的思想和体验。[②]

《历史与社会》课程作为一门与现实社会联系十分密切的课程,教师在教学中更应充分利用校内外的一切教育资源,为学生运用知识创造良好的条件。历史与社会知识的运用,可以有多种方式,如课后练习、小论文写作、问题研究、社会调查、参观访问等。另外,在现行的《历史与社会》教科书中,一般还在每个学习单元之后,都设计了一个"综合探究"的内容,这些探究性的学习活动,如"认识宝岛台湾"、"过去是怎样被记载下来的"、"如何开展社会调查——以调查家乡为例"等,都具有很强的应用性

① 《毛泽东选集》(第4卷),人民出版社,1966年,第269页。

② 张华:《研究性教学论》,华东师范大学出版社,2010年,第87页。

和实践性，认真落实综合探究课的教学任务，有助于学生把本单元所学的知识与社会实践联系起来，提高他们认识社会和适应社会的能力。

以上《历史与社会》教学过程的各个环节，各有其相对的独立性和侧重之处，又是相互作用、相互渗透、相辅相成的，构成了一个有机联系的整体。需要指出的是，这些环节仅仅反映出《历史与社会》教学过程的基本流程和特点，并不是每节课都必须套用的模式。况且，我们这里所讲的教学过程，主要侧重于学生认知的发展过程，能力的培养、情感态度价值观的培养虽然没有一个独立的过程，但需要与认知过程融合在一起的，并渗透在各个教学过程的环节中，不能只重视认知过程而忽视了其他教学任务的完成。特别是当代关于教学过程的研究，更强调发挥学生的主体作用，倡导自主、合作、探究的学习方式，突出师生的交往与互动，从而使教学过程更具多样化的特征。因此，我们只有宏观地、全面地理解和把握教学过程的内容与本质，才能科学、合理地设计每一节课的教学过程，更好地满足学生发展的需要。

二、《历史与社会》教学的原则

教学原则问题在教学论中处于十分重要的地位。教学原则是教师在教学活动中为成功实现教学任务而应遵循的一定的原则。教学原则并不是由外界强加给教学的，而是来源于对教学过程客观规律的认识。

在教育史上，古今中外的教育家都非常重视教学原则的研究。17 世纪捷克教育家夸美纽斯在《大教学论》中提出 37 条教学原则；19 世纪德国教育家第斯多惠在《德国教师教育指南》中，总结了 33 条“教学规律”和“教学规则”；苏联教育心理学家赞可夫从教学促进学生发展着眼，提出了高难度、高速度、理论知识起主导作用、使学生理解学习过程、使全班学生包括差生都得到发展等教学原则；美国教育心理学家布鲁纳依据认知学习理论提出了动机原则、结构原则、程序原则、反馈原则，等等。随着教学实践和心理学等有关科学的发展，特别是辩证唯物主义的产生，教学论中教学原则的内容越来越丰富，不断提高概括化程度，并得到科学的论证和说明。我国的教育研究工作者在批判地继承教育史上教学原则，以及总结教学实践经验的基础上，也概括出一些教学的基本原则、如科学性与思想性统一的原则、理论联系实际的原则、教师主导作用与学生主动性结合的原则、传授知识与发展能力统一的原则、系统性原则、直观性原则、巩固性原则、量力性原则、统一要求与因材施教结合原则，等等。[①]

《历史与社会》教学同样应遵循上述这些教学论的基本原则。当然，根据该课程教学的具体特点，以下一些教学原则需要予以重视。

1. 人文性与科学性相结合的原则

《历史与社会》是一门以人文素质培养为目标的课程，因此在教学内容设计时，教师首先应善于挖掘有利于对学生进行人文教育的素材。这方面的素材，除了注意吸收传统人文学科教育中体现民族尊严、伦理道德和社会责任等方面外，还应注意补充体现社会主义核心价值观、生态文明和多元文化等方面的内容，以增强人文教育的时代特征。通过《历史与社会》课程对学生进行人文教育，不是简单的、空洞的、生硬的说教，而是要与具体的教学内容有机地融合在一起，通过典型的事实、翔实的数据、生动的案例、鲜活的人物形象，使学生在潜移默化中得到心灵的净化和思想的升华。《历史与社会》教学的科学性，一方面是指学生在课堂教学中获得的历史和地理基础知识必须科学、正确、准确，即使为了使学生更易于理解有关的教学内容而加以通俗化，也不能因此而损害知识的科学性；另一方面，科学性还要求教学计划、教学方式、教学方法、教学组织等也应是科学的、合理的。从某种意义上说，《历史与社会》教学的科学性和人文性是一致的，科学性是人文性的基础，人文性是科学性的保证。

2. 理论性与实践性相结合的原则

理论与实践相结合是人类认识或学习活动的普遍规律之一，是教学必须遵守的。在《历史与社会》教学中，突出贯彻理论与实践相结合的原则，这是由其课程性质所决定的。《历史与社会》课程具有实践性强的特

① 参阅《中国大百科全书·教育》，中国大百科全书出版社，1985年，第156页。

点，正如《义务教育历史与社会课程标准》所指出的，本课程强调历史与现实、自然与社会之间的密切联系，注重学生的主动学习，提倡体验、探究、合作的参与过程，采取多种学习方式，提高学生的创新能力和社会实践能力。因此，在《历史与社会》教学中，一方面，教师需要向学生传授本学科的基础知识，特别是一些重要的理论知识，因为这些理论知识反映了人类社会发展的基本规律，对社会实践具有广泛的适应性和指导作用，学生只有掌握了这些书本的理论知识，才能更好地为他们认识社会和适应社会提供指导。另一方面，在传授知识的同时，教师还应充分利用当地和本校的课程资源，让学生动态地观察、体验社会生活，并初步尝试综合运用所学的人文社会科学的知识、技能解决社会问题，促进学生社会实践能力的发展，为将来适应社会、参与社会、改造社会奠定基础。

3. 主体性与主导性相结合的原则

第一次明确指出“学生在教学活动中居主体地位”的是我国的教学理论。我国的教学论研究指出，教师和学生在教学活动中的地位是“教为主导，学为主体”。学生这个主体又是在教师主导下的主体，教师要教学生学，教学生更好地认识客体。[①]《历史与社会》教学也应遵循“教为主导，学为主体”的教学规律。一方面，要突出学生在学习中的主体地位。学生是《历史与社会》教学中学习的主体，学生的学习活动应该是积极主动的。学生在教学中主体地位是否体现出来，他们对教学活动的参与程度如何，其学习兴趣、学习态度、学习方法、学习效率和效果如何，这些都会影响到《历史与社会》教学的质量。因此，教师的教是为了学生的学，教师工作的出发点和落脚点都是学生的学习和发展。在教学中，需要教师充分调动学生的学习积极性，创设有利于学生进行自主学习、探究学习和合作学习的环境。另一方面，要重视教师在教学中的主导作用。学生主体性的发挥固然重要，但对于初中生而言，教师的主导作用是绝不能轻视的。学生的主体地位只有在教师主导下才能逐步确立起来。因为教师的主导恰恰

① 王策三:《教学认识论》，北京师范大学出版社，2002 年，第 33 页。

是为了学生脱离这种主导,这就是叶圣陶先生所说的"教是为了不教"的辩证观点。从这个意义上讲,教师的主导作用只有与学生的主体地位有效结合时才能真正地发挥出来,学生的主体地位只有在教师的主导作用下才能得到充分的发展。

4.形象性与抽象性相统一的原则

这条教学原则反映了学生的认识活动中感知与理解、形象与抽象的关系。坚持这一原则对于初中学生来说具有重要意义。学生的认识通常是开始于直觉,即通过感觉器官来直接感受,进而进入思维的阶段。正如乌申斯基指出的:"一般说来,儿童是依靠形式、颜色、声音和感觉来进行思维的。"[①]因此,在《历史与社会》教学中,教师应该根据初中学生的认知特点,尽可能地运用形象直观的教学手段,调动学生的各种感观,激发学生的学习兴趣,促进对学习内容的理解。所谓形象直观的教学手段,包括生动、形象的教学语言,典型、形象的教学材料,各种直观教具和多媒体手段,组织实地参观和考察,等等。《历史与社会》教学中运用各种形象直观手段呈现教学内容,可以大大激发学生的学习兴趣,并对所学内容形成比较清晰的表象,促进学生对历史事实和现实问题更好的感知和理解。当然,在注重教学的形象性的同时,教师还要善于引导学生在观察和感受的基础上对学习内容及其材料进行分析、综合、概括、归纳等抽象性的思维活动,使学生的理论思维和认知能力都得到训练和发展,这才是学生的学习的重要目的。可见,在《历史与社会》教学中,形象性和抽象性两者的关系是辩证统一的,这是由学生的认知特点所决定。

5.接受性和探究性相结合的原则

人类只有在吸收前人已有成果的基础上,通过亲自的探索和实践,才能不断地提高认识。学生的学习也是这样,通过接受现成的知识,并积极地发现和探究自己未知的事物,使学习不断深入。可见,接受和探究都是学生学习的基本方式。《历史与社会》学习的接受性特点是由其教学内容

---

① 曹孚编:《外国教育史》,人民教育出版社,1979年,第255页。

决定的。长期以来，人们通过实践和认识活动，业已积累了大量的人文社会科学知识，如果让学生自己去重复人类知识的发现、形成过程，那是不可能的。而采用接受性的学习方式，学生就可以在相对短的时间内掌握大量的、人们经过漫长岁月发现和积累起来的知识。当然，《历史与社会》学习的这种接受性的特点，并不是说学生就是被动的和机械的，因为接受学习也可以是积极的和有意义的。[①] 同时，《历史与社会》教学的意义还在于使学生在接受知识的过程中，逐步形成对历史或社会的科学认识，而对历史或社会的认识和解释，不是单靠记忆和复述他人的现成结论，而是需要学生独立地进行发现问题、收集与处理信息、分析与论证、表达与交流等探索活动，从而提高其分析和解决问题的能力，所以《历史与社会》教学还是一种具有体验性、参与性、探究性的教学。总之，在《历史与社会》教学中，接受性学习和探究性学习是共存的，这两种学习方式在实践中的有机结合是实现有效教学的重要途径。

6. 综合性与专业性相结合的原则

《历史与社会》是一门综合课程，它不但将历史、人文地理及其他人文社会科学的相关知识有机整合，而且在课程目标、课程结构、课程内容及学习方法上都力求整合的新型课程。因此，在教学实践中，教师不仅要关注那些在课程文本中出现的显性的跨学科知识，还要特别关注那些隐性的、需要生成的跨学科知识，以促进各种知识在教学中的关联与融通，充分体现教学的综合性和跨学科性的特征；此外，教师还需要掌握跨学科教学的策略，以引导学生从多角度、多学科、多渠道分析和解决各种历史和社会问题，逐步使其形成观察历史与社会问题的综合视野，以及解决问题的综合思维能力。当然，在强调综合视野的同时，也不能忽视《历史与社会》课程中的各学科领域内容的专业特点和教学规律。综合课程的设置，“不是为了取消学科的特殊性，而是要取消学科之间的隔膜”，[②]在学科之

---

① 奥苏贝尔等：《教育心理学——认知观点》，佘星南译，人民教育出版社，1994 年，第 26 页。

② S·拉塞克、G·维迪努：《从现在到 2000 年教育内容发展的全球展望》，马胜利等译，教育科学出版社，2001 年，第 220 页。

间建立起相互沟通的桥梁。因此,历史知识的讲授应该遵循学生对历史的认知规律并采用相应的教学方法和教学模式,要有一定的“历史味”,地理知识的教学也要根据学生对地理的认知特点选用相应的教学方法和手段,不能生搬硬套,千课一面,失去各学科的专业特性。可见,《历史与社会》课程的实施,既要求教师具有综合课程的意识以及运用多学科的知识进行跨学科教学的能力,又需要教师具备扎实的各学科的专业基础知识及其教育教学的技能。也就是说,只有坚持综合视野和专业特性相结合的原则,才能真正适应《历史与社会》新课程的教学要求。

除了以上这些原则以外,《历史与社会》教学中还应坚持的原则有系统性原则、巩固性原则、可接受性原则、因材施教等,这里就不一一阐述。总之,这些原则都反映了《历史与社会》教学的基本规律,是我们在教学中处理一些矛盾关系的基本准则。

第二节 《历史与社会》教学设计的策略与实施

课堂教学活动的开展,要受到教学目标、教学内容、教学对象、教学条件以及教学时间等多方面因素的影响,而教师的教学要想在诸多因素影响下,优质高效地达成预定的目标,就需要对影响教学的这些因素进行系统的、最优化的设计。据此,教学设计就是指在进行教学活动之前,根据教学目标的要求,运用系统方法,对参与教学活动的诸多要素进行分析和策划的过程,是对“为什么教”、“教什么”和“如何教”,乃至“如何指导学生学”、“如何引导学生探究和发展”的一种操作方案。《历史与社会》作为一门初中人文学科综合课程,在教学设计时,如何既能遵循现代教学设计的基本理念,同时又能充分体现出本课程的具体特点,是摆在每位《历史与社会》教育研究工作者面前的重要课题。

一、《历史与社会》教学设计的特点

随着教育观念的变革和现代教学媒体的广泛运用,《历史与社会》课

程教师的备课方式也要求从传统的经验型备课转向为现代教学设计。与传统的备课方式相比,《历史与社会》教学设计应体现出以下一些特点。

首先,体现"以学生发展为本"的现代教育理念。传统的备课方式,教师主要是"备教材",考虑的更多的是"如何教"的问题,而对学生"如何学"很少作深入地思考。现代教学设计积极倡导"为学习设计教学"的理念,在教学设计时,强调学生"如何学",即如何为学生的学习创设合适的教学情境和条件,激发学生的学习热情和动机,引导他们主动参与、乐于探究、勤于动手,在自主的活动中理解、掌握和运用所学的知识。现代教学设计要求教师将备课的重心应该从过去的"备教材"向"备学生"转变,以充分体现"以学生发展为本"的现代教育理念。

其次,体现有效教学的设计思想。如何在一节课有限的时间内,优质高效地完成教学的任务,是每位教师追求的目标。而科学合理的教学设计是达到这一目标的主要途径。现代教学设计吸收了系统理论以及最优化教学的设计理念,在教学设计中,要求首先应对学生的现有认知水平进行客观地分析,通过认真的分析,以增强教学的针对性,减少许多不必要的内容和活动,然后清晰地阐明教学目标,科学地制定教学策略,恰当地选用教学媒体,合理地拟定教学进度,准确地测定和分析教学结果,使教学活动在各方面都取得最佳的效果。

还有,体现综合课程的理念。《历史与社会》是一门典型的综合课程,该课程的综合性不仅在于对相关人文社会学科知识的综合,还有对其基本方法和技能的综合;不仅是对历史发展过程和现实问题的综合,还体现在对分析、认识某个事件或现象的角度的综合。因此,在教学设计时,需要教师树立综合课程的意识和观念,注意加强教学内容的纵向联系和横向拓展,特别是要加强不同学科领域知识之间的融合和渗透,以培养学生从多角度,运用多学科知识综合分析社会问题的能力。

二、《历史与社会》教学设计的策略

根据现代教学设计的理论,教学设计的一般过程包括:确定教学目标;分析教学目标并根据分析结果确定教学内容;分析学习者的特征;根据教学内容和学习者特征的分析确定教学的起点;根据教学目标、教学内容和教学对象的要求选择与设计教学媒体;根据教学内容和学习者特征的分析设计教学策略;对教学作形成性评价。① 中学《历史与社会》教学的设计,一方面需要遵循教学设计的基本流程,另一方面还需要根据该课程的具体特点作出相应的设计。基于对《历史与社会》课堂教学实践的观察研究,《历史与社会》教学设计应重点关注以下几个环节。

(一)确定教学目标

确定什么样的教学目标,直接关系到教学的成败。因为教学目标在教学中具有重要的导向功能,这种导向的功能主要表现在:组织教学内容的依据;指导教学方法、技术、媒体的选择与运用;指导学生的学习;指导教学结果的测量与评价。可以说,教学目标是整个教学设计及其实施的指导思想,充分认识教学目标设计的重要性,并能作出科学合理的分析和判定,是教学设计首要的、关键的一步。

教师对教学目标的设定和表述,可以从一个侧面看出一位教师的教学理念、对课程改革的理解,以及处理教材、组织教学等方面的基本功。要使拟定的教学目标更具科学性和实用性,需要注意以下两方面的问题。

一是要准确理解和把握课程标准的相关要求。教师的教学工作,应该以课程标准为指导,按照课程标准对教学的总体要求去实施教学。因此,准确理解课程标准的相关要求,是教学目标设计的前提。否则,就会对整个教学造成导向性的失误。例如,有教师在设计"媒体的行程"一课时,安排了两个课时,然后先用一节课的时间来探讨大众媒体的发展历史,而课程标准中的相关要求是:"归纳文化传播的手段和方式,感受现代传媒的发展、特点和影响。"很显然,教学的重点是让学生感受现代媒体对人们生活的影响,而没有让学生掌握媒体的发展历史。可见,上述教学设计的失误,就是因为没有准确理解和把握课程标准的要求导致的。

---

① 肖川:《教师:与新课程共成长》,上海教育出版社,2004年,第192页。

二是根据课程标准的要求，结合对教科书内容的分析，以及学生现有的知识和经验，对课程目标的要求从知识与技能、能力与方法以及情感态度价值观等几个维度作进一步的分析和阐述，即将总的、较为抽象的课程内容目标分解为具体的、可操作的课时教学目标。

这里需要补充说明的一点是，在叙写课时教学目标时，有老师发现，如果简单套用课程目标的三个维度（知识与技能、过程与方法、情感态度与价值观）来进行课时目标的表述，较难确定一节课的“过程与方法”。关于这个问题，有专家指出，课时目标的拟定不能简单照搬“课程目标”的划分领域，因为课时教学目标不能是宽泛、概括以至模糊的，而应该是具体的，只有详细、具体的目标才可以对实际的课堂教学起到指引作用。课时教学目标“维度”的划分不一定要有固定的模式，这是因为学生情况不同，他们的学习程度、学习需要、学习能力是具体的，很难套用一个模式；二是因为教学内容不同，每节课的内容是不一样的，所含的教育、教学的因素及意义各有侧重，难以平均划分。[①] 一般来说，每节课的课时目标的拟定可以从以下几方面进行考虑：(1)知识，即学生通过这节课的学习，理解和掌握了哪些具体的知识；(2)技能、方法，即学生在这节课上学会运用什么样的技能和方法来学习和探究历史或社会问题；(3)能力，即学生通过这节课的学习在能力的发展方面有哪些进步；(4)情感态度价值观，即学生在思想、观念、认识等方面上有哪些提升。以七年级“草原风情”一课为例。课程标准对本课内容提出的目标是：

> 描述我国不同地区的自然条件与人文环境的特征，比较人们社会生活和风土人情等方面的特点。

据此，课时教学目标就可以设计为：

> 1. 了解内蒙古自治区的地形、气候以及牧民的生产、生活方式的

① 叶小兵：《目标的表述》，《历史教学》，2006年第10期。

特点。(知识)

2.通过小组合作学习,分析并解决问题,培养团体协作精神。(技能、方法)

3.初步学会从地理环境、生活、生产、风土人情等方面分析大草原的特点,并逐步掌握运用全面、联系的观点观察和分析问题的能力。(能力)

4.认识到人与自然和谐相处的重要性,感受牧民对草原的热爱之情,养成热爱生活的饱满情怀。(情感态度价值观)

(二)了解学情

现代教育主张要充分体现以“学生为本”的思想,发挥学生在教学中的主体作用。因此,成功的教学设计的一个重要前提就是要了解学生。在《历史与社会》教学设计时,应重点了解学生以下两方面的情况:

其一,了解学生的心理特点和认知特点。初中阶段学生思维发展的一个主要特点是,抽象逻辑思维日益占有主要地位,但是思维中的形象成分仍然起着重要作用;另一个主要特点是,思维的独立性和批判性有了显著的发展,但是容易产生片面性和表面性的特点。[①] 据此,在教学设计中,一方面教师需要为学生准备一些直观形象的素材,以帮助学生理解一些抽象的史实和概念;另一方面,教师应多设计一些具有挑战性的问题,例如,“你认为秦始皇是不是暴君”、“假如你是一名参加过1919年五四运动的学生,谈谈你对时局的感受”、“你认为金字塔是由什么人修建的”等,以鼓励学生积极思考并大胆发表自己的观点,同时还要对学生在回答问题时可能出现的认识上的不足或偏颇做好应对的准备,以帮助学生对历史或社会问题形成全面、客观、正确的理解和认识。

其二,了解学生是否具备了学习当前教学内容所需的知识和能力。“以学定教”是现代教学理念之一,其内涵可以从多方面解读,其中根据学生的学情进行有效和充分的预设是教学设计的重要原则,即让新的学习

---

① 朱智贤:《儿童心理学》,人民教育出版社,1993年,第509—513页.

在学生已具备的基本知识和生活经验中生发。美国教育心理学家奥苏贝尔也指出：影响学习唯一最重要的因素，就是学习者已经知道了什么。要探明这一点，并应据此进行教学。① 同样，在《历史与社会》教学中，教师首先应该切实了解学生现有的知识经验与认知水平，这是学生进行新的学习的基础。特别是《历史与社会》课程，属于一门社会性、人文性很强的课程，在上课之前，学生已经通过各种信息渠道获得了大量的有关知识，对历史或社会问题已形成一定的认识（尽管这些认识是不全面的，甚至是不正确的），因此教师在进行教学设计时，可以通过经验推断、个别谈话、作业完成情况等方式来判定学生已有的知识水平，从而做到胸有成竹，有的放矢。

（三）设计课堂活动内容

《历史与社会》课程具有综合性、探究性、实践性强的特点，组织和开展各种各样的课堂活动是必不可少的教学环节。《历史与社会》教学中的活动一般包括：讨论、辩论、模拟、角色扮演、制作、合作探究等。当然，为了提高课堂教学活动的有效性，在设计课堂活动的内容时，要做到以下几个方面：

一是要适合学生的兴趣需要、生活经验和学科特点。活动设计既要与学生的生活经验和已有知识建立有机联系，又要与教学内容本身存有逻辑意义的、实质性的内在联系。例如教师在讲“文字的发明”这一内容时，为了让学生理解文字的发明对人类的影响，先组织了一个“口耳相传”的游戏活动，通过活动让学生明白，在没有文字的情况下，信息传播会出现信息扭曲或谬误的现象。设计这样的活动，既符合学生的知识与经验的特点，又与教学内容有机地联系起来。

二是要有利于教学目标的达成。《历史与社会》课堂活动内容应该根据教学目标的要求来确定，以便使学生通过参与这些活动，真正能促进其认知和情感的发展。因此，要以“活动促学生发展”的指导思想来设计课

---

① Ausubel, D. P.. The Use of Advance Organizer in Learning and Retention of Meaningful Verbal Material. *Journal of Educational Psychology*, 1960,(5).

堂活动,使活动真正具有教育价值并适合于学生,而不能“为活动而活动”。例如,有教师在讲“秦始皇开创大一统基业”一课时,设计了一个“模拟法庭”的课堂活动,来评论秦始皇的功过。通过该活动的开展,学生不仅理解了这一重点教学内容,同时也掌握了全面、辩证地分析历史人物的方法。

三是要具有一定的挑战性和激励性。《历史与社会》课堂活动的设计不应只注重其外在表现方式,还应注重其内在品质,设计出真正处于学生“最近发展区”的活动,使其具有一定的挑战性、激励性。例如有的教师在讲“早期文明区域”一课时,教师先让学生分组探讨关于早期城市的一系列问题,最后让各组画一幅城市的想象图,看哪一组画得又快又好?这个活动不仅要体现个别学生的美术特长,更重要的是,要在图画中体现出早期城市基本特点的内容,例如有的小组所画的想象图,虽然画技一般,但勾勒出了属于早期城市的一些重要元素,如河流、城墙、街市、宫殿等,因而受到老师的表扬。

(四)设计教学方法

《历史与社会》作为一门综合课程,涉及众多学科领域的知识。在教学设计时,教师需要根据各学科领域内容的具体特点设计相应的教学方法。

历史领域的内容具有时序性强的特点,人类社会的发展进程、历史事件的来龙去脉还需要通过教师形象的讲述和细致的分析,才能被学生更好地理解和接受。如果教师放弃讲授历史,就可能阻断学生对历史知识的系统学习。因此,讲授法还应该是历史领域内容教学的基本方法。

人文地理领域的内容具有案例性强的特点,因此适合运用范例教学法。以《历史与社会》教科书(人教版)中“各具特色的区域生活”这一学习单元的设计为例。这一单元的内容基本上都以某一典型区域为背景,介绍地理环境与生产生活的密切关系,探讨自然和人类社会生活之间相互联系、相互影响、相互依存的关系,最后使学生明白人与自然和谐相处的重要性和必要性。因此,这一单元的内容设计就明显地体现了范例教学的基本特点，即由典型事例的个别特点推出同类事物的普遍特征，再由普遍特征上升到掌握事物的发展规律。

当代社会领域的内容具有问题性、时代性和综合性强的特点，这部分内容的教学应多采用探究教学法，以培养学生的综合认知及解决问题的能力。如让学生设计一个“来自家乡的报告”，就需要学生对家乡的区位、资源、人口、产业等方面优势和劣势进行综合的评估，并拟定出一个家乡的未来发展规划。

当然，具体到每节课使用的教学方法，还需教师根据特定的教学目标、教学内容、学生状况以及教学条件作出灵活多样的设计，切忌千篇一律，生搬硬套。

（五）设计教学媒体

教学媒体是指教师实施教学以及促进学生达成学习目标所使用的教学材料和物质手段的总称。它不仅包括传统教学媒体，如黑板、挂图、模型、教具、教科书等，也包括现代媒体，如实物投影、CD-ROM、DVD、计算机、互联网、双向视/音频等。为了有效地实施教学，教学媒体的选择也是教学设计的一个重要问题。特别是在信息技术飞速发展的今天，新的教学媒体也层出不穷，功能也越来越丰富，媒体选择是否合理将直接影响教学的效果。

在《历史与社会》教学中，教学媒体的选择，也应遵循教学媒体选择的一般原则，即媒体的适合度、难易度和经济性。

适合度：教学媒体是否适合于特定的教学内容。

难易度：教学媒体是否适合学习者的智力水平、知识水平等。

经济性：使用媒体时，学习效率与所付出的代价是否合适。①

很显然，在教学媒体选择时，并不是越现代的媒体越好，也不是越昂贵的媒体越好，应该根据教学的实际需要，选择合适的教学媒体。例如，在《历史与社会》教学中，一些文献资料的显示，或者是学生作品的展示，

① 郑金洲：《教学方法应用指导》，华东师范大学出版社，2006年，第14页。

运用实物投影仪是最便捷的办法。同时,还应该重视多种媒体的组合运用,以期扬长避短,并互为补充,从而达到最优化的教学效果。教学实践也表明,尽管各种现代化媒体在教学中已得到广泛的使用,但是黑板、教具、模型等传统媒体所具有的特殊教育功能仍然无法取代。

三、《历史与社会》教学设计的实施

《历史与社会》教学设计的实施,是对教学设计合理性的实践检验,也是教师对教学设计的反思过程。在教学设计实施的过程中,还需要注意以下一些问题:

在课堂教学过程中,教师不能拘泥于事先设计的教学方案,还应根据实际的教学情境,特别是学生的学习状态,做出相应的调整,以便更好地促进学生的学习与发展。

教学过程结束后,教师要及时对教学设计进行反思,找出设计中的不足,特别是要关注如此设计是否达成了预定的教学目标?学生学习的实际效果如何?根据出现的问题,对教学设计作出进一步的修改和完善。

此外,教师还要注意与他人分享教学的经验和体会。由于每位教师都有自己对教学内容的一些独特理解,因而只有学会与其他教师进行分享,集思广益,取长补短,才能使一个教学设计更具科学性、有效性和实用性。

四、教学设计示例[①]

课题	秦朝统一
教学目标	①了解秦朝统一的过程,以及秦始皇巩固中央集权的措施; ②理解秦的统一及其巩固措施对中国历史产生的重大影响; ③学会运用历史的、辩证的方法评价历史人物。
教学重点	秦朝巩固统一的措施;对秦始皇的评价。
教学难点	理解秦朝统一及其巩固措施对中国历史的影响。

① 本示例部分内容参阅历史与社会教学网童德新老师的教学设计。

续表

课题	秦朝统一		
教学方法	小组讨论、角色扮演、模拟		
教学过程			
教学内容	教师活动	学生活动	设计意图
统一六国	• 播放战国编钟影视乐曲，导入新课。 • 创设问题情境：秦为什么能统一中国？	四人小组讨论，代表相继发言：①商鞅变法；②秦国地理位置好；③秦始皇雄才大略；④顺应了人民渴望统一的历史潮流；⑤六国软弱；⑥秦国君臣一心……	引导学生从多角度分析问题。
巩固措施	• 创设问题情境：假如你是秦始皇，将通过哪些措施来巩固统一？ • 布置角色扮演活动任务：一位学生扮演秦始皇，一位学生扮演丞相李斯。 • 教师对活动进行评价并做进一步讲解。	“秦始皇”手拿圣旨宣读诏书（即巩固统一的各项措施）；“李斯”在旁边作适当解释（特别是对货币、度量衡、驰道，文字、长城、灵渠、焚书坑儒作具体解释）。	运用角色扮演，有助于激发学生的学习兴趣，促进对知识的理解。
人物评价	• 设立一个模拟法庭，进行一次千年审判。秦始皇是千古一帝，还是暴君？ • 教师对活动进行评价并做课堂小结。	审判长：（学生一人） 原告：（秦朝人民：学生二人）告修长城、阿房宫、骊山皇陵和秦朝酷刑之过。 被告：（秦始皇和律师：学生二人）言秦始皇之功。 法庭调查：全班同学举手表态。 ①功大于过； ②过大于功； ③功过参半。 法庭辩论：各方同学代表陈述理由。 法庭判决：秦始皇功过参半，既是千古一君，又是暴君。	初步学会运用历史的、辩证的方法评价历史人物。
教学反思			

第三节 《历史与社会》教学评价的理念与方法

随着课程改革的深入，评价问题日益凸现出来，用什么样的标准来评价课程新理念指导下的教学效果，这是人们普遍关注的问题。《历史与社会》是一门新兴的人文学科综合课程，如何建立起一套与之相适应的教学评价体系，更需要我们去认真研究。

一、《历史与社会》教学评价的新理念

在传统教育教学中，由于受应试教育指挥棒的影响，教学评价出现了片面强调认知评价、终结评价和定量评价的倾向，导致难以对学生的学习和发展的状况作出全面、客观的评价，也影响了学生身心的健康发展。对此，《基础教育课程改革纲要》明确提出："评价不仅要关注学生的学业成绩，而且要发现和发展学生多方面的潜能，了解学生发展中的需求，帮助学生认识自我，建立自信。发挥评价的教育功能，促进学生在原有水平上的发展。"①可见，现代教学评价的基本理念，就是要树立以学生的整体发展和终身可持续性发展为着眼点的现代评价观，具体表现为：在评价功能上，应从过分强调评价的甄别与选拔功能向促进学生全面发展服务的功能转变；在评价内容上，应从过分倚重学科的学业成绩向注重综合素质的提高转变；在评价形式上，要从以终结性评价为主，转为终结性、过程性和表现性并重的全面评价转变；在评价主体上，应从教师对学生的单向评价向多元主体的评价转变；在评价模式上，要从过分注重量化评价向量与质结合的评价转变。

《历史与社会》作为基础教育阶段的一门人文学科综合课程，肩负着提升学生公民素养和综合能力的重要任务。根据现代教育的评价理念，《历史与社会》教学的评价，不能只停留于以往对学生基本知识和基本技

① 教育部：《基础教育课程改革纲要(试行)》，2001年。

能掌握程度的考查，还需要对学生的认知、能力和情感进行综合性的、发展性的评价。对此，《历史与社会》教学评价中，一方面，要根据本课程的性质和特点确定评价的重点，以引导课程改革的方向；另一方面还应重视采用过程性和表现性的评价方法，以补充传统评价方式的不足，促进学生的全面发展。

二、《历史与社会》教学评价的重点

《历史与社会》是一门综合文科课程，在教学评价中，也要充分体现本课程的综合性特点，将综合能力的评价作为学生学业评价的重点。而学生综合能力的评价，单靠以往的标准化答案或量化的测试手段又是难以全面衡量的。因此，如何开发一种具有开放性的、真实反映综合能力达成度的、具有可操作性的评价模式，始终是建构本课程评价体系的一项重要课题。显然，这一课题能否获得成功，在很大程度上决定着综合课程发展的命运。如果综合能力的培养目标落空，那么我们的全部教学活动，都有可能再一次回到只重知识记忆的老路上去。① 因此，《历史与社会》教学评价的重点，亦应放在评价学生对多学科知识的整合和运用能力，以及从多角度、运用多学科的知识创造性地分析和解决问题的能力等方面。

1. 侧重评价学生整合知识的能力。评价不应停留在简单考查学生对知识的重现或记忆方面，更应该考查学生整合知识的水平。以下面一道材料解析题为例。

阅读材料，回答下列问题：

材料一：东方红，太阳升……他为人民谋幸福，呼儿咳哟，他是人民的大救星。

——选自歌曲《东方红》

① 韩震、朱明光：《义务教育历史与社会课程标准解读》，北京师范大学出版社，2012 年，第 51 页。

材料二：一九七九年，那是个春天，有一位老人在中国的南海边画了一个圈，神话般地崛起座座城，奇迹般地聚起座座金山……一九九二年，又是一个春天，有一位老人在中国的南海边写下诗篇……

——选自歌曲《春天的故事》

阅读材料回答问题：

(1)材料一歌颂的"大救星"是谁？

(2)材料二中的"老人"是谁？

(3)请你结合所学历史知识，概述这两首歌曲的创作背景。

(4)你从他们二位伟人身上受到哪些教育和启示？

这道试题对学生的考查要求，就不仅仅是对一些重要史实的记忆，而且要求学生知道这些重大历史事件发生的时代背景，并能结合当时的地理环境、社会、政治、经济、文化等方面的因素进行综合分析。

2.侧重评价学生解决问题的能力。评价不仅测查学生对历史、地理学科及相关学科基本技能的掌握，更要考查学生解决问题的能力，以及运用知识进行推理和创造性思维的水平。以下面一道材料题为例。

阅读材料，回答下列问题：

龙门古镇的保护与开发

为加快龙门古镇的保护与开发，提升富阳的国际影响力，富阳市政府投入1亿资金对龙门古镇进行首期开发。龙门古镇是我国优秀的历史文化遗产，它既是三国东吴孙权后裔的聚居之镇，又是民居建筑围绕宗祠而建的宗族文化沿袭之镇，对国内和国际市场具有十分强烈的吸引力，已成为杭州建设国际著名风景旅游城市的一个新的亮点。为把龙门古镇打造成为浙西旅游线上知名度高、规模大、保存完整、文化内涵丰富的山乡古镇，使之成为富阳的金名片和杭州吸引海外游客的新亮点，特邀请上海同济大学阮仪三教授主持制定古镇保护与开发的规划。在保护与开发过程中，改变以往主要依赖市场的做法，坚持政府主导的原则，富阳市还专门成立了杭州龙门古镇旅游发展有限公司，力争用三年时间投资3亿元，按申报联合国世界文化遗产的要求开发建设好龙门古镇。第一期保护开发工程于今年9月底已完成，届时一个建筑古朴、民风浓郁、凸显三国文化的山乡古镇出现在广大游客的面前。

读后请回答：

(1)上文“龙门古镇的保护与开发”，你觉得市政府花巨资保护这一文物古迹有什么意义？

(2)在保护这一文物古迹时会遇到了哪些困难？

(3)你知道富阳还有哪些文物古迹？作为一个中学生，你觉得应该怎样保护我们富阳的文物古迹呢？

——摘自历史与社会教学网(http://www.lsysh.com)

这道习题的解答，不仅要求学生学会运用课堂教学中所学到的历史、地理、社会等方面的知识和技能，而且还要学生能联系社会生活的实际，提出解决社会问题的思路和办法。

三、《历史与社会》教学评价的方法

《历史与社会》课程是以人文社会科学知识为教育载体的，注重培养学生的历史思维能力和社会实践能力，强调学生良好的情感态度和价值观的形成。这些课程特点决定了教师需要运用多种评价方法来评估学生的进步和教学的作用。关于评价学生学习成效的方法，课程标准中已提及如纸笔测试、教师观察、学生自评、成长档案袋、主题活动评价、学生自评、小组评价、项目评价等。

(一)以纸笔测试为主的传统评价方式

纸笔考查、考试或测验是对学生学业成绩评估的最主要、最常见的手段，也是最传统、使用最久的一种评价方式。

对学业成绩的评估，离不开试题的编制。一般而言，一套《历史与社会》试题主要包括两大部分内容，即主观性试题部分和客观性试题部分。

表 5-4 主观性试题和客观性试题类型比较①

比较项目＼分类	主观性试题	客观性试题
知识再现方式	再现型	再认型
回答方式	自由应答	固定应答
内容及效度	题量小、覆盖面较小,内容效度较低	题量大,覆盖面较广,内容效度较高
适用范围	能检测高层次认知目标,有利于特殊才能的发现和个性的培养,能测量应试者的独到见解和对问题的创新探讨	适用于测量知识、理解、应用、分析几个较低层次的认知目标,不易测量高层次目标,如发散性思维、独创精神和文字表达等。
命题难易	较简便,省时省力	难度较大,技术、专业性强,耗时耗力
影响结果的因素	应试者的文字表达能力	不受文字表达能力的影响
所能反映的信息量	能较清晰地反映出对问题的分析和解决的过程	看不出应试者的思维过程,只看结论,掩盖了理解与否的界限
试题及评分标准	试题标准较复杂,评分不易客观一致,易受主观因素干扰	试题标准明确,评分客观

从上表可以看出,两种试题在评价方面都有各自的特点,主观性试题在评价学生的理解能力、语言表达能力以及组织和应用信息能力方面具有独特的优势,而客观性试题则具有知识覆盖面广、内容效度高以及评分标准客观等特点。

(1)客观性试题的编制

客观性试题是指那些有固定的标准答案,评价结果不受评价者主观因素影响的试题类型,客观性试题一般包括填空题、选择题、是非题、匹配题等。

① 施良方、崔永漷:《教学理论:课堂教学的原理、策略与研究》,华东师范大学出版社,1999 年,第 343 页。

选择题的结构由题干和选项两部分组成，题干一般由一个直接疑问句或不完整的陈述句构成，而选项一般以 A、B、C、D 的形式排次。如：

下列关于山顶洞人的叙述，不正确的是　　　　　　　　　　（　　）

A. 处于旧石器时代晚期

B. 普遍使用磨制石器

C. 已懂得人工取火

D. 掌握了磨制钻孔技术

选择题的编制一般应遵循如下原则：第一，每题所列的答案数目应该一致，所供选的答案数目上，一般 4～5 个为宜。第二，正确答案在形式和内容性质上不可特别突出，以免被评价者很容易识别出来。第三，错误答案与提干应有相当的逻辑性和似真性，起到一定的混淆评价者的作用。第四，正确答案出现的位置应随机排列，且其次数要大致相当，以免猜测因素的影响。[①]

另一种常见的客观题是匹配题。匹配题是让学生将左右两侧的问题和答案进行匹配的一种试题。问题和答案一般数量相等，也可以增加答案的干扰项，以提高难度水平。匹配格式也是相对易于编制和评分的，但是无法得知学生的推理过程。下面一道试题为例说明。[②]

在某民族中学七年级同学的联欢会上，来自全国不同地区的同学用歌声来赞美自己的家乡，根据歌词请你猜一猜这些唱歌的同学分别来自右边的哪个地方？确定后用直线连起来。

① 迟艳杰：《教学论》，高等教育出版社，2009 年，第 244 页。

② 《浙江省湖州市南浔区历史与社会七年级上册期末样卷》，《试教通讯》，2004 年第 33－34 期。

A. 小明唱的是:“雪山啊,闪银光,雅鲁藏布江翻波浪……”	台湾岛
B. 小琼唱的是:“请到天涯来,这里瓜果遍地栽,百样瓜果百样甜,叫你甜到千里外……”	青藏高原
C. 小雯唱的是:“高山青,绿水长,阿里山的姑娘美如水啊,阿里山的少年壮如山……”	海南岛
D. 小萍唱的是:“蓝蓝的天上白云飘白云下面马儿跑……”	黄土高原
E. 小花唱的是:“我家住在黄土高坡,日头从坡上走过,照着我的窑洞,晒着我的胳膊,还有我的牛跟着我……”	内蒙古草原

(2)主观性试题的编制

主观性试题主要包括为简答题、论述题、材料分析题等。这种题型主要考查学生的高层次的认知目标,因此在编制这一类型的题目时,试题的编制应注重考查学生的综合应用能力,而不是把重点放在考查学生的识记、背诵上。这类试题在编制时,既可以是单纯的文字叙述,也可以结合图表、漫画、插图等多种形式来呈现题目。下面以一道材料分析题为例。

阅读材料,回答下列问题:

公元 1793 年(即乾隆五十八年),大英帝国向中国派出了马戛尔尼勋爵率领的庞大使团。他名义是庆贺乾隆皇帝 80 寿辰,实际上是希望通过同中国皇帝谈判,要求开放通商口岸,扩大中英贸易。中国这个古老的帝国当时对世界还是茫然的一无所知,乾隆断然拒绝了马戛尔尼提出的全部要求。

英国人在严密监视下离开北京起程回国,皇帝派出专使日夜兼程到各地传达他的命令：不准任何中国人接触英夷，违者严惩！

马戛尔尼在他的《纪实》中回顾了这段经历，他毫不留情地戳穿了“盛世”的神话，看出“盛世”背面的败亡之兆，他说：“中华帝国只是一艘破败不堪的旧船，只是幸运地有了几个谨慎的船长才使它在近150年间没有沉没。它那巨大的躯壳使周围的邻国见了害怕。假如来了一个无能之辈掌舵，那船上的纪录与安全就都完了。”

——转引自宁一、庞永三《中国人惹谁了？》

问题：

①英国是在什么背景下派马戛尔尼出使中国的？

②乾隆皇帝是在怎样的背景下拒绝了马戛尔尼的全部要求的？

③你认为乾隆皇帝下令“不准任何中国人接触英夷”跟当时中国统治者奉行的哪些政策相一致？这些政策造成了怎样的严重后果？

④从今天看这段历史对我们有什么启示？

（二）学生成长档案袋评价

“学生档案袋评价”也叫“学生成长记录袋评价”，这种评价方法在国外的教育实践中的运用已有十几年的历史。在新世纪课程改革中，学生档案袋评价作为一种充分体现表现性评价理念的评价方法而得到大力提倡。所谓学生档案袋，就是指用以显示有关学生学习成就或持续进步信息的一连串表现、作品、评价结果以及其他相关记录和资料的汇集。而学生档案袋评价就是指通过对学生档案袋中的作品和成长记录的分析而进行的对学生发展状况的评价。记录袋评价的目的是为了获得“整个的儿童或年轻人”的图景，不仅仅是纸笔测试中的学生表现。[①]《历史与社会》教学评价中恰当运用学生档案袋评价，有利于客观而形象地反映出学生某方面的进步、成就及其问题，有利于增强学生的学习热情和自信心，有利于提高学生自我评价、自我反省的能力。

---

① Zevin, J.. *Social Studies for the Twenty-first Century*. Lawrence Erlbaum Associates, London, 2000: 164.

档案袋评定的操作涉及四个方面：

一是明确评价的目的。从总体上说，学生的努力程度与教师对其作品评价的准确程度，极大地取决于我们所设定的目标的明确程度。

二是确定收集的材料。教师与学生一道，根据既定的评价目的来选择有关的材料或作品。

三是制定评价的标准。制定好判断学生作品和表现的评分准则，并据此对“作品”或材料从数量和质量两方面进行打分。

四是引导学生自我反思。在制作档案袋的过程中，引导学生对自己的学业成就进行自我评价和反思是十分重要的。只有通过自我评价和反思，学生才能对自己的优缺点保持一个清醒的认识，从而制定下一步努力的目标。

关于学生档案袋在《历史与社会》教学的运用，许多中学教师已进行了可贵的探索。下面就以杭州十三中林久杏老师在《历史与社会》和思想品德课程进行档案袋评价的实践加以说明。

1. 明确档案袋评价的目的

实施档案袋评价，首先要结合学生和学科实际，明确实施的目的。档案袋评价的目的可以从以下几方面考虑：

- 实现以质性评价为主，量化评价为辅的评价方式；
- 运用档案袋将学生的学习成果进行汇集，并进行系统化的保存，避免学习成果的零星分散甚至遗失；
- 体现学生认识社会的历程；
- 体现学生思想品德成长的轨迹；
- 体现学生在本学科知识和技能的积累过程；
- 体现学生在本学科的学习中创新思维和实践能力的发展进程；
- 为综合性评价和终结性评价提供依据；
- 帮助学生进行反思。

2. 档案袋内容的界定

- 学习资源：包括为配合教学所需由学生自己搜集的资料，如

区域地图、道德案例等。学生为拓宽知识面而主动搜集的相关学习材料,如文字材料、图片资料和软件等;

- 文字材料:学习计划、学习本、主题探究、调查报告等;
- 手工制作:如板报、名片、班徽、主题图案设计等;
- 德育成果:自身感悟,老师和家长的期待和评价,敬老爱幼、助人为乐、爱心奉献、见义勇为等事迹;
- 评价材料:含评价量表、评价结果,评价主体的评语等。

(学生在老师的指导下将上述内容按主题分成不同的子档案袋进行归类)

3.收集的频率

- 每课一得一思一问,记录在“学习本”,每单元一小结,形成一件作品;
- 根据教学内容,不定期布置小作品制作和学习资源搜集等作业。

4.评价方法

- 采用五分制进行等级;
- 总评分=自评分+组评分+师评分,分数不封顶,累积分及时公布;
- 运用评语进行质性评价;
- 建立星级评定方式。

5.交流与分享

- 以班级为单位,每星期“学习本”交流一次;
- 每月以班级为单位,组织一次在线聊天;
- 每月出一份“学子论坛”手抄报;
- 期末组织“群星荟萃”活动。[①]

---

① 林久杏:《走进档案袋评价:追求完美、力求发展》,《试教通讯》,2004年第33-34期。

(三)项目评价

项目评价是指学生就某一研究项目分小组合作研究,教师对其完成情况进行判断的一种评价方法。在《历史与社会》教学中,通常是就某一历史问题或社会问题,教师安排学生以小组为单位展开探究,学生收集、组织、解释或表达信息,提交一份研究报告,最后由教师依据既定标准进行评价。下面以一个历史问题的小组研究项目为例来说明。

1.历史议题

近年来出现了对哥伦布地位的争议。他是不是英雄?我们在学习"哥伦布"时,可以读到不同的历史学家用不同的观点来写哥伦布"发现新大陆"和建立领地的文章。有人认为他是英雄,发现了美洲大陆。有的人认为他是侵略者,给印第安人带来了灾难。

2.历史调查

全班分成若干个小组,每个小组选择至少两种相反的材料,讨论它们的矛盾之处,并用可获得的资源寻求解释历史学家以不同观点报道这个历史事件的理由。小组要向全班解释为什么历史学家会对同一事件作不同的评价。并且要向全班提供解决矛盾的办法。

小组活动的结果可以是向全班呈现一个改编的剧本,也可以是班级讨论和辩论。

项目在三周内结束。每周五由一位小组成员向全班汇报项目的进展情况、研究过程中存在的问题,以及下一周的计划。

3.评价标准

(1)社会学习内容标准

- 你对记录的历史受到历史学家观点影响的认识;
- 你对关于哥伦布的发现和建立"新世界"领地一系列事件的认识。

(2)复杂的思维标准：

- 对过去事件的不确定或矛盾进行辨别和解释的能力；
- 为有逻辑的、合乎情理的解决办法进行辩护的能力。

(3)有效交流标准

- 为各种目的进行有效交流的能力；
- 以各种方式进行交流的能力。

(4)合作标准

- 与组内所有同学一起工作，成功完成项目的能力；
- 为向班级呈现研究而出主意、提供资源的能力；
- 做多种工作帮小组出色完成项目的能力。[①]

总之，教学评价是《历史与社会》课程实施的一个重要环节。教学评价的成败，直接关系到课程实施的效果。因此，加强教学评价的研究，探索符合《历史与社会》教育教学特点的评价方法，是每位《历史与社会》教育工作者的责任。

第四节 《历史与社会》课程资源的开发与利用

课程资源是新世纪课程改革中提出的一个新概念。教育部颁布的《全日制义务教育历史与社会课程标准》也对课程资源的开发与利用提出了明确的要求。在中学《历史与社会》教学中，课程资源有哪些主要类型？课程资源的开发和利用有何重要意义？如何开发和利用课程资源？这些都是当前课程实施过程中教师们十分关注的问题。

一、《历史与社会》课程资源的内涵及分类

根据我国课程专家的解释，课程资源是指形成课程的因素来源与实施课程的必要而直接的条件。课程资源按照其空间分布的不同，大致可

① 唐晓杰等：《课堂教学与学习成效评价》，广西教育出版社，2000 年，第 137 页。

以分为校内资源和校外资源。按照课程资源的功能划分，又分为素材性资源和条件性资源。根据其他不同的角度，还可以划分为社会资源与自然资源，物质资源与信息资源，人力资源、物力资源与财力资源，纸质资源与电子声像资源，时间资源与空间资源等。[①]

根据学术上的分类，课程资源的类型比较复杂。就初中《历史与社会》课程而言，应主要关注以下一些资源：

- 文本资源：图书(包括教材)、报刊、照片、地图、图表；
- 网络资源：国际互联网、校园网；
- 音像资源：电影和电视节目、录像、CD、VCD、磁带、各类教育软件等；
- 乡土或社区资源：图书馆、历史遗迹、博物馆、纪念馆、文化馆、地质公园、森林公园、自然保护区、风景名胜区、世界遗产地等，以及各种爱国主义教育基地；
- 人力资源：学生、教师、父母、邻居、社会人士(专家、政府公务员、社会工作人员)等。

二、《历史与社会》课程资源开发和利用的意义

在《历史与社会》课程实施过程中，重视课程资源的开发和利用，不仅有利于提高教师的专业素养，完善知识结构，增强教学的适应性，而且还有利于促进学生认知和情感等方面的协调发展。具体表现在以下几个方面：

一是有利于教师尽快适应综合课程的教学。《历史与社会》作为一门人文社会学科综合课程，其内容涉及历史、地理、经济、社会等多个学科领域，具有广、博、杂的特点，因此对任课教师的专业素养和知识结构较高的要求。要尽快适应综合课程的教学，教师们除了接受相关的进修和培训外，更关键的是，需要增强课程资源意识，学会主动搜集和利用各种信息

① 何芳、吴艳玲、樊莹:《初中课程资源开发和利用的实践智慧》前言部分，高等教育出版社，2004 年。

资源，如各学科领域的专业书籍、报纸杂志、网站等，以此来弥补自己在知识结构和专业上的不足，并逐步掌握运用多学科领域的知识进行综合教学的能力。

二是有利于教师更有效地实施教学。按照国家课程标准编写的《历史与社会》新教科书，一改过去人文学科以现成的、"定论"的方式把课程内容呈现给学生、让学生接受的方式，而是注重以案例、情境和问题的方式，逐步引导学生学会认知、学会思考。因此，在《历史与社会》课程教学中，教师仅仅靠解读教科书上呈现的内容是远远不够的。为了更有效地实施教学，教师还需要根据课程标准的要求和教科书的编写意图，充分挖掘相关的课程资源，补充教科书的内容，这样才能对教学方案作出更科学、合理的设计。

三是有利于课程目标的全面达成。从某种意义上讲，课程资源的丰富性和适切性程度决定着课程目标的实现范围和实现水平。① 在《历史与社会》的课程目标中，除了知识与技能目标外，"过程与方法"目标和"情感、态度、价值观"目标也是重要诉求，这样的目标，仅仅靠书本知识的学习是难以做到的。要全面达成这些课程目标，不仅要充分发挥教科书的功能，还要尽可能开发和利用校内外的各种资源，如图书馆资源、网络资源、社区资源和人力资源等。这些课程资源的合理利用，对于激发学生的求知欲，培养其参与社会的能力，以及形成健全人格等方面，都具有积极的教育意义。

三、一些重要《历史与社会》课程资源的开发和利用

课程资源有各种分类，涵盖的内容也很丰富，这里主要介绍《历史与社会》教学中比较常用的几种素材性课程资源，以及这些资源开发和利用的策略。

---

① 钟启泉、崔永漷、张华：《基础教育课程改革纲要（试行）解读》，华东师范大学出版社，2001年，第402页。

1.文本资源

在文本资源中,教科书是一种最基本的课程资源。《历史与社会》教科书是按照课程标准编写的,充分体现了课程标准的基本要求,因此理应成为教师教学的基本依据,也是最主要的课程资源。在利用教科书资源进行教学设计时,教师除了要关注教科书的正文部分外,还需要关注围绕正文设计的一些辅助部分,像课前提要、图片、地图、阅读资料和练习等,它们各自发挥的作用不同,从中可以获得许多关于进行教学准备和设计教法的提示。特别是在现行的教科书中,为了突出问题特色,还设计了大量具有争议性的研究、讨论的活动,在教学设计时应给予特别的关注。

除教科书以外,文本资源还有很多,如对教师备课有帮助的历史专业书籍有齐世荣、吴于廑的《世界史》、斯塔夫里阿诺斯的《全球通史》、樊树志的《国史概要》、陈旭麓的《中国近代社会的新陈代谢》等;报纸杂志有《历史教学》、《历史教学问题》、《中学历史教学参考》、《地理教育》、《中学地理教学参考》、《中国国家地理》、《中国文化遗产》等,这些书籍和杂志可以从图书馆、书店等地获得。

文本资源相对来说比较容易获得,而且是教学中运用最多的资源类型。但是在教学使用时,一定要做到精挑细选,恰当运用。例如,有的教师在讲"傍水而居"一课中"水城威尼斯"的内容时,就利用平时搜集的《钱江晚报》上一篇"拯救威尼斯"的文章,让学生围绕这个主题展开讨论,取得了良好的教学效果。还有教师在讲"洋务运动"这一内容时,为了与明治维新进行比较,选择了下面德相俾斯麦的一段话:

> 昔同治初年(1861年),德相俾斯麦语人曰:"三十年后,日本其兴,中国其弱乎?日人游欧洲者,讨论学业,讲求官制,归而行之。中人之游欧者,询某厂船炮之利,某厂价值之廉,购而用之。强弱之原,其在此乎?"
>
> ——摘自梁启超:《变法通议》,何光宇评注,华夏出版社,2002年,第21页。

这段材料简明、易懂，并且非常说明问题。对于初二学生的理解能力来说，这段材料就是较为理想的选择。

2. 网络资源

网络资源具有多样性、非线性、共享性和海量性等特点，[①]日益成为教师获取教学资源的重要渠道。例如，“历史与社会教学网”（www. lsysh. com）就是一个专门为本学科教学服务的网站，访问量很大，备受教师青睐。“人教网”（www. pep. com. cn）的“历史与社会”专栏上也有大量可利用的课程资源。教师还可以进入“中国网络之门”（www. 5566. net）网站，点击导航栏中的“教育”项后，会出现众多的中文教育网站，国内一些重要的教育网站如中国基础教育网、k12 中小学教育教学网、中小学教育资源网、中学历史教学园地等网站尽在其中。点击“文史”项后，又会出现众多的历史网站，如中国国家博物馆、故宫博物院、中国文化遗产保护网、凤凰网历史、历史风云网等。教师利用上述这些网站可以下载各种所需的素材，还可以通过百度、谷歌等搜索引擎，直接寻找自己需要的各种教学资料。另外，还有的教师将现在非常热门的地图搜索软件——谷歌地球（Google Earth）也应用于《历史与社会》教学之中，利用其强大的搜索和定位功能，将传统地理课中有关地图和地球仪的学习内容有机结合起来，提高了教学效率，也激发了学生探究世界的兴趣。

教师利用网上下载的资源，可以编写教案、编制试题、制作教学课件、制作多媒体教学软件，还可以通过电子邮件、网上论坛和博客等方式，与同行交流教学经验，向专家咨询有关疑难问题。还有，有条件的地方和学校，还可以利用信息和网络技术进行探究性的学习。例如，“英特尔®未来教育”项目，[②]就是基于网络资源进行的探究性学习的重要模式，《历史与社会》教材中的一些“综合探究”课，如“探寻丝绸之路”、“从宗教建筑看文化的多样性”等，就适合采用这种模式进行教学设计。此外，美国学者

① 孙杰远、唐剑岚：《网络环境下的教学设计》，学苑出版社，2003 年，第 298 页。

② “英特尔®未来教育”项目，参阅 http://www. teachfuture. com. cn.

伯尼·道奇提出的“网络探究”的学习模式,[①]也是让学生学会从网络上获取资源,并判别信息的有效性和可信性,从而对有关的问题进行探究。《历史与社会》教科书中的一些内容,如“四大文明古国”、“第二次世界大战”等,就可以采用这种模式开展探究性的学习活动。

3.音像资源

《历史与社会》课程教师在制作多媒体课件时,经常需要添加一些音像材料,如视频、录音、电脑动画等。这些材料获取的渠道是很多的,可以从与教材配套的光盘中获取,也可以从网络上下载,还可以从一些 VCD、CD 和计算机软件中剪辑,特别是一些比较经典的文献纪录片,如《中华文明》、《考古中国》、《中国的世界文化遗产》、《20 世纪世界大事录》、《大国崛起》、《地理中国》等,都是教学中可以使用的很好的素材。

当然,教师在教学中运用音像材料时,还应注意以下两点:一是材料的选用要尽可能真实、可靠,并具有较强的说服力。如,在讲“亚非大河文明”一课中“古埃及金字塔的建造者是谁”这一问题时,许多老师运用一般性介绍金字塔的录像材料,认为是奴隶修建的。而有一位老师则用 2002 年金字塔考古挖掘的录像材料,其中一个“工匠村”的发现,提供了很有价值的证据,显而易见,运用后一则材料更有说服力。二是材料的运用要与问题设计联系在一起,即让学生带着问题去观看,从观看中引出问题让学生思考,而不仅仅是为了印证教科书内容和增强教学的直观性。如有的老师在讲“五四运动爆发的历史背景”时,要求学生一边观看录像材料,一边思考并总结出五四运动爆发的原因和导火线。这样设计,不仅可以增强学生观看录像的目的性,而且有利于发展学生的思维能力。

4.社区和乡土资源

我国知名教育家陶行知先生曾指出:“生活即教育,社会即学校”,“学校教育要伸张到大自然大社会去活动”。[②] 因此,社区和乡土资源也自然应该成为《历史与社会》课程资源的重要组成部分。随着我国各地文化事

---

① Webquest 学习模式,参阅 http://edweb.sdsu.edu/webquest/webquest.html.

② 陶行知:《陶行知全集》(第 2 卷),四川教育出版社,2005 年,第 7 页。

业的快速发展，教师在《历史与社会》教学中可利用的社区和乡土资源是十分丰富的。例如杭州的老师，在《历史与社会》教学中，可利用的博物馆资源就有：浙江省博物馆、杭州市博物馆、良渚博物院、京杭大运河博物馆、中国丝绸博物馆、茶文化博物馆、南宋官窑博物馆、西湖博物馆、中国湿地博物馆等，此外还有不计其数的历史遗迹、纪念馆、文化馆、地质公园、森林公园、自然保护区、风景名胜区、世界遗产地等，以及各种爱国主义教育基地等，这些都为《历史与社会》教学活动的开展提供了丰富的素材。

在社区和乡土课程资源的利用方面，国内外已经有许多好的经验。例如，在英国中小学历史教育中，教师就经常让学生走出课堂，通过参观博物馆和历史遗迹等活动，让学生充分地感知自己身边的历史，进而学会对一些历史问题进行分析和解释。[①] 我国同样是一个历史文化非常悠久的国家，散布在全国各地的文化遗迹数不胜数，这些文化遗产为《历史与社会》教学提供了很好的素材。例如，浙江宁波的一位老师在讲"如何开展社会调查：以调查家乡为例"一课时，就让学生分组对家乡的多个方面进行调查。其中一组以"家乡的古民居"为调查对象，这组学生通过一周的调查，在课上对"名人故居太史第"、"天一阁"、"陈家三退"、范宅等古民居建筑及其文化内涵进行了介绍，取得了良好的教学效果。可见，乡土资源的充分利用，既可激发学生的学习兴趣，也可增强学生认识历史和探究社会问题的能力。

总之，重视课程资源的开发和利用，有助于突破以学科知识为本、以教科书为主要学习材料的传统教学体系，构建以各种课程资源为基础的新的教育、教学的环境，从而为《历史与社会》课程实施提供强有力的保障和支持。

四、《历史与社会》课程资源开发和利用的原则

加强课程资源的开发和利用，是《历史与社会》课程实施的客观要求。

---

① Burston, W. H. & Green, C. W.. *Handbook for History Teachers*. London, 1972: 230.

但是在课程资源的开发和利用的过程中,还必须遵循一些基本原则。例如,在"标准二"的实施建议中,就提出课程资源使用的目标性原则、多种感官配合原则、易用性原则、可行性原则和效能性原则。[①] 除遵循这些基本原则以外,在《历史与社会》教学中还应注意以下一些原则:

一是因地制宜的原则。俗话说:处处留心皆学问。课程资源无时不在,无时不有,教师应该因地制宜,善于发现和利用身边的资源,并及时加工、转化成课堂教学的内容。例如,有教师在讲"冷战后的和平主题"一课内容时,就将当时人们十分关注的"朝核问题"补充为教学的内容。在一些经济欠发达地区,有的教师通过利用当地的乡土资源、搜集报纸和杂志上的有用信息、自制教学用具等方式有效解决了资源短缺的问题。

二是合作共享的原则。在《历史与社会》新课程实施过程中,许多教师解决课程资源短缺问题的一条重要经验,就是采取合作和共享的方法。例如,一些学校的老师采取集体备课,资源分享、技术合作等方法,不仅有效解决了资源匮乏的问题,提高了备课的效率,而且还促进了教学的创新,如有的老师的课件中一些精彩的动画,就是与计算机老师合作完成的。此外,众所周知的"历史与社会教学网"推出的"江湖工程"的建设也体现了这一理念:网上的课件是每个教师上传的,被审核合格以后,给予点数,这些教师就可以利用这些点数浏览和下载其他人的课件了。

三是有效教学的原则。《历史与社会》教学的质量,取决于教学的有效性。因此,课程资源的开发和利用,要有利于有效教学活动的开展。为了提高教学的有效性,一方面需要对各种课程资源进行筛选,在新的教育价值观的引导下,应重在选取那些有利于学生学会学习、学会思考、学会合作、学会创新和发展的资源;另一方面,课程资源的利用,还要与具体的教学目标、教学计划、教学的重点和难点,以及学生兴趣等因素进行通盘考虑,使课程资源的开发和利用,既有利于调动学生的学习积极性,又有利于各项教学目标的落实。

① 教育部:《全日制义务教育课程标准(二)》(实验稿),北京师范大学出版社,2001 年,第 45 页。

第六章 《历史与社会》教学(下)

《历史与社会》是整合多个学科领域而成的一门综合课程，学科内容的多样性和整合性的特点要求《历史与社会》教学的方法和手段要灵活多样，才能有效完成《历史与社会》课程规定的各项教学任务。可见，《历史与社会》课程的顺利实施，离不开对教学方法和手段的深入研究。

第一节 《历史与社会》教学方法的多样化

《历史与社会》教学方法是指教师和学生在《历史与社会》教学过程中，为达到一定的教学目的，根据特定的教学内容，共同开展一系列教学活动的方式、方法、步骤、手段和技术的总称。《历史与社会》课程具有综合性、人文性和实践性强的特点，因而探索基于课程内容及其认知特点的多样化教学方法，是课程理念得以落实的重要条件。除了最基本、最常用的讲授教学法以外，下面着重介绍几种国内外较为关注的教学方法。

一、主题探究教学法

(一)主题探究教学法的内涵及其特点

“主题”是一门课程学习的要点、中心思想或主要观点,是将分散的学习内容整合在一起的“黏合剂”。[①] 在《历史与社会》教学中,为了促进学生对主题内容的理解以及相关能力的发展,主题的学习一般是以问题或议题探究的方式进行的。据此,主题探究教学法是指围绕一个重要问题或议题,鼓励学生从多角度、运用多学科的知识、技能进行综合认知和创造性解决问题的教学方法。这一方法的主要特点有:

一是侧重于学生多角度思维能力的培养。在《历史与社会》教学中,对于一些综合性的社会现象或问题,学生仅仅从单一的学科视角出发,是难以就这些问题得出一个科学、合理的解释的。而只有学会综合运用多学科的知识与技能,形成整体、系统认识问题的方式,才能真正提高其认识社会、适应社会、改造社会的能力。可以说,培养学生从多维视角整体地看待事物的能力,是 21 世纪对现代人才提出的新要求。据此,“新标准”在课程目标中明确指出:“尝试多角度探究当前生活中的挑战与机遇,学会独立思考、提出疑问、进行反思,逐步提高自主选择与决断的能力”。而运用主题探究教学法,则对培养学生的多角度思维具有重要意义。表 6-1 对此作出了具体说明。

表 6-1 主题探究的过程与培养多角度思维的关系[②]

过程	与培养多角度思维的关系
I 掌握事实 理解现象 澄清概念	资料的不同来源 采集资料的不同方法 不同的诠释及解释 不同的关联 ……

① 帕特里夏·L.罗伯茨、理查德·D.克洛夫:《跨学科主题单元教学指南》,李亦菲等译,中国轻工业出版社,2005 年,第 11 页。

② 李子建等:《综合人文学科:课程设计、教学与实施》,南京师范大学出版社,2010 年,第 101 页。

续表

过程	与培养多角度思维的关系
Ⅱ 明白有关的分歧和冲突	不同的价值观 不同的利益 不同的信念 ……
Ⅲ 进行反思、做出评鉴、 判断、探求出路、 付诸实践	考虑多方面的论据 权衡正反两方的观点 提出理据和解释 作出行动、评鉴和接纳结果 修订立场 ……

二是侧重于学生合作意识和综合能力的培养。在《历史与社会》教学中,一些重要的主题探究活动,如“来自家乡的报告”、“认识宝岛台湾”、“探寻丝绸之路”、“感悟工业时代的社会变迁”等,往往是学生个体难以独立解决的,一般都是在教师的指导下,以小组合作的形式加以完成。图 6-1较清晰地显示了一个主题探究学习中的师生、生生关系。

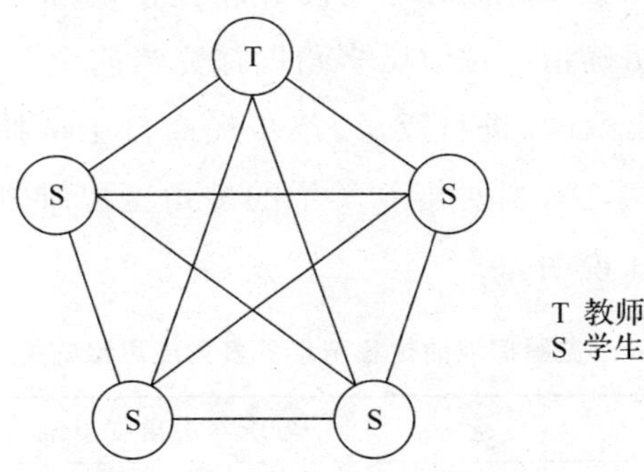

图 6-1　互动学习及沟通路向图①

可见,采取主题探究的教学方法,不仅可以使学生获得多维分析问题的视野,而且有利于培养学生的团队合作意识,这对提升学生综合认知及解决问题的能力具有重要意义,因而也是最能体现《历史与社会》课程价

① 李子建等:《综合人文学科:课程设计、教学与实施》,南京师范大学出版社,2010 年,第 81 页。

值的一种教学方法。

(二)主题探究教学法的实施策略

在确定了要探究的主题之后,就需要对探究的目标、内容、方法以及评价进行一系列的设计,以确保探究活动的顺利进行。具体的探究程序如图 6-2。

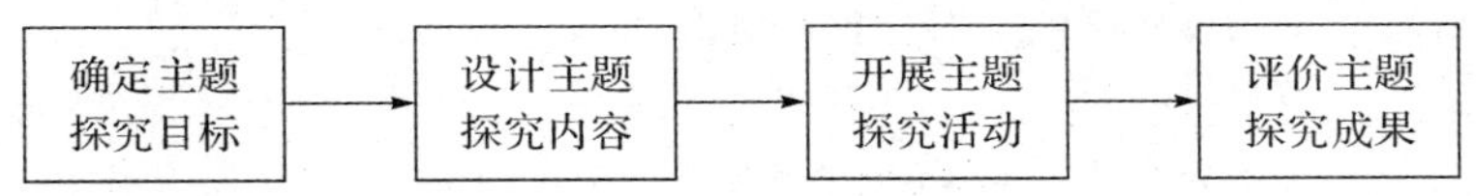

图 6-2 主题探究教学流程图

第一步:确定主题探究目标

主题确定以后,首先根据课程标准和学生的状况,对主题的教育意义进行分析,在此基础上设计该主题的具体学习目标。这些学习目标主要涉及学生在认知、能力以及情感方面得到哪些提升?在主题探究目标的设计中,特别要关注学生综合意识和综合思维能力的培养,并将认知、技能和情感目标进行有机地整合。

第二步:设计主题探究内容

主题探究内容设计的一种主要方式就是问题化,即将要探究的主题分解成一系列具体的问题。当然,问题的设计,并不是教师直接提问,学生思考教师所提的问题。而是教师创设问题情境,让学生来提问题,教师帮助学生把问题表达清楚,引导他们和同学们一起认真地讨论问题、修正问题、分析问题和解决问题,这样就会促进他们积极思考,形成主动探究的意识和能力。另外,主题探究学习内容的设计,离不开丰富的课程资源的支持。在探究活动中,教师和学生要充分开发和利用与主题探究有关的各种资源,如图书资源、网络资源、人力资源、社区(乡土)资源等。

第三步:开展主题探究活动

主题探究活动的方式和方法是多种多样的,如专题研习、分组探究、头脑风暴、实地考察等。具体采取何种活动形式,要视主题的性质、学生的需要、能力和兴趣、资源的供给、学习时间的多寡等情况而进行灵活选择。表6-2列举了一些活动形式及其适用的教学内容，可作为选择活动形式的参考。

表6-2 《历史与社会》课程中的主题探究活动

活动方法	目标	探究活动举例
专题研习	学生围绕要探究的主题，通过搜集相关信息资料，并加以分析判断，最后得出结论，并以各种形式进行汇报。	伊拉克战争爆发原因探析
合作探究	学生分组对主题从不同的角度进行探究，最后各组将探究成果向全班汇报。	从衣食住行看草原人家的生活方式
头脑风暴	学生无拘束地、自由发表对议题的不同意见。这些意见未必是深思熟虑的，其他同学可就这些意见发表不同的看法。	探究金字塔的修建者
辩论	选择非常有争议性的问题，学生分为该议题的支持方和反对方，陈述各自的论点并进行辩论。	评价秦始皇
实地考察	学生根据主题进行实地考察，将通过观察、询问和调查获得的信息加以分析，最后提出对议题的看法和见解。	保护母亲河活动

第四步：评价主题探究成果

《历史与社会》主题探究活动的评价，是对学生整个探究过程的评价，是对学生主题理解能力、分析和解决问题的能力，以及同学协作能力的全方位的评价。在这些评价方面中，尤其要侧重于评价学生对多种知识的整合和运用能力，特别是从多角度创造性地分析和解决问题的能力。具体评价内容如表6-3。

表6-3 主题探究教学活动评价表

等级 项目	1(发展中)	3(满意)	5(非常好)
对主题概念的理解能力			
查找和利用信息的能力			
在主题中生成问题的能力			
多角度综合观察问题的能力			

续表

项目 \ 等级	1(发展中)	3(满意)	5(非常好)
形成问题解决方案的能力			
参与小组活动的程度			
参与小组讨论的程度			

(三)教学案例

——探究伊拉克战争爆发的原因

1. 提出探究主题

伊拉克战争是第二次世界大战后的最大一次区域性战争,也是当代国际社会关注的热点问题。为了使学生了解这一战争爆发的复杂背景,以及冷战后的世界格局,故提出"探究伊拉克战争的原因"这一探究主题。

2. 确定教学目标

(1)课程标准要求:

- 从历史和地域两个方面,认识"和平"与"发展"是当今世界的主题;
- 从第二次世界大战以来的区域性战争的实例中,找出导致区域性冲突的多种因素。

(2)学习目标

- 从多角度探讨伊拉克战争的多元成因;
- 强化珍爱和平,反对战争的思想意识;
- 掌握搜集组织资料的能力;
- 养成合作的意识和习惯。

3. 开展探究活动

全班学生分成若干组,根据课本内容以及提供的阅读材料,分别从历史、地理、文化、国际政治等视角对探究伊拉克战争爆发的原因进行分析。

材料一

伊拉克有着悠久的历史，两河流域是世界古代文明的发祥地之一，公元前4700年就出现了城邦国家。到了近代，一度沦为英国“委任统治区”。1932年获得完全独立。1958年7月14日以阿卜杜勒·卡里姆·卡赛姆为首的“自由军官组织”推翻费萨尔王朝，成立伊拉克共和国。1979年7月，复兴党人萨达姆·侯赛因接任总统。1980年，由于边界纠纷问题，伊拉克同伊朗开始了历时8年的“两伊战争”。1990年8月，由于债务纠纷等问题，伊拉克又出动10万大军入侵科威特，引起了国际社会的强烈反应，以美国为首的多国部队发动了针对伊拉克的“海湾战争”。2002下半年，美国认为伊拉克支持恐怖主义，研发大规模杀伤性武器，对美在中东的利益构成了“潜在威胁”，称美国掌握了伊拥有大规模杀伤性武器的确凿证据，对伊政权一再隐瞒事实、欺骗国际社会的行为已经失去了耐心，公开表示将以武力推翻萨达姆政权，并随之大量陈兵海湾。

材料二

伊拉克位于阿拉伯半岛、小亚细亚半岛和伊朗高原之间，东邻伊朗，北接土耳其，西部与叙利亚和约旦接壤，南部与科威特和沙特阿拉伯交界，东南角濒波斯湾，地理位置十分重要，是土耳其通向波斯湾、伊朗和东亚通往地中海的重要交通枢纽。伊拉克全国面积441839平方公里，人口1892万(1990年)，全国划分为18个省和自治区。首都巴格达，为全国最大城市和政治、经济、文化、交通中心，位于美索不达米亚平原中部、底格里斯河两岸。伊拉克全境大部为低地，海拔一般不超过300米，海拔450米以上的地区不到15%。主要河流有幼发拉底河、底格里斯河。两河均发源于土耳其境内亚美尼亚高原，在伊拉克东南部古尔奈附近汇合成阿拉伯河后经巴士拉流向东南，于法奥港注入波斯湾，水量丰沛。耕地面积占全国土地面积的13%，林木覆盖率为3%。石油富藏丰富，1988年已探明储量约136.4亿吨，占世界石油总储量的10%以上，仅次于沙特阿拉伯居世界第二位。除石油外,伊拉克还有丰富的天然气资源,预计储量达3.1万亿立方米。矿产资源主要有磷酸盐,储量达100亿吨,还有硫黄、铁、铜、盐矿等。

材料三

作为欧洲基督教文化的延续,"后起之秀"的美国对伊斯兰世界的早期观念与认识源于其欧洲的历史记忆,受到欧洲殖民主义的影响。欧洲的伊斯兰世界观被美国所承袭,并通过精英与媒体的结合,逐渐形成为美国社会对伊斯兰世界一种模式化的固有成见。正如学者所指出的那样,美国人的伊斯兰世界观在某种程度上源于其国家的宗教观,这可以追溯到基督教世界与伊斯兰世界多达数世纪的历史冲突,而这种历史冲突被大众媒体、神话、文学、学术研究等不断地传播。这样,到后"冷战"时期,美国成为基督教世界的典型代表,延续千年的基督教世界与伊斯兰世界的宗教文化冲突演变为以美国为代表的基督教世界与伊斯兰世界的冲突。

——杨东平:《后冷战时期美国与伊斯兰世界冲突的文化根源》,《东北师大学报(哲社版)》,2011年第5期。

材料四

根据美国国防部长拉姆斯菲尔德的说法,美国对这场战争最终要达成的目的:

- 铲除萨达姆政权,帮助伊拉克人民建立一个自治的政府;
- 发现并销毁藏匿在伊拉克境内的大规模杀伤性武器以及恐怖分子;
- 结束制裁,并提供人道主义援助;
- 保护伊拉克的石油以及其他天然资源。

4.展示和评价探究结果

每组派一名代表从不同的视角对伊拉克战争爆发的原因进行阐述,接着教师对每组的探究结果进行评价。最后,教师对每组的探究结果进行整合并加以完善,以帮助学生形成对这一议题的全面理解和认识。

二、讨论教学法

讨论教学法是学生根据教师所提出的课题，在课堂中交流个人的看法，相互启发、相互学习的一种教学活动方法。在《历史与社会》教学中，经常会遇到一些富有争论性的历史或现实问题，对于这些问题的解决，采用讨论的教学活动方法，是一种非常有效的方式。

(一)讨论教学法的特点及其意义

讨论在课堂活动中的运用，主要有以下特点：

一是强调教学的相互作用。苏联心理学家维果斯基的"最近发展区"理论表明，儿童在其发展阶段还不能独立解决的问题，却能借助于成年人或具有相关知识的同龄人的指导与合作而学会解决。① 讨论就是通过师生之间、生生之间的交流和互动来完成教学任务的。在讨论的过程中，学生通过教师的指导和与其他同学的协作，逐步使遇到的难题或矛盾得以化解，从而达到一个新的认知水平。

二是强调学生对知识的自主建构。讨论开始后，每位学生会自动激活自己原有的知识储备，并运用这些知识阐明观点，与持不同观点的同学展开争论。在争论过程中，许多学生会因为新旧知识和经验的冲突而引发观念的转变和知识结构的重组。因此，通过讨论获取新知的过程，是积极主动的知识建构过程，是新知识内化于原有认知结构的过程，而不是被动接受一些如 A. N. 怀特海所讲的"无活力的概念"的过程。②

三是强调学生的创造性思维的培养。美国心理学家吉尔福特认为，人在解决问题时，思维常常"从同一的来源中产生各种各样为数众多的输出"，这种呈散射型或分叉型的思维模式叫作"发散思维"或"求异思维"。③ 一个人能否进行求异思维，是能否发挥和显示创造力的一个重要

① 顾明远、孟繁华：《国际教育新理念》，海南出版社，2001 年，第 292 页。

② 刘传德：《外国教育家评传精选》，北京师范大学出版社，2000 年，第 183 页。

③ 转引自章志光：《发散思维、辐合思维与创造性活动》。瞿葆奎：《教育学文集·智育》，人民教育出版社，1993 年，第 383 页。

条件,而成功的课堂讨论的一个主要特点就是学生敢于大胆质疑并能对所讨论的问题发表独到的见解。因此,在教学中,适时地运用讨论方法对培养学生的创造性思维能力是十分有益的。

正是由于讨论具有这些特点,所以它备受国内外教育工作者的青睐。美国有学者还为讨论式教学法总结了15条好处,即有助于学生思考多方面的意见;增强了学生对含糊或复杂事情的关心和宽容度;有助于学生承认和研究他们的假设;鼓励学生学会对不同意见形成新的理解;有助于学生对不同意见形成新的理解;增加了学生思维的灵活性;使学生都关心所谈的话题;使学生的想法和体验得到了尊重;有助于学生了解民主讨论的过程和特点;使学生成为知识的共同创造者;发展了学生清晰明白地交流思想和看法的能力;有助于学生养成合作学习的习惯;使学生变得心胸博大,并更容易理解他人;有助于发展学生分析和综合的能力;能够导致思想转变。① 在我国的新世纪的课程改革中,要求建立起师生互动、互惠的教学关系,强调学生要形成积极主动的学习态度、乐于探究的精神,培养学生的创新能力、交流和合作的能力。讨论教学法的适时运用,能很好地体现课程改革的这些思想和要求。

(二)讨论教学法的实施步骤以及需要注意的问题

1. 提出讨论主题

提出一个有价值的讨论主题,这是使课堂讨论产生效果的重要条件之一。一般而言,答案没有唯一性,每种答案背后又可能有不同逻辑推理、事实依据支持的争议性的问题,这是最具讨论价值的。这些问题可激发学生搜寻新信息,重新调整自己的思维方式,可增进学生对争议问题的理解。在历史与社会教学中,这样的问题是很多的,例如辛亥革命是成功了,还是失败了?艰苦奋斗的延安精神,今天过时了吗?人定胜天吗?等等。

① 斯蒂芬·D.布鲁菲尔德、斯蒂芬·普瑞斯基尔:《讨论式教学法——实现民主课堂的方法与技巧》,罗静、褚保堂译,中国轻工业出版社,2002年,第25—26页。

2.组织学生展开讨论

在讨论的过程中，教师需要注意以下几个方面的问题。

一是引导学生围绕讨论主题发言。在讨论的过程中，教师要专心倾听学生发言，并对其谨慎地作出反应。所谓谨慎反应，是指教师要做到适时、适量地介入讨论，以确保讨论不离开主题和顺利进行。在以下几种情况下，教师需要介入讨论：其一，注意是否枝节问题耗时太多。如果连续几个人的发言离题太远，教师要插入几句简短的话，提醒学生回到讨论主题；其二，注意是否发言之间的间隔时间过长。如果间隔时间逐渐延长，教师要介入并弄清原因；其三，注意是否出现事实上的错误。如果真是这样，那么讨论将失去有效性，这时教师应及时指出错误。

二是善于把讨论不断引向深入。课堂讨论是一个“集体思维过程”，不断地指引集体思维过程是使教学过程不至于崩溃的最重要的前提条件。[①] 在讨论中，教师需要不断地把学生正在讨论的问题引向深入，让学生进行更深层次的思考，而不是停留在一些浅层次的议论上，或预先设定一个讨论的思路。为了使讨论不断深入，教师需要掌握一些引导的技巧，特别是提问的技巧，所提的问题可以包括：(1)要求讲出更多证据的问题。例如，你是怎么知道的？你有没有证据来说明你的观点？(2)要求进一步澄清的问题。例如，你讲的是什么意思？你能为你所讲的举一个例子吗？(3)把各个发言联系起来提出问题。例如，对某同学的观点你表示认同还是反对？为什么？等等。这些问题使学生的讨论变得更具合作性和发展性，从而使讨论变成“充斥着整个房间的深入、相互的对话”。[②]

三是教师要以一种平等和民主的姿态组织讨论。在讨论过程中，教师应该以一个参与者的身份加入讨论，是讨论的平等主体。为了使讨论更具民主气氛，在讨论的开始，有的教师还采取将学生的桌椅摆成一个大圆桌的形式，教师加入其中，作为一个平等参与者，而不是站在讨论小组

---

① 左藤正夫:《教学原理》，钟启泉译，教育科学出版社，2001年，第319页。

② 斯蒂芬·D.布鲁菲尔德、斯蒂芬·普瑞斯基尔:《讨论式教学法——实现民主课堂的方法与技巧》，罗静、褚保堂译，中国轻工业出版社，2002年，第99页。

前面的操纵者。另外，在讨论的过程中，教师也应该以平等的身份参与讨论。正如有学者指出的："教师在讨论中的作用是使讨论沿着有成效的路线进行下去——这主要通过稳定情势、指导、纠正、领引和像一名学生那样进行争论等手段。"[①]只有这样，和谐、融洽的讨论气氛才能形成。

3. 教师总结

在每次讨论结束以后，教师要对讨论的过程做一个简短的总结。对疑难问题或争论的问题，教师要阐明自己的看法，指出讨论中的优缺点。另外，需要注意的是，教师的总结不等于讨论的结束，对某些争论激烈的问题，应该留给学生一些时间和空间，鼓励他们继续思考和讨论。只有这样，才能保持学生不断思考和探究问题的热情。

(三)教学案例

讨论主题：金字塔的建造者是谁？

讨论形式：圆桌式讨论

讨论设计：金字塔以其宏大的规模，精湛的建筑艺术，被列为古代世界七大奇迹之一。而在当时生产力的条件下，金字塔是如何建造出来的？是什么人建造的？是许多学生关心的问题。在该教学案例中，教师事先布置讨论主题，然后让学生在课后查阅有关资料，形成对论题的基本看法，最后组织学生在课上进行讨论。

讨论过程：

教师：大家了解了金字塔的一些基本情况后，思考一个问题，这样伟大的工程，它是怎样建造起来的？是谁建造的？教科书上说是奴隶和平民，根据大家的经验和所占有的信息资料，你认同这种看法吗？

学生甲：在3000年前，不可能有这么精确的计算和起重技术，肯定得到了天外来客或消逝了的地球上的智能文明人的帮助。

学生乙：我不同意甲的意见，他的说法没有根据，因为在金字塔

① 钟启泉、崔允漷、张华：《〈基础教育课程改革纲要(试行)〉解读》，华东师范大学出版社，2001年，第298—299页。

里发现了原始的计算工具和仪器，古埃及人自己建造这是可能的。

学生甲：那些原始的计算工具和仪器就是外星人帮他们造的。

学生乙：你的依据是什么？

学生甲：这是我的猜测。

教师：在历史秘密没有解开之前，对历史的大胆想象和猜测是可以理解和值得肯定的，但是我们的想象和猜测还是最好能建立在一定证据的基础上，这样才能使你的说法更具有说服力。请大家根据最近金字塔的考古发现，在胡夫金字塔周围的挖掘中发现了什么？根据这些考古的证据来思考一下这个问题。

学生丙：从电视上看到，通过考古挖掘，在胡夫金字塔附近发现了一个工匠村，还有许多较好的生活设施，如面包房、啤酒吧和肉类食品的遗迹。根据这些发掘材料分析，我认为建造金字塔的不是外星人，也不是奴隶，而是一群工匠。

学生丁：我认为一部分奴隶和一部分工匠造的，几千年前，有技术的工匠毕竟是少数，主要搞策划和指导，大量具体的工作是由奴隶做的。

教师：现在我们形成三种观点：外星人帮助造的；工匠造的；奴隶和少数工匠造的。其他同学倾向于哪一种观点？

学生戊：学生丙和丁的判断和推理，显然具有较强的说服力。我本人更倾向于丙的看法，因为他有较可靠的历史证据。

……

教师：今天，对这个问题的讨论暂时进行到这里，大家的观点和理由都是有一定道理的，但是我个人更倾向于学生丙的观点，因为他提出了一些可靠的、最新的历史证据，而历史证据是我们用来分析和判断历史和现实问题的重要手段。希望对这个问题感兴趣的同学能继续寻找有关资料或证据，以便使这一问题的讨论能继续下去。

三、史料教学法

客观的历史过程发生之后，一去不复返了。今天的人们要想了解自己的过去，只能凭借历史上遗留下来的各种史料(包括文献的、实物的、口头的等)进行认识，因而史料也就成为史学家发现历史、认知历史的重要依据。同样，在中学《历史与社会》课程学习中，学生要想正确地认识历史，也必须重视史料的学习。唯有理解了史料和历史之间的关系，才能理解历史知识的本质；唯有理解了历史知识的本质，才是真正感受历史学习的魅力与价值所在。因此，史料教学及其方法的研究也备受一线教师们的关注。所谓史料教学法，是指学生在教师的指导下，以史料为载体并运用一定的历史研究方法探讨历史问题的教学方法。

(一)史料教学的意义

在国内外的历史或社会科教学中，运用史料是很常见的教学活动。在《历史与社会》教学中运用史料的主要意义在于：

首先，有助于培养学生的历史证据意识。建构主义教学论认为，人的认识不是被动地接受的，而是通过自己的经验建构的。同样，历史知识学习的目的不是仅仅让学生记忆和复制一些历史知识，更重要的是，让学生经过思考和探究，建立起学生自己对历史的认识。而在《历史与社会》教学中运用史料作为证据探究历史问题，就是培养学生用事实说话的证据意识，帮助学生构建自己对历史的认识和评价，这对激发学生历史学习的兴趣，形成正确的历史意识和历史观念，都是十分有益的。

其次，有助于学生掌握探究历史和现实问题的方法。长期以来，历史教学侧重于传授具体的历史知识，没有把历史认识的方法看作是历史教学的主要内容之一，好像掌握历史研究的方法完全是历史学家的事情，与中小学历史教学无关。国外的教学实践表明，中小学生像史学家一样，掌握一些认识历史和研究历史的基本方法，特别是分析史料的方法，不仅可能，而且是非常必要的。学生掌握一些分析史料的方法，例如鉴定真伪、判断史料是否有用、比较不同来源的史料、判断史料中的矛盾和偏见成分等,对于提高其分析和判断历史和现实问题的能力是大有裨益的。

还有,有助于培养学生的批判性思维能力。在《历史与社会》教学中,史料的运用,不仅用来进行史实的说明,更重要的是,让学生在运用史料或证据探究历史问题过程中,练就一种批判性的思维能力。例如,教师在教学设计时,可以就某一历史事件为学生提供不同学者或有关人士和政界等的不同观点,并附上大量支撑他们观点的原始资料,让学生运用已有的知识和研究方法独立地分析原始资料,对各种观点展开研究和评判。在对历史问题进行探究的过程中,学生可以运用证据材料大胆地建构自己对历史问题的理解和认识,这对培养学生的批判性思维能力也是十分重要的。

(二)史料教学的策略

为了贯彻史料教学的理念,首先从历史学习一开始,教师就应重视学生历史证据意识的培养。如何进行培养呢?一个有效的方式,就是让学生走出课堂,通过参观历史遗迹、历史博物馆等活动让学生充分地感知自己身边的历史,进而对历史进行解释和探究。正如英国学者所指出的,"学校历史课的一个重要目的,是应该让学生意识到自己周围存在有历史的证据,并通过这些证据来刺激他的想象和对历史的评价"。①

在接触历史证据的过程中,学生也逐步对历史证据的功能和作用有所认识。在《历史与社会》教学中,学生需要对史料的以下几个方面的功能有所认识:其一,历史发生之后,一去不复返了,只能凭借所遗留下来的材料去认识;其二,现在所学的历史知识,并不是凭空而来的,是根据一定的历史证据建构而来的,而历史证据则来源于过去遗留下来的各种史料;其三,并不是所有的史料都可以作为证据,只有证实了史料的可靠性和有用性之后,方能作为证据。总之,学生只有真正认识了史料的价值和功能,才能正确地运用史料来分析和解决历史问题。

学生对证据有了一定的认识以后,就可以尝试运用历史证据来处理

① Burston, W. H.. & Green, C. W.. *Handbook for History Teachers*. London,1972:230.

有关的历史问题,也就是“从证据中重建过去”的工作。为了使学生获得这些处理证据的方法,教师在实际教学时所采用的主要方式大致有:

(1)展现叙述与证据之间的关系。常见的提问形式是:“在这段资料中可以得到什么样的证据来说明……”

(2)鼓励学生去分析史料的内容,从中引出推论,说明自己的观点,以及支持此观点的证据,而不是让他们只是去重复或摘要史料的内容;

(3)时常要求学生针对不同材料的证据,就内容和可信度做比较;

(4)明确针对相互冲突的证据进行讨论;

(5)对同一事件之不同的历史论述加以比较;

(6)选出一个主题,给予学生多段来源不同的材料,让他们自己去对照整理,并且解释其中的差异,进而形成他们自己的推演,找出自己的结论。

(7)让学生尝试用自己的眼光去找出史料中带来的问题,并用他自己的方式处理。[①]

总之,在处理证据的过程中,学生不仅需要具备相关的背景知识,还需要掌握一些评价证据,以及如何把证据放置于具体的历史背景中进行检验的方法,只有这样,才能真正获得像史学家运用史料时的一些重要观念和思想,这对学生认识历史和现实是很有帮助的。

(三)教学案例

下面以英国“普通中等教育证书”考试(简称GCSE)的一道史料解析题来说明史料运用的方法。

格尔尼卡

背景材料介绍

1936年,佛朗哥将军率领法西斯军官发动叛乱,反对共和国政府,挑起了西班牙内战。欧洲其他的法西斯国家——希特勒的德国

① 陈冠华:《英国中学历史教育改革》,龙腾文化事业股份有限公司,2001年,第154页。

和墨索里尼的意大利，派军队和飞机支持佛朗哥及其法西斯分子。

格尔尼卡是位于西班牙巴斯克地区的一座小城，因其历史上和宗教上的重要而闻名。内战期间，该城属于共和国的区域，受到法西斯分子的进攻和占领。1937 年 4 月 26 日，格尔尼卡几乎被完全摧毁。共和国方面说，格尔尼卡是遭到了为佛朗哥法西斯分子作战的德国飞机的轰炸和机枪扫射。法西斯方面否认轰炸的说法，并称该城是由共和国军队在撤退时炸毁和焚烧的。现提供一些材料，这些材料可以作为证据用于判断在格尔尼卡所发生的事。

材料一

格尔尼卡的废墟(图略。这是一张照片，反映出该城的建筑物被炸成一片瓦砾。)

材料二

4 月 27 日，一个法西斯方面的发言人说，巴斯克人已摧毁了格尔尼卡。第二天，法西斯分子正式宣布，他们的飞机在 4 月 27 日没有起飞。4 月 28 日，法西斯分子占领了格尔尼卡。跟随法西斯军队的外国记者被告之，在格尔尼卡发现了“一些炸弹弹片”，大部分的破坏是由巴斯克人造成的，可能是为了激起对西班牙分子的愤慨。

——休·托马斯：《西班牙内战》，1961 年

材料三

我走过这座仍在燃烧得小城，废墟中可以看到许许多多的尸体。大多数的尸体已被烧的难以辨认。至少有 200 人在逃向高地时被机枪子弹打得遍身是眼。

——《每日快报讯》，1937 年 4 月

材料四

(图略。该画画的是大路两旁一片瓦砾，路中站着一军人，说：“我为贫穷困苦的巴斯克人带来了和平。”图下写着：“1937 年 6 月 21 日一份英国报纸上的漫画。画中人意指佛朗哥将军”。)

材料五

从与我友好的一位英法记者那里,我得知了有关格尔尼卡著名争论的一些情况。这个记者随首先占领该城的法西斯军队进入这个小城,他仔细检查了这里的毁坏情况,并询问了许多居民。这是共和国方面对这场战争的一次最成功的宣传妙计,并编造了一个已成为历史的神话。依照这个神话,格尔尼卡是被德国斯图卡式轰炸机在进行俯冲轰炸的试验时所摧毁的。其真相是,作为重要的通信中心和一个师指挥部的这座小城,是遭到了佛朗哥的西班牙空军的轰炸,而不是德国空军的轰炸。佛朗哥的空军袭击了火车站和一座兵工厂,但这个兵工厂是由撤退的共和国军队用炸药炸毁并放火烧掉的。

——彼得·肯普:《一个在西班牙内战中为佛朗哥一方作战的英国士兵》,写于 1976 年

材料六

(图略。这是一张照片,照片中只有三架飞机。照片下写道:"一个格尔尼卡的罗马天主教教士说,这张照片是他在这次轰炸袭击时拍摄的。")

问答题

运用"背景情况介绍"和这些材料,回答下列问题。每题的回答都要解释你的理由。

(1)材料一提供了什么?你的回答要说出理由。

(2)材料一是证实了材料二,还是与材料二相矛盾?解释你的回答。

(3)对材料二所引述的发言人的说法,有没有怀疑是不可靠的理由?

(4)你认为材料三中的记者是什么时候访问格尔尼卡的?你的回答要说出理由。

(5)材料四是表示法西斯分子轰炸了格尔尼卡吗?你的回答要说出理由。

(6)一个历史学家会认为材料四有用吗？解释你的回答。

(7)材料五是原始材料吗？解释你的回答。

(8)你认为材料五中提到的记者是写材料三的那个记者吗？你的回答要说出理由。

(9)材料六作为格尔尼卡所发生事情的证据可靠吗?

(10)一些德国飞行员在后来曾提到，他们试图轰炸格尔尼卡城外的一座桥，但未能击中。这能否帮助你对材料二中法西斯发言人的说法作出是不是可靠的判断？解释你的理由。

(11)你认为在格尔尼卡发生了什么？你的回答要说出理由。

(12)为什么历史学家非常重视弄清史料的来源?

(13)有人认为历史是一个人的普通教育中有用的一部分。你同意这种观点吗？你的回答要说出理由。①

四、"神入"教学法

在历史领域内容的教学中，学生经常对某些历史人物的行为表示出迷惑不解。例如，有的学生在学习抗金英雄岳飞班师回朝时，提出异议，认为岳飞应该抗旨不遵，拒绝回师，脱离腐朽的南宋朝廷；还有的学生在学习"二战"的内容时，认为张伯伦是一个傻瓜，完全缺乏理性，他没有去做他很显然应该做的事——任何头脑清楚的人在那种情况下都会做的。② 学生之所以出现这些疑惑，其原因要么是用现代人的价值观来衡量历史人物的行为，要么是脱离了历史人物所处的具体历史环境来对其行为进行评判。那么，如何帮助学生正确理解这些历史人物的行为呢？一个有效的方法就是运用"神入"的方法。

"神入"(Empathy)一词由西方历史教学界传入我国，是形象思维的

---

① 叶小兵译:《普通中等教育证书1988年夏季考试(南部考试团体·学校历史方案)》,《教育与管理》,1990年第1期。

② Dickinson, A. & Lee, P. J.. *History Teaching and History Understanding*. London, 1978: 72.

一种重要形式,是指研究人员要置身于历史发展的环境中去观察历史,站在历史人物的立场上去研究历史,即"主体进入客体之中去想象客体"的研究活动。这一方法运用于历史教学之中,就是让学生站在历史人物的立场上去观察当时的世界,像他们那样思考,从而把握他们的思想、情感、信仰、动机和意图等,并理解其思想的发展变化。

(一)"神入"的教学意义

历史发生之后,一去不复返了。学生要想对遥远的过去进行了解,除了获得必要的历史知识以外,还需要充分发挥自己的想象力,将自己的心灵置身于历史的情境,这就是"神入"的学习方法。在历史学习中,恰当地运用神入的方法,可以起到以下几方面的积极作用。

首先,激发学生对历史的学习兴趣。学生"喜欢历史但不喜欢历史课"是许多历史教师感到十分困惑的问题。如何激发学生对历史课的学习兴趣,当然可以从改进教学内容、教学方法、教学手段等方面下功夫,但是更关键的一点是,历史的学习,要让学生的思想感情融入所学的历史内容之中。苏霍姆林斯基曾指出:"当学生体验到一种亲身参与掌握知识的情感,乃是唤起青少年特有的对知识的兴趣的重要条件。"[①]在历史教学中,注重培养学生的历史神入的意识,其教学意义就在于让学生在"参与"历史的过程中,去感受知识的魅力和思考的价值。例如,讲到岳飞接到班师令时,让学生想象岳飞当时的心情以及作出的决定;讲到辛亥革命时,让学生思考辛亥革命后孙中山对帝国主义所采取的态度和立场;讲到"二战"时,让学生思考张伯伦在"慕尼黑协定"签订后的心态。这种让学生在一定程度上"参与"历史的活动,由于充分体现了学生的主体地位,使学生感到历史并不是枯燥乏味的过去事实的罗列,而是活生生的、离自己并不遥远的东西,这对消除学生与"历史"之间的隔阂,激发学生学习历史的兴趣是十分有益的。

其次,促进学生形成正确的历史观念。人们对历史的认识,总是先从

① 苏霍姆林斯基:《给教师的建议》,教育科学出版社,1984年,第237页。

表面的、感性的理解入手，然后再逐步过渡到深层的、理性的理解。正如英国历史哲学家柯林武德指出的，过去的历史不妨有两个方面，即外在的具体事实和它背后的思想。[①] 历史研究的任务，不仅要关注外在的具体史实，更须阐明事件中人的思想状态，方能真正理解该史实发生的原因。譬如，若要探讨明太祖决定废相的原因，就必须要先认识明太祖当时的思想状态，否则一切都变得隔靴搔痒。据此，柯林武德推演出他的著名命题：一切历史都是思想史。为了捕捉历史人物的思想，就需要研究者将自己置于历史人物的处境中去，以便能够在自己的脑中重现历史人物当年的思想。同样，在历史教学中，学生的历史学习，也不仅仅是对现成历史知识的简单理解和记忆，而且还需了解历史上人们的思想、情感、信仰和动机，只有这样，学生才能正确理解和评价历史人物的思想和行为。“神入”方法的运用，就是鼓励学生充当历史人物的代言人，并透过历史人物的眼睛去观察历史，体验当时的历史情境，并从因果分析和描述动机的尝试中，逐步加深学生对历史上人们的思想和行为的理解，从而帮助学生形成正确的历史意识和历史观念。

还有，完善学生的历史学习方式。英国哲学家培根曾指出，“学史使人明智”。传统历史教学存在的偏重于让学生机械背诵一些固定的知识和结论的做法，是培养不出富有灵气和智慧的学生的。而神入方法在历史教学中的适时运用，则有助于完善学生的历史学习方式。因为在对历史人物进行“神入”的过程中，学生需要对历史事件中的人物所处的历史境况作一番详细的考察，然后站在历史人物的角度去思考问题，并帮助其作出行动的决定。在这一过程中，每个学生还需要学会如何与其他同学一道调查和分析证据，如何对历史人物的行为动机进行合理的阐释，如何与持不同观点的同学进行争论和协调。显然，这一学习过程是一个融想象、质疑、讨论、比较、选择等思维形式于一体的探究过程，这对于扭转学生以往死记硬背的历史学习方式，形成自主、探究、合作的新型学习方式，

① R. G. 柯林武德：《历史的观念》，何兆武、张文杰译，中国社会科学出版社，1986 年，第 24 页。

具有重要的教育意义。

(二)“神入”的教学策略

关于历史教学中如何运用“神入”的思维方法，美国学者福斯特提出了以下一些教学建议：

1. 创设问题情境。选择一个适当的历史事件及人物，提出一个有价值的教学问题，是运用“神入”方法的关键步骤。一般而言，一些重要历史事件中的人物面临两难选择的问题，不同于现代价值观的历史人物的思想和行为，这些问题易于造成学生思维的矛盾和冲突，进而激发他们对历史人物行为动机的探究欲望。

2. 学生考查历史背景，收集并检验有关的历史证据。主要任务包括：(1)收集有关历史问题的证据；(2)学生对历史证据进行详尽的分析和评价。因为历史证据是历史研究的工具，学生只有积极参与对历史证据的检验和解释，才能对历史人物的行为有一个更深刻的理解；(3)为了有效的神入，学生必须对历史人物所处时代的政治、经济和文化背景有一个全面的了解，避免用现代人的价值观和信仰去衡量古人；(4)在对历史人物进行“神入”时，需要对其个性、背景和信仰有一个全面的了解，因为不同的人，即使给予相同或相似的处境，也可能会导致完全不同的行为结果。

3. 全班分享研究成果，并进行讨论或辩论。在这一过程中，每位学生除了与其他同学分享研究成果外，还可以针对不同的意见和观点，展开讨论甚至是辩论，只有这样，才能使自己的历史证据更加充实、可靠，使自己的观点更有说服力。

4. 学生神入历史人物的内心世界，解释他们行为背后的动机，形成学生自己对历史人物行为的理解和评价。学生在神入历史人物的过程中，不是进行“角色扮演”，把自己想象成要神入的对象，也不是对历史人物的处境持同情的态度，而是要求学生依据一定的历史证据，弄清其所处的历史环境，理解其作出决定的动机，并知晓其行为的结果。①

① Foster, S.. Using Historical Empathy to Excite Students about the Study of History: Can You Empathize with Neville Chamberlain? *The Social Studies*, 1999, (1).

(三)教学设计案例(以“辛亥革命”一课为例)

1.创设问题情境

武昌起义成功以后,孙中山领导的资产阶级革命派建立了中华民国临时政府。为了得到帝国主义的承认,临时政府在《告友邦书》中,承认清政府与帝国主义各国签订的一切不平等条约继续有效。对于这一史实,有学生可能要问:孙中山作为中华民国临时大总统,深知帝国主义的侵略给中华民族带来的深重灾难,那么为什么还要承认这些不平等的条约继续有效呢?一般的解释为,这是中国民族资产阶级的软弱性和妥协性的表现,你同意这种解释吗?

请考察辛亥革命后的国内外政治形势,神入孙中山的内心世界,分析孙中山当时复杂的心理及作出的决定。

2.历史背景考察

教师布置调查题目:

(1)武昌起义后,中国社会发生了哪些重大变化?

(2)国内社会各阶层(立宪派、旧官僚、会党、普通民众等)对革命的态度。

(3)帝国主义国家对孙中山及革命派的态度。

(4)考查南京临时政府的财政状况。

(5)孙中山及其革命派对帝国主义的认识和态度。

学生调查资料:

全班学生分成八个小组,每组五人,每组调查两个题目,并保证每个问题至少有两组人员进行调查。每组的成员再进行分工,从各种渠道获取资料。资料来源包括历史教材、图书馆的有关杂志和书籍、互联网资源等。在搜集资料的过程中,每位学生需要记下每一则资料的来源。搜集好资料后,每个小组内要进行资料汇总,并共同对这些资料进行讨论和分析,最后形成对调查题目的研究报告。

3.全班分享探究成果并进行讨论

各研究小组完成调查报告后,到班上进行集体交流,每组选一位代表作一个5～10分钟的陈述汇报，总结小组的调查结果。接着，小组间再就相同的调查题目展开交流和讨论，探讨论据是否充分、可靠，结论是否具有说服力。交流结束后，学生们对武昌起义后当时中国的社会背景都有了一个比较全面的了解。最后，每位学生依据所获得的各种证据，对孙中山及革命派所作出的决定进行重新思考和评价。

4. 神入孙中山的内心世界，解释其决策背后的动机

在重新思考和评价的过程中，学生们有了不同的意见。例如，有的学生对孙中山的决定表示理解，认为在当时的国内外形势下，采取与帝国主义妥协的办法，可防止帝国主义的武力干涉，避免重蹈庚子事变的覆辙，从而集中力量进行新生政权的建设；也有学生反对孙中山的决定，认为孙中山不应该继续承认这些不平等地条约，即使承认，也不会得到帝国主义国家的支持，而应该广泛发动民众，解决农民的土地问题，建立自己掌握的军队，共同来保卫新生的革命政权。对此，教师将全班根据"赞成"与"不赞成"孙中山的决定分成两大组，然后再展开讨论，每组发言的学生都要对其观点和看法阐明理由。

探究活动结束以后，教师要对全班学生的"神入"表现进行总结和评价，以引导学生掌握这一理解和认识历史的重要方法。

五、角色扮演教学法

在英语里有这样一句格言，"只是告诉我，我会忘记；要是演示给我，我就会记住；如果还让我参与其中，我就会明白"（Tell me and I forget, show me and I remember, involve me and I understand）。这句格言清楚地说明了学习过程中学习主体身心投入的重要意义，而角色扮演就是一种能使学生积极投入教学过程的方法。

"角色"原是戏剧中的名词，指演员扮演的剧中人物。它引入教学活动中，其方法称之为角色扮演教学法。角色扮演运用于《历史与社会》教学之中，主要是通过运用虚拟的场景以及人物的表演，呈现历史或现实的活动，其目的是营造一种与历史或现实情境相似的状况，以调动学生的学

习积极性，发挥学生的想象力，体验历史或现实生活真实情感的一种教学活动方法。

(一)角色扮演的教学意义

角色扮演在《历史与社会》教学中适时地运用，会产生以下一些教学功效：

一是激发学生的学习欲望。在角色扮演的活动中，学生会感到历史学习不再是单调乏味的史实记诵，而是一种寓学于乐的游戏与活动。因此，学生也不会硬着头皮去消极应付教师指令下来的任务，而是积极主动且富有创造性地融入学习过程之中。

二是加深学生对历史或现实问题的理解。许多历史或现实问题，脱离了具体的历史背景或实际情境，初中学生是难以理解的。而角色扮演的活动就是旨在为学生提供某种历史或现实的情境，让学生充分感知当事人的心理世界，从而做出合乎情理的判断和选择。

三是增强学生的合作意识和技能。教学过程是一个师生之间、生生之间多边活动的过程。角色扮演的活动并不是学生个体所能完成的，在大多数情况下，需要师生的集体智慧和分工协作才能顺利完成。学生在共同设计、共同讨论、共同表演的过程中，不仅培养了合作意识，也增强了团队精神。

四是锻炼学生的语言表达和沟通的技能。语言表达和沟通的技能是人际交往的重要能力。角色扮演活动的顺利进行，需要学生有较强的语言表达和沟通的技能。因此，角色扮演又为学生展示自己的语言表达和沟通技能提供了难得的机会。

(二)角色扮演的教学操作

在《历史与社会》教学中，角色扮演的教学步骤一般可分为：

1. 设定剧情、场景：教师首先将某一历史或社会问题情境进行简要的说明，然后设计剧情或布置情境，让学习者可以了解整个演出的基本内容。

2. 确定学生的角色：根据剧情中的角色需要，学生依据自己的意愿选择想要扮演的角色,或是由教师根据学生的个性和特长进行角色分配。

3. 介绍角色:所扮演的角色确定后,教师要对每一个角色进行介绍,然后学生在教师的指导下富有创意地进行设计和预演。

4. 建立总的情境(排演):在排演的过程中,每个扮演者只要能完成既定的表演动作,清晰地表达出预想的观点和想法即可。如果教师认为扮演者对事件或角色确实理解的不够到位,教师可以要求扮演者再次表演某一幕。

5. 评论和总结:教师可组织全班学生进行自由讨论,亦可由教师提问引起学生的思考。例如,对角色人物的观感如何?情节的布局是否合理?有无其他方式可以改善?等等。最后,教师对本次活动的优点和不足进行总结。

(三)教学案例

丝绸交易会

目的

(1)使学生全面认识中国古代经济重心由北向南逐渐转移的过程;

(2)通过活动,帮助学生认识环境状况的改变对经济与社会的可持续发展具有深层次的影响。

步骤

(1)老师提问:中国古代的经济开发,有哪几次高潮?(学生回答:孙吴时期、东晋南朝时期、五代十国时期);

(2)让学生对照挂图,回顾学过的有关古代丝绸生产及贸易的情况;

(3)由学生自愿报名,分别扮演丝绸贸易的产地代理人、国外丝绸商、外星商人、未来商务代理、丝绸研究专家或交易会主持人等。其中,产地代理人以教室中线为界,一边为北方代理人,另一边为南方代理人;

(4)教师布置:交易会分四场。

排演

第一场

时间:公元前60年的某一天;地点:长安

主持人:现在,安息商人要购买一批丝绸,请各地丝绸代理推销自己的产品。

临淄代理:我们齐地的丝绸,生产历史悠久,齐纨、鲁缟驰名中外。现在,我带来的丝织品,数量多,种类全,有名贵的锦、绢、纱,供您挑选。

襄邑代理:我们襄邑有朝廷开设的织造机构,生产规模大,成本低,价格合理。工匠技术水平高,能够为您提供各种各样的产品。

巨鹿代理:我们家乡的陈宝光妻,发明了先进的提花机。我们带来的这些精致的绫、锦,每匹价值上万元,这是我们有特色的品牌。

西域代理:我们西域的高昌、于阗也产丝绸,具有浓厚的地方特色,而且地处丝绸之路要道,交通方便,可随时为您提供最新产品。

主持人:以上都是北方代理,还有其他方面的代理吗?(无声)

安息商人:你们的产品,真是各具特色,让我眼花缭乱。这样吧,临淄、襄邑的锦、绢、纱,我各要二千匹。巨鹿的绫、锦,各要二百匹。西域的丝绸,我回程时视运输能力再决定购买的数量。

第二场

时间:公元740年的某一天;地点:长安

主持人:今天,一批阿拉伯商人前来购买包括绫、锦、绢、罗等在内的中国丝绸,诸位能给他们提供哪些拳头产品?

定州代理:我们能提供锦。

宋州代理:我们能提供绢。

亳州代理:我们也能提供绢。

成都代理:我们提供有名的蜀锦。

扬州代理:我们也能提供锦。

阿拉伯商人甲:我喜欢中国北方的产品。

阿拉伯商人乙:我更欣赏中国南方的丝绸。

主持人:你们可以尽情地挑选,只怕你们挑花了眼,或者挑得太多,到时候难以运走。

几位阿拉伯商人:不成问题!除了通过丝绸之路运输外,我们还可以通过海运,完成运输任务。

第三场

时间:公元1140年的某一天;地点:临安

主持人:海外商人需要购买一大批高档的传统中国丝绸,请各地代理商先报名,后介绍自己的产品。

(报名的有成都代理、建康代理、杭州代理。)

主持人:(惊异地)中国传统的丝织中心在北方,为何没有北方代理报名?这里有北方代理吗?

定州代理:有。

主持人:你为何不报名?

定州代理:唐朝安史之乱之后,我们的丝织业就开始衰落。后来,桑树种植面积不断缩小,人们对养蚕缫丝的兴趣大减。与江浙、四川相比,我们的丝织品质量、产量,都不具有优势。至于高档丝绸,就更难以与他们竞争了。

外国商人:成都蜀锦,古今有名。建康、杭州,也能生产高档丝绸吗?

建康代理:当然能。东晋南朝以后,我们引进了北方的丝织工匠与技术,大力发展养蚕缫丝业,丝织水平提高很快。相比之下,北方桑蚕环境恶化,丝绸业处在停滞不前的状态。唐末五代以后,我们江南的丝织业整体水平已经超过了北方。

主持人:丝绸生产格局的这种变化,实在是耐人寻味呀!

第四场

时间：公元 2140 年的某一天；地点：广州

主持人：今天，我很荣幸地告诉大家，有一位外星商人准备与中国进行有史以来最大宗的丝绸贸易。机会难得，希望到会各位商务代理提供足够的丝绸供货信息。

北方商务代理：我们没有这方面的信息。

南方商务代理：我们也没有这方面的信息。

丝绸研究专家：据我所知，不仅中国已经不产丝绸，而且地球上所有国家都不生产丝绸了。

主持人：(面对外星商人)非常抱歉！我们地球已经没有丝绸了。请您到其他星球去看看吧。①

六、作业纸教学法

作业纸(Worksheet)是我国香港地区非常流行的一种教学方法。它是把教学内容以课堂练习的形式有机组织起来，并配以大量的图画、图表等形象化的素材，以突出历史知识学习的启发性和趣味性。这种教学活动的方式，由于非常贴近中学低年级阶段学生的认知特点和心理特点，因而成为一种颇受学生欢迎的课堂教学活动。另外，这种教学活动的方式，特别鼓励教师富有创意地设计教学内容，而不是拘泥于教科书内容的逻辑进行设计，于是教师们创造性实施教学的热情也被有效地激发出来。下面以一个“五四运动”的教学案例具体说明。

课题：五四运动(中三)

作者：吴韵韶(香港教师)

---

① 参阅人民教育出版社环境教育中心：《中小学可持续性发展教育——各学科教学设计指南》，人民教育出版社，1999 年，第 256－258 页。

大事回顾

五四运动

发生日期：____________年________月________日

发生地点：____________

发起者身份：____________

所持口号：______________________________

运动性质：□爱国　　□叛乱

引言

1914年第一次世界大战爆发，日本不顾中国的中立地位，借口对德国宣战，派兵登陆山东及进攻青岛。次年，中国请求日本撤兵，日本拒绝，乃产生了中日“山东问题”。

甲、五四运动兴起的背景

(1)“二十一条”

日本早有灭中国的野心，就趁袁世凯做皇帝梦的时候，向袁世凯招手，日本答应全力支持他称帝，但要他答应日本的“二十一条”。试在下列空格处列出袁世凯承认“二十一条”的内容。

<table>
<tr><td>

二十一条

(1)________________

(2)________________

(3)________________

(4)________________

本大总统前特派委员与日本委员在北京议订关于山东之条约及关于南满洲及东部蒙古之条约业经国委员于民国四年五月二十五日(公元1915年5月25日)彼此签字盖印

本大总统加核阅　特予批准并署名。

签名:________________

民国四年六月一日

国务卿　徐世昌

</td></tr>
</table>

(2)段祺瑞的卖国

段祺瑞为了得到日本贷款以扩充私人的军力,不得不同意山东换文。试将下列空格填上经段祺瑞手批的词语。

<table>
<tr><td>

山东换文

中国山东各项权益由日本

接办　　经营

中国政府对于日本国政府上列之提议________________特此奉覆谨具

中华民国七年九月二十四日

中华民国特命全权公使　　章宗祥

外务大臣男爵后藤新平阁下

</td></tr>
</table>

(3)新文化运动之出现

①漫画中所称的“德先生”、“赛先生”究竟是指什么？90多年后的今天，你认为这两位“先生”是否已在中国定居？何以见得？

②上图是一幅反映当时情况的漫画，你认为当中主题鼓吹了什么思想？

③从以上的漫画，请列举三点日本在华享有的利益。

乙、五四运动之导火线——巴黎和会

1919 年 1 月 18 日，中国以战胜国资格，派陆征祥、顾维均及王正廷出席在法国举行的黎和会。

(1)假设你是当时的北京学生，面对日本人的侵略野心，你对巴黎和会有何憧憬？试写出你的期望。（以 100 字为限）

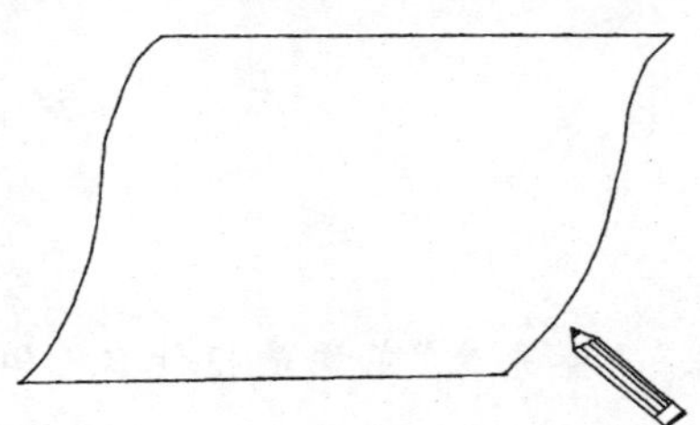

(2)巴黎和会之会议记录

1919 年 1 月 18 日，巴黎

出席者：

法国总理：克里孟梭（克）

中国代表：陆征祥（陆）

王正廷（王）

顾维均（顾）

日本代表：牧野（牧）

美国总统：威尔逊（威）

英国首相：乔治（乔）

记录

克：对不起，累各位久候，现在宣布会议正式开始。今日主要是讨论远东问题，各位代表如果有意见，请先举手然后再发言。

陆：作为一个战胜国，我们并没有特别的要求，只希望各国取消在我国的特权，收回山东的权益和……

牧：（不顾一切起立大叫）废话，全是废话！绝对不能让中国收回山东的权益。我国政府要求获得德国在山东和胶州湾的一切权益。

陆：没有道理，你们才没有道理呢！

克:我们还是一个个问题讨论吧!我们先讨论中国代表要求各国废除在华特权这个建议。先让中国的代表发表理由吧!

王:各国在中国都享有很多的特权,这些都是不合理、不平等的。希望各国本着民主的精神、公平的原则,取消这一切不合理的权利。

威:这也有点道理。一个民族应有其自主权,不过……有时候需要视情况而定,一切交由大家决定吧!

乔:这些特权和条约暂时是不宜废除的。这并不是我们有心针对中国,而是中国现在仍缺乏自治能力,法律制度尚未完善,一旦废除,中国必定陷于混乱的境况,那时想再施救也来不及了。

威:中日双方各有道理,不如投票决定吧!

牧:没有道理!如果是这样做,我会……

待续……

假设你是当时在场之会议记录者,试将此次讨价还价之情况记录下来。

(提示:中、日、美、法及英必会就自己的利益而提出不同的意见,只要参考当时之国际形势及各国国内之情况,当能知其背后动机,而会议之结果必涉及各国之利益,故从此方面出发考虑当时各国的对话。)

(3)这幅是反映巴黎和会的漫画,你认为它讽刺了什么事实?

丙、五四运动之经过

(1)假设你是当时的北京学生，你会否参与这次运动？为什么？

(2)假设你已参加了五四运动，并成为学生领袖(宣传组)，试替这次运动创作：

①标语一则(以二十字限)。例："取消二十一条"

②口号一则(以十字为限)。例："内争国权、外除国贼"

③襟章一个

例：

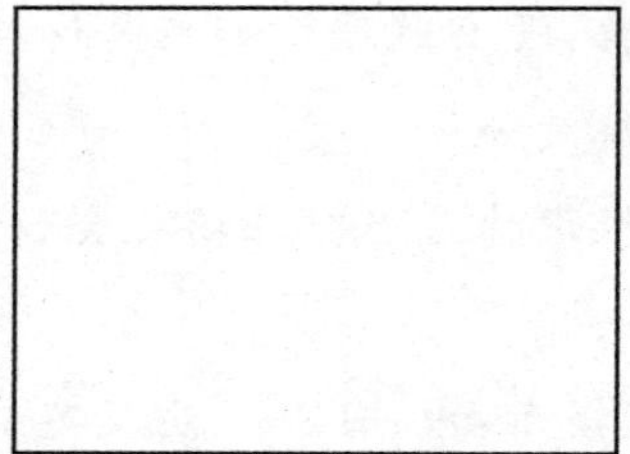

(3)特别新闻——火烧赵家楼

公元1919年5月4日，北京有3000多人在天安门前集会，举行示威，要求严惩"二十一条"及与历次向日借款有关的曹汝霖、陆宗舆、章宗祥三人。游行队伍又到曹宅……

假设你是"北京追击"的追击记者，你又追击学生从天安门至曹宅，以你的亲身所见所闻，拟写一份新闻稿(以100字为限)。

北京追击

火烧赵家楼

(本报讯)公元1919年5月4日，北京有3000多人在天安门前集会……

(4)资料题

资料甲

《北京全体学界通告》

现在日本在万国和会要求并吞青岛、管理山东一切权利就要成功了。他们的外交大胜利了,我们的外交大失败了。山东大势一去就是破坏中国的领土,中国的领土坏中国就亡了,所以我们学界今天排队到各公使馆去要求各国出来维持公理。务望全国工商各界一律起来设法开国民大会,外争主权、内除国贼!中国存亡就在此一举了!今与全国同胞立两个信条道:

中国的土地可以征服而不可以断送

中国的人民可以杀戮而不可以低头

国亡了,同胞起来呀!

资料乙

上海商业工团联合会下属商帮协会拟订抵制办法三条:

实行提倡国货;

不装某国货航;

不用某国钞票。

非经青岛收还,及民国四年二十一条密约与一起不平条约取消,誓不中止。

①资料甲是由哪一阶层的人士印发的?________

②资料乙是由哪一阶层的人士印发的?________

③两份资料中呼吁国人争回什么地方?________

④资料乙中号召国人抵制哪国货物?________

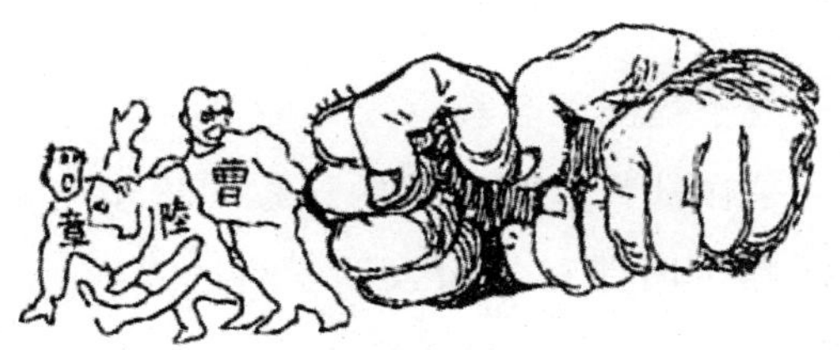

①这幅图是反映1919年要打倒卖国贼曹汝霖、陆宗舆及章宗祥的,你认为那三只拳头是代表哪三个阶层的人物?

---

②你认为各阶层团结与否与一个运动的发展有何关系？

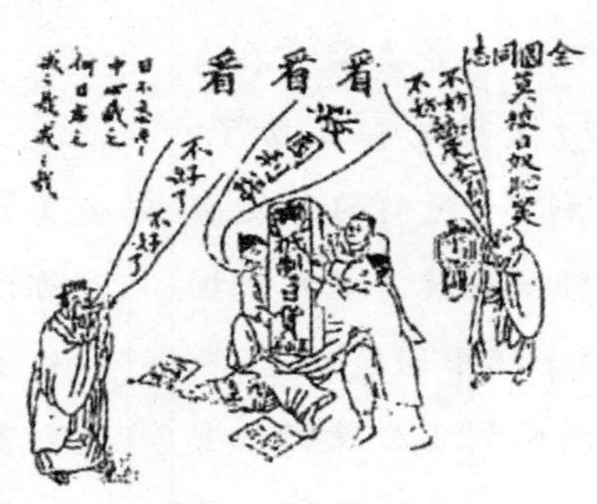

③漫画中所指的救国利器是什么？

丁、五四运动的之意义

五四运动是一场波澜壮阔的爱国运动，对现代中国的文化、社会、政治都有深远影响。试设计一牌纪念五四运动之纪念碑，当中写出五四运动之意义。（以 100 字为限）

五四运动纪念碑

七、范例教学法

范例教学法来自于德国著名教育家瓦根舍因等人提出的范例教学理论。范例教学理论是在批判传统教学的过程中逐步明确和丰富起来的，这一理论有力地批判了旧课程片面强调学科的系统性导致课程体系庞杂、加重学生负担的弊病。其支持者指出，在教学中，许多教师为了追求教学内容的系统性，尽量让学生掌握一大堆所谓具体、系统的材料，其结果是，学生根本不可能在这样的教学中获得系统的认识，也形成不了统帅全局的观念，在他们头脑中只不过充塞了一大堆杂乱无章的材料。因此，这种貌似系统的教学，实无系统。他们还认为，传统教学所追求的系统性，是把系统性的认识同教材的系统性混淆了起来。教学本应当教给学生系统性的认识，使学生了解学科的基本结构、各种知识之间的联系，让他们对一门学科有一个整体的、全局的观念。那么，如何达到这种系统性认识的目的呢？范例教学的理论认为，只有通过“范例”省掉那种“非实质性的东西”，才能克服教材内容庞杂的现象。所谓“范例”，就是“好的例子”、“典型的例子”、“特别清楚的例子”。所谓范例教学法，就是学生能够依靠特殊(例子)来掌握一般，并借助这种一般独立地进行学习的一种教学方法。[①]

为了在教学中有效地实施范例教学法，德国教育学家施滕策尔把范例教学的过程分为四个阶段：范例地阐明“个”；范例地阐明“类”；范例地掌握规律和范畴的关系；范例地获得关于世界与生活的经验。具体内容见表 6-4。

表 6-4 施滕策尔范例教学过程的四个阶段[②]

程序	目的	教师	学生
范例地阐明“个”↓	要求通过个别典型的事例和对象说明事物的本质。	精选、设计范例，以具体直观的方法提出问题。激发起学生学习动机，准备好一切教学的辅助手段。	激发起学习的欲望与动机。主动地进行发现性的学习。
范例地阐明“类”↓	从上述的个案出发去探讨“类”似现象，或者说对个别事例进行归类，对于在本质特征上相一致的许多个别现象作出总结，实际上是一种学习的迁移。	提供学生进行独立的、自主的学习的帮助。把学生从一个发现引导到另一个发现上去。	通过对个别认识的迁移来把握“类”。

① 参阅商继宗：《教学方法的现代化研究》，华东师范大学出版社，2001 年，第 127 页。

② 参阅商继宗：《教学方法的现代化研究》，华东师范大学出版社，2001 年，第 134—135 页。

续表

程序	目的	教师	学生
范例地掌握规律和范畴的关系 ↓	揭示出在“类”背后隐藏的规律。	提供帮助，让学生的探讨一步一步深入。	揭示、发现规律。
范例地获得关于世界与生活的经验	把教学的重点从客观的内容转移到开拓学生的精神世界方面，使他们在获得世界的图画中把各种知识与认识转变为自己的经验。	帮助学生把获得的规律性认识转变为自己的经验。	掌握规律。不仅深刻地了解客观世界，而且加强自己行为的自觉性。

在《历史与社会》课程实施过程中，加强范例教学法的研究和运用，也是十分必要的。《历史与社会》课程内容涵盖了历史、地理等众多人文学科的基础知识，但是在教科书设计的过程中，由于受教学时间、学生的可接受能力等因素的限制，能涉及到的各学科的知识是非常有限的，因此就需要选择这些学科中带有基本性、基础性和范例性的知识内容，使学生通过与“范例”的接触，了解各学科的基本思想和认识方法，最终达到举一反三、触类旁通的学习效果。

以《历史与社会》教科书（人教版）中“各具特色的区域生活”这一学习单元的设计为例。这一单元的内容基本上都是以某一典型区域为背景，设计与生产、生活紧密结合的范例，探讨自然环境和人类社会生活之间相互联系、相互影响和相互依存的关系，最后使学生明白人与自然和谐相处的道理。因此，这一单元的内容设计就明显地体现了范例性的原则，即由典型事例的个别特点推出同类事物的普遍特征，再由普遍特征上升到掌握事物的发展规律。下面就“草原风情”一课作具体说明。

这节课运用范例教学法进行设计，教学过程可分为以下几个阶段：

第一阶段：范例地阐明“个”。教师首先运用“内蒙古草原”这一典型案例,让学生从衣、食、住、行等几个方面,全面了解内蒙古草原牧民如何利用草原的自然环境,合理地安排生产、生活,并与自然环境和谐相处。

第二阶段:范例地阐明"类"。通过以上这一个案例的学习,进一步探讨世界各地类似的草原地区,如"澳大利亚草原牧场"、"非洲热带草原"等,分析和掌握这些草原地区人地关系的共同特征。

第三阶段:范例地掌握规律和范畴的关系。通过对这些草原地区人地关系的共同特征的把握,使学生进一步认识到,只有人与环境和谐相处,人类社会才能得到可持续性的发展。

第四阶段:范例地获得关于世界与生活的经验。学生利用所获得的知识和经验,提出本地区的发展如何与自然环境和谐相处的建议。

除以上列举的几种方法外,《历史与社会》课堂教学的方法还有很多,如模拟法庭、模拟旅行、新闻发布会、记者招待会、头脑风暴等。当然,这些课堂教学方法的运用,还需要根据具体的教学内容、教学情境和学生状况作出灵活、谨慎的选择,所谓"教学有法,而无定法,贵在得法",每个教师都应恰当地选择和创造性地运用教学方法,表现出自己的教学艺术,并形成自己的教学风格。

第二节 《历史与社会》教学手段的现代化

20 世纪 90 年代以来,以信息技术为核心,包括了微电子、通信、电子计算机、人工智能、光导、光电子等一系列高科技以前所未有的加速度,改变着人们的工作方式、学习方式、思维方式、互动方式乃至生活方式!特别是"多媒体"和"信息高速公路(国际互联网)"的出现,成为人类从工业化时代向信息时代转变的两大杠杆。与此同时,互动的多媒体与网络等现代信息技术也为当代和未来的教育创造了崭新的环境,成为教育变革的新引擎。在中小学教育教学实践中，充分运用现代信息技术已成为当今教育改革的重要特征。对此，《基础教育课程改革纲要》明确要求：大力推进信息技术在教学过程中的普遍应用，促进信息技术与学科课程的整合，逐步实现教学内容的呈现方式、学生的学习方式、教师的教学方式和师生的互动方式的变革，充分发挥信息技术的优势，为学生的学习和发展提供丰富多彩的教育环境和有力的学习工具。在《历史与社会》教学中，如何充分利用现代信息技术促进教学手段的现代化，是一个需要不断研究和大胆探索的课题。下面就重点探讨一下多媒体技术和网络技术在《历史与社会》教学中的应用问题。

一、多媒体技术在《历史与社会》教学中的应用

多媒体在教学中应用出现于 20 世纪 80 年代，但当时是采用多种电子媒体如幻灯、投影、录音、录像等综合运用于课堂教学，这种教学技术又称多媒体组合教学或电化教学。20 世纪 90 年代起，随着计算机技术的迅速发展和普及，多媒体计算机已经逐步成为教学中最重要的教学媒体。现在我们通常所说的多媒体教学，就是特指运用多媒体计算机并借助于预先制作的多媒体教学课件来开展的教学。

(一) 多媒体教学的优势

相对于黑板、幻灯、挂图等传统教学媒体而言，计算机多媒体应用于《历史与社会》教学可以体现出以下优势：

1. 简化程序，提高教学效率

在《历史与社会》教学中，教师经常会运用一些文字材料、图片和音像资料，如果采用传统的教学媒体分别来呈现这些资料，将会使整个教学流程变得烦琐、不畅，还会影响学生的注意力。而多媒体是对以往的多种教学媒体的综合利用，具有容量大，兼容性强的特点，可以储存大量的文字信息，也可以把照片、图片、动画、VCD、电影和录像转换为计算机数据存储在计算机硬件里，同时执行多项任务，用多种方式传递大量的有效信息。可见，在《历史与社会》教学中运用多媒体技术，不仅可以有效地

整合各种课程资源,而且会简化教学程序,优化教学内容,提高教学的效率。

2. 创设情境,营造身临其境的氛围

多媒体技术可以对文本、声音、图形、图像、动画等材料进行系统化的处理,具有直观、方便、快捷、实用等特点。利用多媒体技术编制的辅助教学课件,能充分创造出一个图文并茂、有声有色、生动逼真的教学环境,为教师教学的顺利实施提供形象的表达工具。特别是《历史与社会》教学中的许多内容,仅靠言语表达是难以达到理想的教学效果的。例如,历史领域的知识内容具有"过去性"的特点,而运用现代信息技术,则有利于创设历史的情境,提供直观的历史学习材料;地理知识具有很强的"区域性"特点,运用多媒体就可以把五彩缤纷的大千世界尽收眼底,增强学生对外部世界的感性认识。总之,运用多媒体技术,可以帮助学生突破时空的限制,营造身临其境的氛围。

3. 增强感知,促进学生的理解和记忆

心理学研究表明:人类大脑中有两种信息加工系统,一种是加工言语材料的系统,一种是加工视觉材料的系统。而当学习者同时使用两种通道对同一材料进行加工时,会获得比单一通道加工材料时更好的学习效果。[①] 使用多媒体的呈现方式,即通过言语和画面同时呈现材料的方式,就是充分利用了人类人脑认知的这一特点。因此,在《历史与社会》教学中,应积极运用多媒体技术,将言语信息与图片、视频等视觉信息有机联系起来,这样可以使教学内容变得形象、具体、生动,学生感知鲜明、印象深刻,便于理解和记忆。

4. 开发潜能,拓宽学生的思维空间

根据初中学生思维发展的特点,在教学中坚持形象性与抽象性相结合的教学原则,有利于优化学生的思维品质,激发创造潜能。但是,以往的教学实践研究表明(见表 6-5),文字、图像等传统教学媒体在增强事物

① 理查德·E. 迈耶:《多媒体学习》,牛勇、邱香译,商务印书馆,2006 年,第 6 页。

的形象性、发展学生的形象思维方面有着很大局限。因此，在《历史与社会》课堂教学中运用多媒体技术，可以有效地拓展学生的思维空间，特别是在促进学生形象思维的发展方面，优势明显。

表 6-5　传统媒体与现代媒体基本功能比较①

思维类型		抽象思维				形象思维							
		抽象性	概括性	逻辑性	语言性	形象性				整体性	概括性	直觉性	情绪性
		归纳	演绎			有色	有声	立体感	动感				
传统	媒体	文字		√	√	√							
	图像	√				√				√	√	√	
现代媒体	幻灯投影					√				√	√	√	
	录音			√	√		√						√
	录像电视	√		√	√	√	√	√	√	√	√	√	√
	计算机	√		√	√	√	√	√	√	√	√	√	√

（二）多媒体教学需要注意的问题

多媒体技术应用于《历史与社会》课堂教学，是教育现代化的必然要求。但是，在课堂教学中运用多媒体时，还需要特别注意以下问题：

首先，多媒体课件的设计，要有利于学生主体性的发挥。多媒体课件具有容量大、呈现快的特点，为教学内容的呈现提供了便利，提高了教学效率。但是需要特别指出的是，多媒体课件的设计，要有利于学生主体性的发挥，不能完全用事先设计好的课件演示流程取代学生思维的发展轨迹，因为学生在课堂上的真实生成状态自始至终是我们的关注点和着眼点，课件内容的呈现也应围绕他们的需求进行及时的调整。② 因此，在课件设计时，要多设计一些互动式的教学内容，为学生提供更多选择的机

① 温寒江、连瑞庆：《构建中小学创新教育体系》，北京科学技术出版社，2002 年，第 179 页。

② 温红彦：《我们需要怎样的课堂—新课程环境下课堂教学现象分析》，《人民日报》，2005 年 2 月 3 日。

会,为师生交流创造更多的机会。在呈现课件内容时,演示速度不能过快,给学生留出充足的思考时间,以利于他们有效地消化和吸收新的学习内容。

其次,多媒体的利用,要与传统媒体有机结合起来。与黑板、言语等传统媒体相比,多媒体所传递的信息虽然更具可控性,可放大、可缩小,可动可停,可近可远,但这些不同,没有改变人们必须通过思维的加工才能把握事物的本质和规律的这一认识过程。有学者研究指出,有关以抽象思维为主的知识,宜用传统教学媒体,而关于以形象思维为主的知识,宜用现代教学媒体。① 所以,教学中不能轻视传统媒体的作用,因为学生智力的发展,主要不是认知的形象方面的发展,而是逻辑思维的发展。可见,知识内容的思维特点,应该成为选择媒体的重要依据。此外,在教学中,媒体的选择还必须遵循美国大众传媒学家施兰姆提出的"低成本、高效能"的原则,即如果两种媒体在实现某一教学目标时,功能是一样的,我一定选择价格较低的那种媒体。事实上,《历史与社会》教学中的很多教学内容,完全是可以采用低成本的传统教学媒体完成的,并不是任何内容都需要运用多媒体。

还有,多媒体的介入,并不意味着教师主导作用的减弱。教师不是多媒体课件的"放映者",而始终是教学活动的设计者、组织者和引导者。多媒体仅仅是教学的手段和工具,是为教师的教学工作服务的。多媒体的介入,并不意味着教师主导作用的减弱,相反,对教师的教学能力提出了更高的要求,如多媒体教学内容如何选择和组织?如何有效地突出重点、突破难点?如何有效达成教学目标?此外,在教学中,教师渊博的知识、独特的人格魅力和扎实的教学基本功,仍然是教学取得成功重要保证,这些都是多媒体所永远无法替代的。

二、网络技术在《历史与社会》教学中的应用

国际互联网通过全球计算机的互联,将古今中外全人类的智慧汇聚

---

① 温寒江、连瑞庆:《构建中小学创新教育体系》,北京科学技术出版社,2002年,第178页。

到覆盖全球的巨型复杂网络系统之中，这不仅延伸了个体的大脑和思维活动，而且创造了一个外化的、每时每刻都在急剧发展的全人类的大脑，每个社会成员只要能同它“联网”就能迅速扩充自身的知识和智慧，相反，不能利用网络资源的人将变得越来越孤陋寡闻。

网络技术应用于教育教学，必将对我国当前的课程改革起到极大的推动作用。当前课程改革的一项重要目标，就是要转变学生的教学方式，即由单纯的传授、机械记忆型的教学方式转变为启发引导、实际探索的教学方式，提倡开展研究性学习。研究性学习是学生在比较广泛的教育资源的背景下所开展的自主的、开放的、探究式的学习。作为一种学习方式，研究性学习改变了传统的课堂学习方式，形成了基于各种信息资源进行探究的学习方式。这种学习方式，在很大程度上依赖于信息的收集、掌握和运用，而网络技术正是提供了这样一个资源平台。下面，就介绍两种基于网络技术的研究性学习模式。

（一）Webquest 教学模式在《历史与社会》教学中的应用

Webquest 是美国圣地亚哥州立大学的伯尼·道奇（Dodge，B.）等人于 1995 年开发的一种课程计划。“Web”是“网络”之意，“Quest”是“寻求”、“调查”的意思，中文习惯上翻译成“网络探究”。

Webquest 是探究学习活动的一种模式。它主要依托互联网的强大信息资源优势来训练学生的探究能力。在 Webquest 中，学生所使用的信息主要来自于互联网。为了提高学习的成效，Webquest 主要关注的是如何运用信息，以帮助学生锻炼分析、综合和评价等高层次的思维能力，而不仅仅是搜集信息，这也体现了 Webquest 模式创立的一个重要理念——以问题学习为本，以网络为媒介。

Webquest 有两种形式，一种叫短期 Webquest，一般为 1～3 课时的时间，主要目标是知识的获取和整合，学习结束时，学生能获得大量有用的新信息，并获得一定的体验和感受。长期 Webquest 时间一般在一周至一个月，活动结束时，学生能够掌握分析某一主题的相关知识，学会将知识进行转换和迁移，并能提供相关的研究作品，如论文或网页。

Webquest 的教学设计主要包括以下几个步骤:

1. 绪言(Introduction):通过创设问题情境激发学生的探究愿望。

2. 任务(Task):对学生将要进行的研究活动的最终结果进行描述。任务的最终结果可以是一份 PowerPoint 演示文稿、一份调查报告、一篇论文、一个展板、一个网页、一个主题演讲或者一次专题讨论等,或是这些任务不同程度的综合。

3. 过程(Process):教师将需要完成的任务分解成若干步骤,向学生提供学习以及如何与他人合作完成任务的建议,并提供相关的指导。

4. 资源(Resources):提供一个网址清单,这些网站教师预选好的,以便学生提高查找的效率。当然,资源并不仅限于网络资源,也可以利用图书、VCD 等形式的资源。

5. 评估(Evaluation):每一项 Webquest 都要有一套评价标准,以便对学生的探究结果进行评价。评价标准必须是公正的、清晰的和一致的,并且适合特定任务。

6. 结论(Conclusion):教师要对探究过程有一个总结,让学生明白本次探究活动取得了哪些成果,积累了哪些经验,运用了哪些方法,还有哪些地方需要改进,并如何将学到的东西运用到学习和生活中去。

下面以八年级《历史与社会》教学中关于"第二次世界大战"的内容为例进行 Webquest 教学设计。

引言

20 世纪上半期,工业文明刚刚向人们展示出美好的前景,世界上却发生了一系列剧烈的震荡,如两次世界大战、波及全球的经济危机等,特别是第二次世界大战,给人类造成巨大的灾难。那么,这场惨绝人寰的战争是如何爆发的?战争的经过和结果如何?它给人类留下了哪些教训?很值得我们深思。

任务

通过对"二战"这段历史的学习和探究,你们要完成以下任务:

- 探究战争爆发的原因；
- 列举法西斯的暴行；
- 分析一些著名战役；
- 介绍战争中的一些重要人物；
- 总结战争的经验和教训。

全班同学应以小组合作的方式对“二战”的有关问题进行探究，最后以 PowerPoint 演示文稿、书面研究报告等形式在班上交流研究成果。

过程

第一步：全班同学将分成五组，分别探究以下五个主题（有兴趣的同学可扩大范围自定题目）：

- 起因寻源：理解德、日法西斯势力的扩大。
- 法西斯暴行曝光：介绍奥斯威辛集中营。
- 著名战役剖析：重点介绍“斯大林格勒战役”，强调它对扭转战局的决定性作用。
- 风云人物介绍：重点介绍罗斯福、丘吉尔、斯大林等重要历史人物。
- 经验与教训：重点就“人类能否有效避免世界大战的爆发”这一问题进行思考。

第二步：每一个组内部再进行具体的分工，保证每位学生都有一定的研究任务。小组每个成员都必须根据指定的任务，通过查询网络资源、检索文献资料和咨询专家等形式搜集与本组主题有关的信息。

第三步：各小组总结并撰写本组主题的研究报告。

第四步：各小组的代表以幻灯片演示、口头报告等形式向全班展示研究成果。也可以围绕主题中的一些问题展开师生间、学生间、个人与小组间、小组与小组间的讨论和交流，或者也可以将讨论的问题放在校园网的论坛上，吸引更多的同学和老师参与讨论。

资源

为了提高信息搜索的效率和针对性,你们可重点参考以下学习资源:

• 网络资源

二战风云网 http://www.worldwar2cn.com

中华网>军事频道>军事专题>二战军事历史 http://military.china.com/zh_cn/dljl/warii

华夏经纬>军事>战争回顾 http://www.huaxia.com/js/zzhg/00044404.html

战争的艺术(第二次世界大战中文网) http://www.chinesewwii.net

新浪>新闻中心>第二次世界大战重大战役回顾 http://news.sina.com.cn/pc/2005-05-09/27/1446.html

K12资源库 http://k12.5ewy.com/naga

• 文本资源

义务教育初中《历史与社会》教科书(人教版)

历史文学作品:解力夫的《二次大战三巨头》,第一册《纵横捭阖——斯大林》、第二册《身残志坚——罗斯福》、第三册《临危受命——丘吉尔》,世界知识出版社。

罗伯特·T.埃尔森等:《图文第二次世界大战史》(典藏本)(39卷),中国社会科学出版社。

• 音像资源

电影《辛德勒名单》:这部电影可让你们进一步认清德国法西斯惨无人道、灭绝人性的本质,加深对战争的憎恨及对和平的渴望。

除以上资源外,还可以查找其他有关的网站、图书报刊和影视材料,以及通过E-mail向你能够联系上的专家咨询。

评价

每组对自己的探究活动进行评价，可参考以下评价表：

	初级(＋10)	中等(＋15)	较好(＋20)	优秀(＋25)	得分
信息搜集能力	搜集不到	搜集到少量	搜集到基本足以回答问题的信息	搜集到大量相关信息	
合作意识	从不合作	很少合作	有时合作	经常合作	
结论能力	无法说明	含糊不清	有条理地说明	严谨地说明	
介绍能力	不能在提交的报告里给出所需信息	可以提供一些相关信息	给出合适信息，听众知道报告在讲述什么	简明介绍，听众完全明白	
总　评					

结论

这个探究活动完成以后，每位同学应对第二次世界大战的原因、经过和经验教训有一个较深刻的理解和认识，并树立热爱和平、反对战争的情感和意识。此外，每位同学还应学会：(1)怎样与他人合作；(2)就自己的研究结果向小组提交一份研究简报；(3)把小组不同领域的研究汇总成一份完整的研究报告；(4)就自己小组的报告进行表述和答辩；(5)怎样寻找网上的有效信息。

(二)英特尔®未来教育模式在《历史与社会》教学中的应用

“英特尔®未来教育”致力于把当今最新的信息技术应用于教育、教学活动，用以培养学生探究意识和探究能力的一种教学模式。该教学模式充分体现了建构主义的教学思想，即在教学过程中，针对某些探究性的学习主题，教师充当学生学习的促进者，为学生提供学习手段，提供学习资源，提供一种促进学习的气氛，使学生知道如何学习、如何探究。对此，英特尔®未来教育项目的设计者曾借用古希腊哲学家苏格拉底的一句名言,即“教育不是灌输,而是点燃火焰”,以昭示该教学模式所追求的一种价值理念。下面就对这一教学模式及在教学中的应用作一介绍。

1.“英特尔®未来教育”教学模式的特点

与传统的教学模式相比较,“英特尔®未来教育”模式显示出以下几个特点:

第一,有一个相对统一的任务,这是教师事先设计好的,以便教师对探究性的教学活动进行统一的组织,有助于解决选题范围太广而导致教师指导和学生间交流所带来的困难。

第二,提供了一个“脚手架”,以引导学生像熟练的研究者那样对问题进行思考和探究。脚手架是将那些学生感到无从下手的大项目分成一个个小的任务目标,并将它们根据一定的规律“搭建”起来,问题一旦小了,也就有了一定的方向性,学生就能很方便地知道自己要解决的问题是什么,并循着一定的思路探究下去,逐渐形成一套自己的思维模式。

第三,为学生提供了便捷提取、高质量的信息资源,让学生能有效地搜集各种信息,进而能分配更多的时间用于解释、分析信息。因此,它是传统的课堂接受式学习到完全开放的研究性学习中间的一种过渡形式,实现了课堂教学与研究性学习的有机融合,增强了研究性学习的实用性和可操作性。

2.“英特尔®未来教育”模式在《历史与社会》教学中的应用

从上述特点可以看出,“英特尔®未来教育”模式充分体现了研究型学习、合作学习、资源型学习等现代教育理念,而这些教育理念也是综合性的《历史与社会》课程所积极倡导的。下面以《历史与社会》教科书中“探寻丝绸之路”这一综合探究课为例。具体的教学任务和工作程序如下:

教师任务

(1)提出对学生而言值得探究的问题——“探寻丝绸之路”;

(2)为学生提供可以参考的学习资源;

(3)对学生进行任务分工；

(4)为学生制定单元计划模板；

(5)为学生提供探究成果的评价准则(见附表3)。

学生任务

(1)学生根据教师的要求,选择适合的探究问题和探究目标；

(2)创建项目文件夹(见附表1)；

(3)填写单元计划表(见附表2)；

(4)要与同学分工合作,利用互联网等资源进行探究；

(5)以多媒体文稿、Web页等形式展示研究成果；

(6)运用教师提供的评价表对各组的研究过程和结果进行评价(见附表3)。

附表 1 项目文件夹

探寻丝绸之路
Student_samples
Student_multimedia_persentation
学生多媒体演示文稿
Student_publications
学生时事通讯或小册子
Student_website
学生网站和辅助文件
Teacher_support_materials
Unit_plan
单元计划（Word文档）
单元计划（文本文档）
Evalution_tools
多媒体评价工具
出版物评价工具
网站评价工具
Unit_support_materials
作品引用记录
教师网站、演示文稿
其他文档或模板

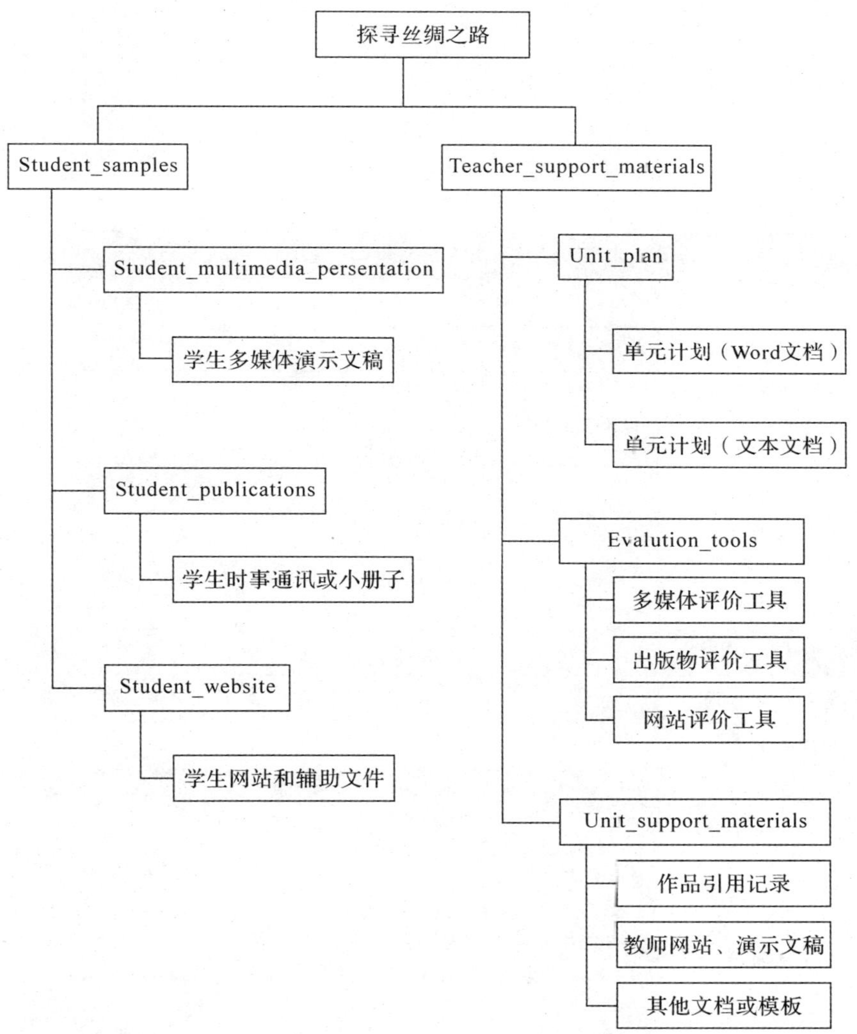

附表 2　单元计划

探寻丝绸之路

作者	
姓名：	
E-mail 地址：	
学校所在区县：	
学校名：	
学校地址：	
学校所在 城市、省、邮政编码：	
学校电话：	
单元概况	
单元计划标题	探寻丝绸之路
课程问题	
基本问题	你了解“丝绸之路”吗？它为什么有那么大的吸引力？
单元问题	①“丝绸之路”名字的由来？它起源于何时？在什么时候正式形成？ ②试着想象、描述一下古时候人们走“丝绸之路”的情形。所用的交通工具有什么？运送的货物又有哪些？ ③“丝绸之路”是否只有一条路线？你还知道其他“丝绸之路”的存在吗？ ④“丝绸之路”要穿越哪些省、市、自治区？沿途要经历哪些名关重镇？“丝绸之路”沿线有哪些风光是你向往的？

课程标准
列举文化传播的一些途径，了解历史上不同地区之间文化交流的结果； 列举事例，说明历史上交通和通信手段的不断进步，使区域之间的联系日益密切。

续表

学习目标/学习成果
知识目标： ①了解丝绸之路的开辟的背景和过程； ②理解丝绸之路的开辟对东西文化交流的意义。 能力目标： ①信息素养：通过不同途径搜集各类资料的能力；初步具备筛选、整理资料的能力；制作 PowerPoint 演示文稿的能力； ②综合能力：写作能力(编写介绍活动的串联词，并以书面形式提交)；语言组织能力(从资料中提炼出主要观点，并且用自己的语句表达出来)；口头表达能力(介绍本组的研究成果)；分工与合作的能力(组内成员之间的协作精神)；活动组织和策划的能力(对本组的研究活动制订计划，并按计划开展活动)； ③创新能力(合理而又创造性地运用各种形式介绍研究成果) 情感目标： 养成热爱我国优秀民族文化的情感。
教学过程
①以"探寻丝绸之路"为本次研究主题，确定重点探究的内容； ②学生利用网络或图书资源探究问题和任务； ③根据初步探究结果，学生分组交流和讨论； ④将本组探究的结果制作成 Powerpoint 演示文稿或网页； ⑤将各组的探究结果在全班交流； ⑥根据不同的评价标准对各组的演示文稿、网页及他们在活动中的表现作出评价。
所需时间(例如：45 分钟、4 小时、1 年等)
一周
必备技能
①会使用文字处理软件(Microsoft Word)和搜索引擎(如 Baidu，Google)； ②会从电脑网络、光盘等渠道下载并剪辑各种视音频材料； ③会正确使用数码照相机、摄像机和扫描仪； ④掌握多媒体演示文稿、网页的制作和呈现技能； ⑤具备图书阅读能力和摘录有用信息的技巧。
本单元需要的学习材料和资源

印刷材料	《丝绸之路：兴盛与衰败的寒暑表》、《丝绸之路——东西方文明交往的通道》、《丝路花雨》、《敦煌概况》等。
所需教具	投影仪、VCD、电视机、多媒体计算机。

续表

网络资源	①金丝网 http://silking. 3322. net ②中国丝路游 http://www. silkroadtravel. com ③中国丝绸之路旅游网 http://www. joingansu. com/www2001/newsmanger/default. asp ④中国历史文化名城——张掖 http://www. westdata. net/zhangye/index. html ⑤敦煌旅游网 http://www. dunhuangtour. com/index5. asp ⑥中国西部信息网＞敦煌大漠风光 http://www. cnxbinfo. com/news3/20020927_1. htm ⑦中国丝绸文化＞丝绸之路 http://www. psnmt. pudong-edu. sh. cn/zhishi/ ⑧人民网＞网上丝绸之路 http://www. people. com. cn/item/wwbh2000/0812/081203. html ⑨图行天下＞丝绸之路 http://www. go2map. com/china/silkroad/default. htm ⑩纵横假期＞丝绸之路精华游 http://www. llvacations. com/gb/sichouzhilu. htm ⑪休闲旅游＞丝绸之路 http://asp. 6to23. com/lybar/coffeeshop/silkroad. htm ⑫中国丝绸网＞丝绸之路 http://www. china-4. com/shang/sczl2. htm ⑬丝绸首页＞丝绸文化＞丝绸之路 http://www. jssct. com/c06. htm ⑭天地方圆＞ 丝绸之路 http://kuafu. diy. 163. com/silkroad. htm
学生评价	对学生的评价见"学习活动评比表"。

附表 3 评价工具

学习活动评比表

评比者：____________ 评比对象：____________

<table>
<tr><th colspan="2">评比项目</th><th>自评</th><th>互评</th><th>教师评</th><th>平均分</th></tr>
<tr><td colspan="2" rowspan="2">信息素养</td><td></td><td></td><td></td><td></td></tr>
<tr><td></td><td></td><td></td><td></td></tr>
<tr><td colspan="2" rowspan="2">制作
演示文稿</td><td></td><td></td><td></td><td></td></tr>
<tr><td></td><td></td><td></td><td></td></tr>
<tr><td rowspan="3">综合能力</td><td>语言组织和表达</td><td></td><td></td><td></td><td></td></tr>
<tr><td>创新能力</td><td></td><td></td><td></td><td></td></tr>
<tr><td>分工合作</td><td></td><td></td><td></td><td></td></tr>
</table>

评比标准参考表

<table>
<tr><th></th><th>分数档次</th><th>9</th><th>6</th><th>3</th></tr>
<tr><td rowspan="2">信息素养</td><td>资料搜集面广（见细则一）</td><td>至少 8 项</td><td>至少 6 项</td><td>至少 4 项</td></tr>
<tr><td>搜集途径多样（见细则二）</td><td>至少 4 种</td><td>至少 3 种</td><td>至少 2 种</td></tr>
<tr><td rowspan="2">演示文稿</td><td>文稿数量较多</td><td>30 张以上</td><td>20 张以上</td><td>10 张以上</td></tr>
<tr><td>技术使用的实效性</td><td>美观大方，技术与内容有效结合</td><td>技术与内容结合较好</td><td>技术与内容结合效果一般</td></tr>
<tr><td rowspan="2">综合能力</td><td>语言组织和表达</td><td>发音清晰，思路严谨，表述有热情，坐在最后一排都能听见，介绍过程中没有出现说错的情况</td><td>发音清晰，大部分同学都能听见，介绍过程中基本没有出现说错的情况</td><td>声音不够响亮，许多同学听不见，能完成介绍</td></tr>
<tr><td>创新能力（见细则三）</td><td>至少 5 种</td><td>至少 4 种</td><td>至少 3 种</td></tr>
</table>

续表

	分数档次	9	6	3
综合能力	分工合作	小组中建立了良好的人际关系；每位组员都能积极主动提供资料，对活动表现出极大的热情；每位组员都能及时、高质量地完成小组中分配给个人的所有任务	小组成员能够互相合作，对活动表现出较大的热情；每位组员都能及时地完成小组中分配给个人的所有任务	每位组员都能提供资料，能在期限之前完成小组中分配给个人的任务

细则：

(1)资料搜集涉及：①地理位置；②自然环境；③历史资料；④历史地图；⑤历史遗迹；⑥丝路风光；⑦宗教信仰；⑧手工艺品等方面。

(2)资料搜集的方法包括：①上网；②去图书馆查阅书籍、杂志、报纸；③去商店购买相关实物或书籍；④专家咨询；⑤实地考察等。

(3)介绍成果的形式包括：①口头叙述；②小品表演；③对话；④头脑风暴；⑤舞蹈；⑥演奏；⑦板报等。

总之，多媒体技术和网络技术的飞速发展，为课堂教学从内容到方法的改革创新都提供了重要的支撑。因此，在《历史与社会》教学中，积极地应用现代信息技术，探索基于现代信息技术的新型教学模式，是新时期教学改革的重要方向。

第七章 《历史与社会》课程教师的专业发展

教师是课程实施的主力军，教师的专业化水平会直接影响课程实施的效果。在《历史与社会》课程实施的过程中，加强教师专业素质的研究，制定教师培养与培训的策略，提升教师对课程的行动研究能力，也就成为当前教师专业发展需要重点研究的问题。

第一节 《历史与社会》课程教师的专业素质

《历史与社会》是一门新兴的综合课程，该课程的实施对任课教师的专业素质提出了较高的要求，正如《历史与社会》课程标准指出的，"承担历史与社会课程教学的教师，必须树立适应素质教育需要的教育观，树立开放的、综合的课程观和促进学生自主学习、主动建构知识的教学观。"[①]但是，我们知道，目前担任《历史与社会》课程教学的教师，绝大多数都是高师院校单一学科专业培养出来的，由于缺乏综合课程教育的专业训练，教师的专业

① 教育部：《全日制义务教育历史与社会课程标准(二)》，北京师范大学出版社，2001年，第33页。

素质就成为一个令人关注的问题。因此，深入探讨《历史与社会》课程教师专业素质的内容和特点，并据此制定教师专业发展的策略，是一个应首先探讨的问题。

关于教师专业发展的概念及内涵，顾明远主编的《教育大辞典》指出，教师专业素质是“教师为完成教育教学任务所应具备的心理和行为品质的基本条件”。[①] 这里用“基本”强调教师专业素质的“底线”，也就是说，缺乏或没有达到这些心理和行为品质的要求就不能成为有效的教师，就不能很好地履行自己的岗位职责。叶澜教授从教师的专业化出发，认为“教师的专业素养是当代教师质量的集中表现，它应以承认教师职业是一种专业性的职业为前提，主要包括：与时代精神相通的教育理念（教育观、学生观、教育活动观）、多层复合的专业知识（科学与人文的基本知识、1～2门学科知识与技能、教育学科知识）以及履行责任和权力的各种能力（理解他人和与他人交往的能力、管理能力、教育研究能力）。[②] 还有学者认为，教师专业素质就是从事教师职业所应必备的基本素质要求，是在个体一般素质的基础上形成和发展起来的教师职业的基础性和通识性素养和品质，是基本胜任教育教学工作的教师必备的专业品质。[③] 根据以上关于教师专业素质的概念界定，并结合《历史与社会》课程教师的具体特点，《历史与社会》课程教师专业素质主要是指教师顺利完成《历史与社会》课程教育任务所必需的教育理念、课程意识、知识结构、教学技能和能力、教学研究意识和能力等方面的基本素质。

一、先进的教育理念

所谓理念，就是一个人具有的准备付诸行动的信念，它既是一种观念，也是一种行动。作为21世纪的《历史与社会》课程教师，必须具备符合时代要求的教育理念。

① 顾明远：《教育大词典（卷二）》，上海教育科学出版社，1990年，第16页。

② 叶澜：《新世纪教师专业素养初探》，《教育研究与实验》，1998年第1期。

③ 经柏龙：《教师专业素质的形成与发展研究》，2008年东北师范大学博士论文，第16页。

首先，要有符合素质教育理念的教育观。实施素质教育，是我国新世纪教育改革的重要目标。《历史与社会》作为一门基础课程，在实施素质教育方面肩负着十分重要的责任。该课程的主要特点是：强调人文素质的培养，以民族精神的铸造为核心；强调社会主体观的形成，为学生认识社会、适应社会、参与社会、发展社会提供良好的课程环境；强调健全人格的培养，体现“以育人为本”而不是“知识为本”的现代教育价值取向。该课程的这些特点要求《历史与社会》课程教师在教学中应做到：(1)重视学生公民素养的提升；(2)关注学生人文精神的培育；(3)加强学生综合认知和解决社会问题能力的培养；(4)促进学生健全人格的发展。

其次，要有“以人为本”的学生观。主要体现在：(1)将学生置于学习主体的地位。学生是从师学习的受教育者，但学生不是被动装填知识的“容器”，而是活生生的、有主观能动性的人，是学习的主体。教师应指导学生学会学习，改变那种让学生跟在自己后面亦步亦趋的习惯，使他们真正成为学习的主人。(2)要了解和研究学生。这是指教师既要了解和研究学生的年龄特征，更要了解和研究每个学生的不同特点。苏联著名教育家阿莫纳什维利曾指出：“教育的强大力量就在于它能在多大程度上区别对待致力于发展每个学生的智慧和形成他的个性特点，能在多大程度上有助于以普遍的友爱和与人为善的精神感染他们中间的每一个人。”[①]作为一名《历史与社会》课程教师，只有具有正确的学生观，才能做到热爱学生、尊重学生，与学生建立起民主平等、教学相长的师生关系，才能用知识的力量和人格的魅力赢得学生的尊重和仿效。

第三，要有建构主义的教学观。建构主义理论是对认知主义理论的进一步发展，该理论以其全新的视角对教学过程作出了更科学、合理的解释，已逐步成为教学改革的一个重要的指导理论。建构主义教学理论主张，当信息渗透于有意义的情境之中的时候，当提供运用知识的机会和对知识多重表征的时候，当创设隐喻和类比的时候，当给学习者提供能够使

① 阿维纳什维利：《学校没有分数行吗?》，朱佩荣编译，教育科学出版社，1986 年，第 80 页。

其产生与其个人相关联的问题的机会的时候，学习者就能够进行理想的学习。[①] 据此，《历史与社会》课程教师也要确立建构性的教学观，在教学过程中，努力创造一个适宜的学习环境，使学生能够积极主动地建构他们自己的知识，实现新旧知识的有机结合，并逐步提高他们创造性分析和解决问题的能力。

二、综合的课程意识

《历史与社会》课程不是学科群体的统称，而是基于学生的生活经验，对历史、人文地理等相关学科的整合。因此，从综合课程的类型来看，《历史与社会》课程已经不同于以往分科较为明显的相关课程形式，已经属于整合度较高的融合课程，"融合课程要求教师本人应当系统完整地掌握融合课程的全部内容，并清晰地了解这些分属于不同分科课程的内容之间的有机联系和价值所在"。[②] 更重要的是，教师还应学会采用跨学科的、统一的概念去联系或融合历史、地理、经济、政治、社会等多门学科的概念、原理和方法，淡化不同学科之间的人为界限，引导学生从综合的角度去认识历史和社会现象，提高他们综合解决问题的能力。否则的话，"如果只是有一个新的学科的名称，而教师仍然像原先那样孤立地对待其中的各学科，那么这种课程形式就不能说是融合课程形式，而只能说是相关形式"。[③] 可见，作为一名《历史与社会》课程教师，需要改变以往学科本位的观念和被动执行的做法，增强综合课程的观念和意识，不仅要精通各人文与社会学科领域的重要概念、原理和方法，而且还要树立综合课程的观念和意识，正确理解和把握《历史与社会》课程的价值、目标及其内容结构，最终在头脑中形成一个打破历史、地理和经济等学科界限并被有机整合的课程内容体系。

① 张华：《课程与教学论》，上海教育出版社，2000 年，第 275 页。

② 有宝华：《综合课程论》，上海教育出版社，2002 年，第 229 页。

③ 王伟廉：《课程研究领域的探索》，四川教育出版社，1988 年，第 99 页。

三、合理的知识结构

教师作为专业人员，首先必须具有从事教学所要求的知识。根据当前教育界对教师知识结构的研究，以及《历史与社会》课程的特点，《历史与社会》课程教师的知识结构可简要概括如图 7-1。

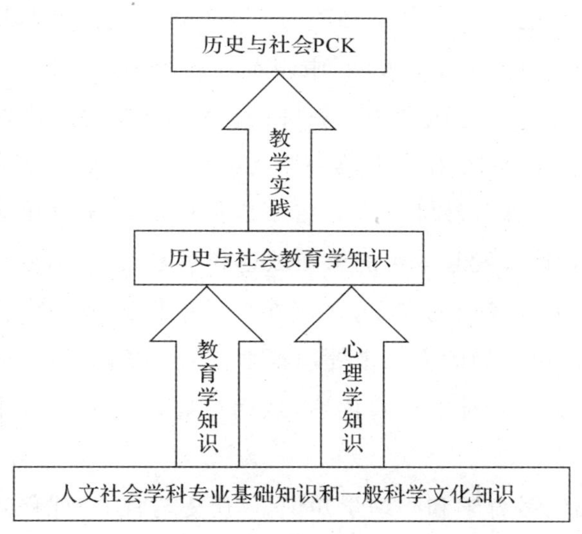

图 7-1 《历史与社会》课程教师知识结构示意图

从上图可以看出，《历史与社会》课程教师需要具备的知识主要涵盖以下几个方面。

一是系统的专业基础知识。《历史与社会》课程作为一门综合课程，涉及众多人文社会学科领域的内容。作为一名《历史与社会》课程教师，首先应该具备扎实的历史、地理专业知识，精通中外历史和地理。其次，还要广泛涉猎经济学、社会学、政治学、文化学等学科的知识。除此之外，还需要掌握人文社会科学的基础理论，特别是跨学科的知识、理论和方法论，用以对各科知识进行链接、重整和概括，使原本割裂、零碎的知识统整为一个有机联系的知识系统。《历史与社会》课程教师只有具备了全面、扎实的专业基础知识，才能很好地适应综合课程的教学工作，才能做到通观全局地处理教材，进而创造性地实施教学。

二是广博的科学文化知识。为了更好地实现教育的文化功能，《历史与社会》课程教师除要具备扎实的专业基础知识以外，还要有广博的科学文化知识。这方面的知识，除了《历史与社会》课程要求的专业知识以外，还有像文学、艺术和自然科学等方面的文化知识。了解这些文化知识，对于提升教师的综合文化素养是必需的。正如苏霍姆林斯基指出的，“一位优秀教师懂得的东西应比‘大纲’中规定的内容多许多倍，课程对他来说只不过是这门学科的起码知识。教师的高深学识、宽阔视野和对科学问题的浓厚兴趣，都是吸引学生热爱学习、获取知识所必要的条件。”[①]可见，《历史与社会》课程教师只有具备了广博的文化知识和综合的文化素养，才能更有效地激发起学生的求知欲望和学习兴趣，满足每一个学生的探究兴趣和多方面发展的需要；才能在教学中做到旁征博引、融会贯通，从新的角度、用更合理的方式来处理本学科的教学内容；才能在教学过程中挖掘出深具人文精神的教育内容，从而更好地实现综合课程所要追求的教育功能。

三是全面的教育学和心理学知识。《历史与社会》课程教师不仅要掌握大量的专业基础知识，以及与所教学科相关的科学文化知识，而且需要熟悉教育学、心理学和学科教学法的知识。关于教师为什么要掌握这方面知识，美国著名哲学家、教育家杜威曾指出两点理由：“一条理由是，他能凭借这类知识观察学生的反应，迅速而准确地解释学生的言行，否则，学生的反应，可能察觉不出来；另一条理由是，这些知识是别人用过而又有成效的方法，在需要的时候，他就能够凭借这些知识给儿童以适当的指导。”[②]作为21世纪的《历史与社会》课程教师，应当通晓并熟练掌握教育科学理论知识，这既是教师工作性质的客观要求，也是教师的教学由经验水平提高到科学水平的重要前提。这方面的知识范围相当广泛，包括教

① 北京教育行政学院等七院校：《外国教育史》，新时代出版社，1987年，第498页。

② 约翰·杜威：《我们怎样思维·经验与教育》，姜文闵译，人民教育出版社，1991年，第229页。

育基本理论、心理学基本理论、课程论、教学论、教育史、教育社会学、教育心理学、教育管理学、教育法学、比较教育学、现代教育技术，以及教育科学研究方法等。《历史与社会》课程教师只有全方位地了解这些教育专业知识，才能确立起先进的教育思想，正确选择教学内容与方法，把自己所掌握的知识和技能科学地传递给学生，从而促进学生的全面发展。

四是《历史与社会》教育学知识。就《历史与社会》课程教师而言，这一类知识主要包括《历史与社会》课程论、《历史与社会》教学论、《历史与社会》评价论、《历史与社会》科研论等方面的内容。《历史与社会》课程教师掌握这些知识，可以知晓如何在教学充分体现综合课程的理念，如何科学合理地进行教学设计，如何有效地开发和利用课程资源，如何创造性地使用教科书，如何灵活地选择教学方法，如何进行教学评价和考核，以及如何开展教学研究，等等。这一类知识对《历史与社会》课程教师的教育教学实践起着直接的指导作用，也是当前教师专业发展过程中最欠缺、最需要补充的知识。

五是《历史与社会》学科教学知识。作为一名合格的《历史与社会》课程教师，不仅要拥有大量的本课程的专业知识，熟悉有效教学的方法，而且还要对本课程的知识是如何建构起来的，以及如何呈现给学生有一个深刻的理解。对此，美国学者舒尔曼称这类知识为“学科教学知识”(Pedagogical Content Knowledge，简称 PCK)，是指“将所教的学科内容与教育学原理有机融合而成的对具体课题、问题或论点如何组织、表达和调整以适应学习者的不同兴趣和能力以及进行教学的理解”。[①] 与上述各种知识不同，这种知识是《历史与社会》课程教师在具体教学情境中，将上述各种知识加以整合运用而形成的一种“活化”的知识，是教师主动建构并创造的一种新知识。这种知识是一种最具专业特征的知识，在《历史与社会》课程教师的职业生涯中发挥着重要作用。

---

① Shulman，L. S.. Knowledge and Teaching: Foundations of the New Reform. *Harvard Educational Review*, 1987,(1).

四、良好的教育教学能力

教育教学能力是教师顺利完成复杂的教育教学活动所必备的个性心理特征。《历史与社会》课程教师的教育教学能力主要应包括教学设计的能力、教学实践的能力、教学评价的能力等。

1. 教学设计的能力

教学设计是指教师在进行教学活动之前，根据教学目标的要求，对教学过程事先预计的教学方案。由于《历史与社会》课程涉及众多学习领域，各学科领域知识的不同特点决定了教师必须采取灵活多样的教学设计形式。特别是作为综合课程，在教学设计时，教师要“能准确判断出各个不同学科知识在何处具有共同性或相关性，可以在此‘重叠处’或‘相关处’综合；何处互不相关，必须分开教授给学生”。[①] 此外，作为人文性、探究性、实践性较强的课程，在教学设计时，还需要教师为学生创设各种自主活动的机会，如讨论、辩论、模拟、角色扮演、制作、合作探究，等等。这些教学的新特点都对教师的教学设计能力提出了挑战。

2. 教学实践的能力

作为一名《历史与社会》课程教师，除了具备扎实的教学基本功以外，在教学中还应特别注意培养以下几方面的能力。一是跨学科教学的能力。《历史与社会》课程的跨学科性，一方面要求教师的教学应打破各学科之间的界限，形成各学科之间的呼应、联络、交汇，形成各学科知识的相关化、融合化、广域化；另一方面需要指导学生学会运用多学科知识解决问题的方法。二是要有“即席而作”的教学机智。《历史与社会》是一门与学生生活和社会实际密切联系的课程，因此，在教学之前，学生已经了解了大量与教学内容有关的知识和经验，再加上学生参与教学活动机会的增多，经常会导致一些难以预料的情况和问题的出现，这时，就需要教师能审时度势、因势利导，将这些未能预见到的情况和问题及时加工成教育

① 沈晓敏：《为年幼儿童设计的课程——一种具有内聚力的综合课程》，《外国教育资料》，1999年第6期。

教学的内容，这种“即席而作”的教学机智，是评价一个教师教学水平高低的重要标尺。

3.教学评价的能力

《历史与社会》课程注重知识的综合、学生的参与和社会意识的形成，这些特点也就要求教师不仅要对学生掌握知识的状况作出评价，而且要对学生思维水平、社会探究技能和社会实践能力、情感态度等学习目标的达到程度进行综合性、发展性的评价。对此，除了传统的纸笔测试的评价方式以外，教师还应该学会运用教师观察、学生成长记录、主题活动评价、个案分析、小组评价、学生自评等形式。对于评价的结果和反馈的信息，教师要适时地进行反思和总结，从而使评价真正发挥改进教学和促进学生发展的功能。

五、较强的教育科学研究能力

进入21世纪，知识、信息爆炸日益加快，教育改革和教学内容的发展速度也随之加剧。教学已由静态的、固定的知识传授，向动态的知识对话、师生协作转变；记忆的、划一的学习方法，已被发现、探索和个性化的学习方法所取代。这一切要求《历史与社会》课程教师不能再以授之以鱼的经验型教师自居，而应成为授之以渔的专家型教师，其出路就在于积极开展教育、教学的科学研究。特别是《历史与社会》作为一门新型的综合课程，有许多教学实践问题是在分科状态下不曾遇到的，例如，如何进行跨学科内容的教学设计？如何指导学生对跨学科、跨领域的问题进行分析？如何与其他学科教师进行合作教研？有关社会学方面的内容如何进行教学？要解决这些教学问题，教师没有较强的教育教学的研究能力显然是不行的。《历史与社会》课程教师具有较强的教育教学研究能力，是综合课程实施的客观要求。

总之，作为一门新型课程，《历史与社会》课程教师的专业素质决定着课程的未来。进一步探讨《历史与社会》课程实施背景下的教师专业素质结构，对于完善我国教师教育的标准，促进教师的专业发展，以及增强课程实施的有效性，都具有十分重要的意义。

第二节 《历史与社会》课程教师培养与培训

为了保证《历史与社会》课程的顺利实施，造就一支高素质的教师队伍是必不可少的。《历史与社会》课程教师队伍的成长，离不开教师的职前培养和在职培训。因此，科学规划职前培养和职后培训的课程内容，并制定科学的实施策略，就成为教师专业发展研究的核心内容。下面本节将就此问题作一初步的探索。

一、《历史与社会》课程教师的职前培养

我国目前中学的新师资主要是由高等师范院校培养的。从理论上讲，高等师范的教育改革应适应并引导中小学的教育改革。高等师范不应只跟随中学，作为仆人，而应更有远见，更加高瞻远瞩，成为推动整个教育改革的催化剂。但我国的实际情况是，高等师范教育的变革通常滞后于中小学的教育改革，特别是在当前的新一轮课程改革中，中小学综合课程的改革已经全面展开，而师范教育仍然保持传统的分学科教师培养的模式。面对课程综合化的趋势，我国高等师范教育的改革已成大势所趋。

令人欣慰的是，为适应中小学综合课程改革的需要，2002 年，国家教育部批准有条件的高等师范院校设立新的独立本科专业"科学教育"和"人文教育"。目前，许多师范院校已经开设了"人文教育"专业，并已有毕业生走上工作岗位。因此，如何科学、合理地规划"人文教育"专业的培养目标和课程内容，就成为人们比较关注的问题。

仅就"人文教育"课程而言，教师教育的目标也应致力于培养"通才"，而且由"学术通才"进一步优化为"教育通才"，[①]即既有宽厚的学术知识基础，又有较高的教育教学水平，并能对两者进行创造性地综合的教育人才。

① 殷赪宇：《综合课程与教师素质适应性问题的思考》，《中小学教师培训》，2000 年第 5 期。

1."学术通才"的培养

我国传统高等师范院校的师范专业一般是按单一学科设置的,结果导致高等师范学生的知识面较为狭窄,毕业后一般只能胜任一门与所学专业相对应的学科教学工作。为了适应中学《历史与社会》课程内容新、跨度大、覆盖面广的特点,"人文教育"的专业基础课程的设置,要有利于拓宽学生的知识基础,全面提高学生的科学文化素质。这里的"基础知识"主要包括专业基础知识和其他文化知识两方面。

学生的专业基础知识主要来自对专业课程的学习。联系目前中学《历史与社会》的课程内容,大学"人文教育"的专业课可以开设:人文与社会科学通论、中国历史、世界历史、地方史、中国地理、世界地理、经济学基础、社会学、政治学、中外文学名著选读等课程。

除专业基础知识以外,师范生还需要广泛涉猎其他领域的相关知识。拥有广博的文化知识,不仅是提高他们自身文化素养的需要,而且会使他们对未来知识的迅速增长和变革显示出较强的适应性。这些知识的获得,除了自学以外,还可以通过选修各种课程来实现。对于人文教育专业的学生来说,除了选修人文、艺术、社会学科领域的课程外,还需要选修一些自然科学领域的课程。例如有的学校开设的"世界高科技前沿",主要帮助大学生,特别是文科大学生了解自然科学的一些新成就。当然,每个师范生的兴趣爱好、个性特点都有很大的差异,故建议在拓展自己的文化知识的同时,还要注意根据自己的兴趣、爱好来选修课程,发展自己的一技之长,这对未来从事教育工作也是十分有益的。

2."教育通才"的培养

在"学术通才"的基础上,把"学术通才"进一步打造为能适应并引领中学社会科课程改革的"教育通才",这是高等师范教育应该努力改革的方向。这里主要涉及高等师范教育类课程的设置问题。

目前,我国教师的职前培养严重缺乏教育教学理论方面的内容,师范院校开设的教育类课程多年来一直沿用20世纪50年代学习苏联时确定的三门课，即教育学、心理学、教材教法；而且课时比重也偏低，在总课时中约占不到10%，有时甚至会减少到1%～2%。世界上一些发达国家在教师教育过程中，教育类课程的种类全面而繁多，如有教育学、教育史、教育哲学、教育社会学、普通心理学、教育心理学、实验教育学、教育制度、比较教育、职业指导、学校卫生、教育评价与测量、学科教学法与教育实习等，而且教育类课程所占比重有增多的趋势。据统计，许多国家教育类课程约占师范院校课程总量的16%至33%。我国教育课程设置的现状注定了高等师范学生教育素养的贫乏。一些学者所作的调查报告也表明，我国中小学教师的教育类知识严重缺乏，据在北京、浙江、广西等地的调查，有60%的教师对教育类知识的掌握不及格。[①] 教育理论知识的匮乏，已经成为制约教师教学和科研能力发展的瓶颈性因素，增加我国教师职前培养中的教育类课程已刻不容缓。

教育类课程的学习，对于提升教师的专业化水平，塑造具有创造性实践的专家型教师，具有十分重要的意义。目前我国国内的一些重点师范院校已开始着手教育类课程的改革。例如，华东师范大学的教育课程设置就有较大的调整，其课程由四大板块、16门课程组成，即综合理论板块、教育能力板块、教育技术板块、实践能力板块。第一板块：当代教育思想教育思潮的历史演变、教育心理学、当代教育课程理论与课程创新、中小学教育改革研究；第二板块：教育研究方法、研究报告写作；第三板块：多媒体和网络教育技术、课件的设计与制作；第四板块：教学策略、课题管理、师生沟通的艺术、教育评价与测量、优秀班主任研究、心理健康教育与辅导。[②]

根据教育部2011年颁布的《教师教育课程标准》（试行），并结合“人文教育”四年制本科专业的特点，教育类的课程可分三个阶段进行设置：

第一阶段开设教育学、心理学类的课程。教育学类主要包括“教育哲

① 肖川：《教师：与新课程共成长》，上海教育出版社，2004年，第267页。

② 朱小蔓：《教育的问题与挑战：思想的回应》，南京师范大学出版社，2000年，第353页。

学”、“当代学校课程与教学改革趋势”、“教师职业道德”、“教育研究基本方法”等课程。心理学类主要包括“儿童发展”、“中学生认知与学习”等课程。

第二阶段开设“《历史与社会》课程论”、“《历史与社会》教学论”、“多媒体课件设计”等课程，旨在帮助学生掌握《历史与社会》教育、教学的理论和实践知识。

第三阶段进行微格教学、教育见习和实习等实践活动。根据《教师教育课程标准》的要求，特别应加强教育实践和体验的环节，教育见习和实习的时间不少于18周，并使其成为职前教育课程计划的核心内容，而不是“补充”和“辅助”的位置。

总之，加强教育类课程的学习，特别是加大教育实践类课程的比重，是当前师范教育改革的重要特点。“人文教育”专业也应重视教育理论类和实践类课程的设计，以充分发挥其在教师职业养成方面的特有功能，达到培养教育通才的目的。

二、《历史与社会》课程教师的在职培训

教师作为一种实践性很强的专业，其专业成熟是一个长期、连续的过程，既需要职前培养，更需要在职培训。

(一)《历史与社会》课程教师在职培训的重要意义

1.《历史与社会》课程教师专业能力发展规律的要求。我国有学者对优秀教师能力形成时间分布作了详细的统计(见表7-1)。研究发现，这些教师主要教学能力的形成是在在职期间发展起来的。中学《历史与社会》课程教师的成长规律也是如此，特别是与教学实践密切相关的一些能力，如教学内容的处理能力、教学机智的能力、与学生交往的能力，等等，主要是在在职期间形成的，故加强教师的在职培养，对教师的整个职业生涯都有着深远的影响。

表 7-1 优秀教师能力形成时间分布①

	大学前(%)	大学前后(%)	在职(%)
对教学内容的处理能力	18.95	12.63	68.42
运用教学方法和手段的能力	21.65	12.37	65.98
教学组织和管理的能力	19.58	11.34	69.08
语言表达能力	34.69	20.41	44.90
教学科研能力	18.18	11.11	70.71
教学机智的能力	19.19	11.11	69.70
与学生交往的能力	21.43	10.21	68.37
平均	21.95	12.74	65.31

2.《历史与社会》课程实施的要求。随着《历史与社会》课程的逐步推行,《历史与社会》课程教师的来源及其专业素质就成为人们十分关注的问题。从目前的普遍情况来看,担任《历史与社会》教学的教师,主要来自于传统历史、地理和政治三科的教师。由于长期习惯于分科的教学方式,当面对《历史与社会》课程中不同学科的专业知识内容,教师知识结构的问题就凸现出来,更何况相当一部分教师同时还要兼任思想品德课程的教学任务。我们在中学调研的过程中也发现,由于没有经过系统的专业训练,教师们在讲授非自己专业背景的知识内容时,总感到底气不足,不敢大胆地分析和阐述,从而直接影响了教学的效果。也正如有的学者指出的,“对于他们不认识的东西,教师和学生一样,均不能统整。教师统整课程的先决条件是对知识有深入的认识。尝试统整不认识的东西,教师和学生一样,会简化、扭曲和使学习无效。”②可见,加强在职教师的专业学习和培训,是《历史与社会》课程顺利实施的重要保障。师资问题不解决,《历史与社会》课程的教育设想将流于空谈。

(二)《历史与社会》课程教师在职培训课程设计

《历史与社会》课程教师在职培训课程的确定,一方面需要考虑教师

① 王邦佐:《中学优秀教师的成长与高师教改之探索》,人民教育出版社,1994 年,第 6 页。

② 林智中、陈健生、张爽:《课程组织》,教育科学出版社,2006 年,第 146 页。

专业发展的阶段和特点，另一方面还要考虑教育改革的现实需要。

国内外教师教育的实践及研究表明，教师的专业发展如同人的生长一样，要经历由不成熟到成熟的发展过程。一般说来，教师的成长过程分为四个阶段：准备期，适应期，发展期，创造期。处于准备期的教师主要关注点是取得任职资格；处于适应期的新教师主要关注点是熟悉钻研教材；处于发展期的教师主要关注点是思考自己的教学与其他教师的不同，尝试总结经验，形成某种教育风格；处于创造期的教师关注的焦点则是如何根据学生特点进行灵活有效的教学，成为教育专家。在不同的成长阶段，教师须补充不同的营养，因此教师教育的目标和内容也应有所不同。《历史与社会》课程教师的在职培训，同样需要根据教师专业发展的阶段进行灵活的设计。

根据教师的专业成长规律，《历史与社会》课程教师在职培训课程内容大致可围绕以下几方面进行设计。

1. 教育理论方面

主要涉及教育学、心理学和《历史与社会》课程理论方面的内容。教育学的培训内容主要是让教师们了解最新的教育理念，可开设“基础教育课程改革与发展趋势”、“教育新理念与教师专业发展”等讲座内容。心理学主要设计教师教学行为、学生学习心理的知识，可开设“课堂教学心理研究”、“学生学习心理研究”等内容。《历史与社会》课程理论主要帮助教师树立综合课程的意识，特别是对综合课程要有充分的理论理解和实践体会，提高教师对综合课程的理解和信任，可开设的课程内容有“社会科国际教育比较”、“《历史与社会》课程价值研究”和“《历史与社会》课程内容研究”，等等。

2. 专业知识方面

在专业知识方面，在职培训的课程应以更新和补充学科知识，以及教师的实际教学需要为重点。例如，可开设“中学《历史与社会》课程内容解析”的主题培训，聘请各学科领域的专家对课程的各部分内容进行解析，以达到对课程和教材内容更深刻的理解和认识。另外，为了提高培训的实效性和针对性，也可采取“交叉培训”的方式，如原地理专业的老师进行历史知识的培训，历史专业的老师进行地理知识的培训。

3. 教学理论与实践方面

这方面的培训，要坚持理论与实践相结合的原则，力求学理论、用理论，以指导教师把所学到的理论用来提高教学质量和水平。对此，应该开设的讲座有：“《历史与社会》有效教学研究”、“《历史与社会》课程资源的开发和利用”、“《历史与社会》教学方法研究”、“《历史与社会》教学评价研究”等。另外，这方面的培训内容最好能与有关的示范课相结合，可起到更好的培训效果。

随着计算机多媒体教学方式的普及，“现代信息技术在《历史与社会》教学中的应用”也应成为《历史与社会》课程教师培训的一项重要内容。美国教师教育研究表明，“技术的使用可以实现由教师中心向学生中心的建构性社会科教学方式的转移”。① 因此，这方面的培训，不仅要介绍多媒体教学课件的设计、优秀教学课件的展示、网络资源开发及其利用等问题，而且还要指导教师学会如何利用网络技术与学生进行网际交流和讨论，以及如何开展基于网络资源的研究性学习活动。

4. 科研能力方面

随着我国基础教育改革的不断深入，对教师的科研能力也提出了更高的要求。因此，有必要开设“《历史与社会》研究课题设计与申报”、“《历史与社会》教育科研方法”和“《历史与社会》教育科研论文写作指导”等课程，以适应新时期对《历史与社会》课程教师提出的更高标准和要求。

上述教师培训内容的课程配置可参考表 7-2。

---

① Wright, V. H. & Wilson, E. K.. Using Technology in the Social Studies Classroom: The Journey of Two Teachers. *The Journal of Social Studies Research*, 2009, (2).

表 7-2 课程配置

<table>
<tr><th rowspan="2">课程模块</th><th rowspan="2">课程名称</th><th rowspan="2">学时</th><th colspan="3">培训对象</th></tr>
<tr><th>高级教师</th><th>中级教师</th><th>初级教师</th></tr>
<tr><td>师德修养</td><td>新时期教师修养</td><td>6</td><td colspan="3">必修</td></tr>
<tr><td rowspan="3">教育理论</td><td>当代教育思潮</td><td>6</td><td colspan="3">必修</td></tr>
<tr><td>基础教育课程改革新趋势</td><td>6</td><td colspan="3">必修</td></tr>
<tr><td>教育心理学研究新进展</td><td>6</td><td colspan="3">必修</td></tr>
<tr><td rowspan="2">课程与教材研究</td><td>历史与社会课程标准解读</td><td>6</td><td></td><td></td><td>必修</td></tr>
<tr><td>历史与社会教材分析</td><td>6</td><td></td><td>必修</td><td>必修</td></tr>
<tr><td rowspan="9">教育与教学实践研究</td><td>国内外社会科教育比较研究</td><td>3</td><td>必修</td><td>必修</td><td></td></tr>
<tr><td>历史与社会综合性学习及其指导</td><td>6</td><td colspan="3">必修</td></tr>
<tr><td>历史与社会教学方法研究</td><td>6</td><td colspan="3">必修</td></tr>
<tr><td>历史与社会教学设计研究</td><td>6</td><td>必修</td><td>必修</td><td>必修</td></tr>
<tr><td>历史与社会有效教学策略</td><td>6</td><td></td><td>必修</td><td>必修</td></tr>
<tr><td>历史与社会课程资源的开发和利用</td><td>3</td><td></td><td colspan="2">必修</td></tr>
<tr><td>信息技术在历史与社会课程中的应用研究</td><td>6</td><td colspan="3">必修</td></tr>
<tr><td>历史与社会教育评价方法</td><td>3</td><td>选修</td><td colspan="2">必修</td></tr>
<tr><td>历史与社会试题编制方法</td><td>6</td><td>选修</td><td colspan="2">必修</td></tr>
<tr><td rowspan="6">专业知识拓展</td><td>中国古代史专题</td><td>6</td><td>选修</td><td colspan="2">必修</td></tr>
<tr><td>中国近现代史专题</td><td>6</td><td>选修</td><td colspan="2">必修</td></tr>
<tr><td>世界古代、中世纪史专题</td><td>6</td><td>选修</td><td colspan="2">必修</td></tr>
<tr><td>世界近现代史专题</td><td>6</td><td>选修</td><td colspan="2">必修</td></tr>
<tr><td>人文地理专题</td><td>6</td><td>选修</td><td colspan="2">必修</td></tr>
<tr><td>自然地理专题</td><td>6</td><td>选修</td><td colspan="2">必修</td></tr>
<tr><td rowspan="4">教育科研</td><td>历史与社会教育科研方法</td><td>3</td><td>必修</td><td>必修</td><td>必修</td></tr>
<tr><td>历史与社会课题设计与申报</td><td>3</td><td>必修</td><td>必修</td><td>必修</td></tr>
<tr><td>历史与社会科研论文写作指导</td><td>3</td><td>选修</td><td>必修</td><td>必修</td></tr>
<tr><td>历史与社会校本教研方法</td><td>3</td><td colspan="3">必修</td></tr>
</table>

（四）《历史与社会》课程教师在职培训的实施

《历史与社会》课程教师在职培训的实施，离不开科学的培训方法。以往教师教育的经验表明，教师在职培训的内容必须坚持“两个有利于”：一是必须有利于把学习内容置入教师教育教学的实践情境中去，使教师在问题解决的过程中体验和感悟，激发教师的学习热情，使他们在积极的状态下学习；二是必须有利于促进教师把学习的理论和技术具体应用于教育教学工作，总结、提高自身已有的经验，将其概括为规律性的认识。①这样的在职培训，才能发挥较高的教育效能，并对教师进一步学习产生激励作用。对此，在《历史与社会》课程教师在职培训时，应努力做到以下几个方面：

1.在职培训课程的设计要做到理论与实际密切结合。要改变以往一谈教师培训，就是听专家作报告、到中学听课的做法。专家的理论讲座和教学观摩固然必不可少，但是一定要注意将两者有机结合起来，让培训内容真正能够转化为教师的实践智慧，真正成为实现教师专业发展的推动力。对此，在培训实践中，我们曾设计了“教学理论讲座—观摩示范课—教学问题研讨—行动研究”四位一体的专题培训模式。比如，教学理论讲座先开设了“创造性地使用教材”这一专题，然后一位中学优秀教师根据这一专题开设一堂研究课或示范课，接着让全体学员再针对这个专题并结合这节示范课展开讨论，最后学员们将这些理念在教学付诸实施，并对自身教学行为展开行动研究。教育实践表明，这一培训模式对提升教师的理论素养和教学水平，效果是比较明显的。

2.培训方法要灵活多样，不断创新。《历史与社会》课程教师的在职培训，一定要根据成人学习的特点，设计切实能提高其素质和能力的培训方法。除了专家讲座的形式外，还可采用案例教学、问题研讨、合作交流等方法和形式，让学员积极参与培训过程。案例教学是通过剖析和解读

---

① 教育部师范司：《更新培训观念变革培训模式——中小学教师继续教育学习提要》，东北师范大学出版社，2001年，第16页。

典型教学案例，旨在使学员理解隐含于案例中的教学思想和教学方法，旨在帮助学员提高理论认识水平、丰富实践经验的一种培训方法；问题研讨是指以某一教学问题或议题为中心，参与者经过准备获得初步认识，然后集体讨论研究，以获得问题解决办法的一种培训方法；合作交流是指通过培训者和受训者之间，以及受训者和受训者之间的交流、合作和研讨，旨在变静态的集体为动态的集体，以促进学员集思广益、资源共享的一种培训方法，等等。

3. 增加实践活动的教学内容。实地教学观摩、观看录像资料和参观考察等实践活动都是学员十分喜欢的培训形式。通过对一些优秀历史与社会教师课堂教学的观摩，学员可以了解和学习这些教师的教学艺术和教学风格，以促进自身教学水平的提高；也可以采取“同课异构”的方法，即不同的教师同上一节课，让学员认识教学设计和教学风格的多样化；增加一些历史遗迹、博物馆、文化景观、自然景观等考察活动，也是非常必要的，这样的活动不仅可以开阔教师们的知识视野，提升人文素养，而且对丰富教学内容也是非常有益的。

4. 充分利用现代化教育手段。随着现代化教育手段的普及，充分利用现代化信息技术，已成为当前师资培训的重要方式。由于多媒体教学设备具有信息容量大、形象和便捷等特点，在培训过程中，可以提高培训效率，增强培训效果。特别是网络技术的发展，利用网络进行远程教育，可以实现各地区之间的优质教育资源的共享，从而扩大培训范围，提高培训质量。例如，通过“中国教师研修网”、“全国中小学继续教育网”等网上教师培训平台，浙江地区上千名《历史与社会》课程教师接受了培训，并取得了良好的培训效果。

第三节 《历史与社会》课程教师的科研路径

《历史与社会》课程教师素质提升的途径很多，而参与教育科学研究，特别是参与课程改革方面的教育科学研究工作，无疑是一个重要的路径。

与专业学者的科研路径不同,《历史与社会》课程教师应秉持正确的科研理念,探寻适当的科研范式,走出一条符合自身特点的科研路径。

一、《历史与社会》课程教师的科研理念

随着课程改革的不断深入,《历史与社会》课程教师从事教育、教学的研究工作,具有重要的现实意义。而秉持正确的科研理念有是开展科研工作的前提,这些科研理念主要有:

1. 教师即课程

教师即课程,是指教师应该参与到课程的创造与开发之中。《历史与社会》作为一门新兴的综合课程,在课程实施过程中,以往可借鉴的经验不多,有许多问题还需要在实践中加以研究和解决,如课程内容的整合设计、课程资源的开发和利用、信息技术下的课堂教学模式的构建、教学评价和试题编制等等。很显然,这些问题的研究和解决,离开广大《历史与社会》课程教师的积极参与是不可能的。正如斯坦豪斯强调指出的,"课程研究和编制应该属于教师,而且可以在实践中使之付诸实践"。[①]《历史与社会》课程教师只有积极投身于教育、教学问题的研究,才能理性地面对课程实施过程中遇到的各种困惑和难题,并积极寻求解决问题的办法,这是《历史与社会》课程得以顺利实施的重要保障。

2. 教学即研究

教学即研究,是当代教师专业发展的重要理念。美国学者韦恩·罗斯指出,教师不应是学校教育文化的消极接受者,仅仅选择教学方法完成课程任务,而应积极参与学校教育文化的形成,进行创造性地教学。[②] 我国学者的教育实践研究也表明,教学质量的改善归根结底取决于学校特

① 劳伦斯·斯坦豪斯·宾特雷伊:《课程研究和课程编制入门》,诸平等译,春秋出版社,1989年,第172页。

② Ross,E. W.. *The Social Studies Curriculum: Purpose, Problems, and Possibilities*. State University of New York Press,2001:34.

别是教师是否具有开放的、调查的、探究的态度。[①]《历史与社会》教学质量和水平的提高，同样需要广大教师具有一种反思性探究精神，积极参与本课程的科研活动。《历史与社会》课程教师从事教学科研，不仅可以更新观念改进教学方法，增强对新课程教学的适应性，而且可以为《历史与社会》课程的教学不断地注入新的活力，提高教学的质量和水平。

3. 教师即研究者

课程改革不仅需要课程理论的研究者，更需要大批能够将新的课程理念进行创造性地转化的实践研究者。《历史与社会》课程教师成为实践研究者具有得天独厚的条件。《历史与社会》课程教师身处于真实的教育教学情境之中，能够准确地从学生的学习中了解到自己教学的成效，以及需要改进的方面，尤其是能从教育、教学现场中获得第一手的资料，这为展开实证研究提供了良好的条件。当然《历史与社会》课程教师要真正成为研究者，还应当具备以下素养：拥有改进教育教学实践的热情；养成终身学习的习惯；掌握教育教学研究的基本方法；形成自我反思和批判思考的能力；具有合作科研的意识和能力。

二、《历史与社会》课程教师的科研范式

《历史与社会》课程教师承担着繁重的教育教学任务，有效地提高教育教学质量，是他们的迫切要求。因此，鲜明的针对性和较强的实效性应该成为《历史与社会》课程教师科研的主要特征。国内外大量的实践表明，行动研究、叙事研究、实验研究等是比较适合《历史与社会》课程教师从事科研工作的一些主要范式。

1. 行动研究

行动研究（Action Research）的理论是 20 世纪 40 年代美国社会心理学家库尔特・勒温提出的。行动研究是指教师在教学过程中要以研究者的心态置身于教学情境之中，以研究者的眼光审视和分析教学理论和教

① 冯克诚：《课程与教学理论发展与课程改革文论选读（上）》，中国环境科学出版社，2006 年，第 79 页。

学实践中的各种问题，对自身的行为进行反思，对出现的问题进行探究，对积累的经验进行总结，最后使其形成规律性认识的一种教育研究活动。行动研究是以教学第一线的教师为研究的主体，以课堂师生互动的自然情境为研究对象，以自然观察、个案研究、叙事研究等质的方法为研究工具。借用英国著名课程学者斯坦豪斯的一句名言来表达便是："每一个课堂都是一个实验室"，"每位教师都是科学团体中的一员"。[①]

《历史与社会》课程教师从事行动研究，是一种较为理想的研究方式。由于受自身能力、条件、所处环境的限制，要进行系统的、理论的教育科学研究是不现实的，不如扬长避短，从自己的教育、教学的实践出发，特别是针对《历史与社会》课堂教学过程中出现的问题，找出原因，制定解决的策略、方案，作可行性的研究，做到"课堂教学课题化，课题研究课堂化"，这样既可以解决实际问题，又可为教育、教学的理论研究提供生动的案例和实践依据。

《历史与社会》课程教师普遍采用的行动研究方式有三种：一是一线教师与学科专家的合作研究，即在学科专家的指导和引领下，一线教师通过课堂教学的改革或实验，对《历史与社会》课程实施过程中遇到疑难问题进行合作攻关的研究；二是一线教师的团队研究，即运用团队合作的方式对教育、教学中普遍存在的问题展开的协作研究。《历史与社会》作为一门跨学科课程，加强不同学科背景教师的团队合作研究是非常必要的；三是教师的个体研究，主要是针对教育、教学过程中出现各种具体问题，发表自己的观点和见解，或指出解决问题的思路和方法，并进行系统的阐述，形成研究成果。

2.叙事研究

叙事研究以"质的研究"为方法论，也是近年来非常流行的科研方式。教育叙事研究就是通过对有意义的教学事件、教育生活事件的描述与分析，发掘或揭示内隐于这些事件背后的教育意义、教育思想或教育信念，

① 劳伦斯·斯坦豪斯·宾特雷伊：《课程研究和课程编制入门》，诸平等译，春秋出版社，1989年，第172页。

从而彰显教育的本质、规律和价值意义的研究。①

教育叙事研究主要以两种方式开展。一种是教育者(主要是教师)既充当叙事者又充当研究者,即自己对自己教育教学中、生活中发生的事进行叙述与研究。另一种是教育者只是叙事者,由专门的研究者进行记述,并对此进行研究。

教育叙事研究是一种非常适合《历史与社会》课程教师的科研工作方式。作为一线教师,写教育叙事的过程,就是对自己的教育教学活动进行全程监控、分析、调整的过程,是一种更彻底的自我反思、自我培训学习的过程。因此,这样的研究也称作"为行动而研究,对行动的研究,在行动中研究"。②

《历史与社会》课程教师从事叙事研究的过程主要有:

(1)确定研究问题。根据教师自己的教学经验,确定一个感兴趣的研究问题,这是开展研究的第一步。一般而言,研究问题的选择,可以是针对具体的课堂教学过程的,如教学方法的使用、课程资源的利用、教学意外的应对、教学评价的策略,等等;也可以是针对学生学习和发展情况的,如学生对教学内容的理解、学生综合思维能力的表现、学生情感态度与价值观的变化,等等。

(3)生成教学故事。围绕某一问题开展教育叙事研究,一方面需要教师在教育、教学过程中学会带着问题进行教育或教学,并注意观察学生的表现以及学习的效果;另一方面,还要注意将一些生动的案例和故事,以及一些教育、教学的体会及时记录下来,写成教学日志、教学反思或者周记;此外,也可以从同事那里获得有关的教育案例和故事。从他人的教学案例和故事中,同样可以遴选出有价值的材料来支持自己的观点,从而使得出的研究结论更具普适性。

(3)撰写研究报告。研究报告的撰写,既包含教师对所观察到的"事"的故事性描述,也包含对"事"的论述性分析,两者相辅相成,缺一不可。

① 李润洲:《叙事:走向教师一教育叙事研究三问》,《中国教师》,2008年第8期。

② 袁振国:《教育研究方法》,高等教育出版社,2000年,第212—213页。

正如有学者指出的,“教育叙事报告既有对故事细致入微的描述,又有洞悉教育事件的深刻阐释;既要把日常的教育现象详尽地展现在读者面前,为读者创设一种身临其境的感觉,又要解析隐藏在教育现象背后的教育本质,使平凡的教育故事蕴藏不平凡的教育智慧”。[①] 可见,叙事研究强调细致的描述和深刻的分析的有机统一,这样就可以使教师的教育故事得以更丰富地呈现,并使其具有不可替代的教育价值。

3. 实验研究

实验研究是指根据教学研究的目的和理论设想,给教学施加一定的影响因素,然后对其进行追踪研究,根据所获得的资料和数据,分析影响因素与教学对象之间关系的教学研究方法。在《历史与社会》课程改革过程中,教师运用实验研究的方法,可以对新理念、新方法指导下的教学效果进行及时的监控和反馈,以促进该课程的顺利实施。

在中学《历史与社会》教学实验中,常用的实验形式有单组实验和等组实验。单组实验是对一个组的学生(一个小组,或一个班,或一个年级),分期施以不同的实验因素(例如两种不同的教学方法),然后通过被试自身的前后比较,对不同实验因素的效果加以测量和比较;等组实验是选取两个情况相同或相似的组(班或年级)进行实验,一组施加实验因素,叫实验组,另一组不施加实验因素,叫控制组或对照组,最后将两组所得结果进行比较,以判断实验因素所起的效应。

教学实验的一般程序是:选定研究问题,提出实验假设;选择被试并形成被试组;实施前测;引进实验因素进行实验处理;选择适当的测量方法确定控制无关因素的措施;进行后测;比较前后测差异,分析资料数据;验证假设、撰写实验报告。

实验结束后,撰写实验报告是一项重要的工作。实验报告是对整个教学实验的总结。实验报告需要说明的主要内容有:实验目的;实验方法;实验对象;实验过程;实验结果分析。

---

① 郑金洲:《教育研究方式与成果表达形式之二:教育叙事》,《人民教育》,2004 年第 18 期。

三、《历史与社会》科研论文的写作

如何将自己的教学经验和研究成果以论文的形式呈现出来，并能在教育教学的刊物上发表，这是《历史与社会》教师十分关注的问题。下面就针对科研论文的写作要求、写作准备和写作规范作一些说明。

(一)《历史与社会》科研论文的基本要求

作为一篇科研论文，需要做到以下两方面的结合：

一是要实践性与理论性相结合。中学《历史与社会》课程教师在教学第一线工作，实践经验比较丰富，所撰写的科研论文必然具有实践性强的特点。教学的实践经验固然重要，但是这些实践经验只有上升到理论认识，才能起到指导教学实践的作用，才更具有实用价值。对此，科研论文还必须具有一定的理论性。理论性要求教师必须对《历史与社会》教育、教学的现象进行深入思考和理性的分析，从个别到一般，从具体到抽象，逐步上升到规律性的认识。因此，科研论文只有将经验阐述和理论分析有机地结合起来，才能增强文章的可读性和实用性。

二是要新颖性与科学性相结合。创新是科研的生命，《历史与社会》教学科研论文的新颖性主要表现在以下几个方面：所提出的问题在历史与社会教育教学领域具有一定的前瞻性；用较新的理论、方法提出解决历史与社会教学问题的策略和思路；用新发现的材料（史料、数据、事实等）来论证已证明过的观点；虽然是别人研究过的问题，但作者从新的角度提出令人受启发的结论等。当然，文章的新颖性并不是凭主观臆想得来的，而应该是建立在科学研究的基础上，因此还必须具有较强的科学性。科研论文的科学性，首先表现在立论要科学，基本观点必须从具体材料的分析研究中产生，能够客观地反映教育教学规律。其次，论据的选取要科学，史料、引文、数据和教学事例的选择一定要实事求是，尽可能收集真实可信、具有说服力的第一手材料。可见，科研论文只有在科学的、求实的基础上有所创新，才能体现出其研究价值。

(二)《历史与社会》教学科研论文的准备过程

论文写作准备主要包括选择论题、收集资料和分析资料等工作。

1. 选择论题

教学科研论题来源于教育、教学的问题。《历史与社会》作为一门新兴课程，许多领域尚未进行深入的研究，故而《历史与社会》教师可以探讨的问题也是非常广泛的。这方面的问题主要有：

关于课程标准和教科书使用的研究，包括如何依据课程标准实施教学、如何创造性地使用教科书等问题的研究。

关于教学设计的研究，包括教学目标的设计、教学内容的设计、课堂活动的设计、教学方法和教学媒体设计、导入或结课的设计等问题的研究。

关于有效教学的研究，包括有效开展教学活动、有效选择教学方法、有效使用多媒体、有效提问等问题的研究。

关于教学方法的研究，包括角色扮演、模拟、头脑风暴、神入、作业纸等方法的研究。

关于学习方式的研究，包括自主学习、探究学习、合作学习、综合性学习等学习方式的研究。

关于评价方法的研究，包括档案袋评价、主题活动评价、合作评价、个案分析等评价方法的研究。

关于课程资源的开发和利用的研究，包括文本资源、音像资源、网络资源、社区或乡土资源等的开发和利用问题的研究。

关于现代信息技术的应用研究，包括多媒体课件的制作方法、多媒体使用的方法和策略、网络技术在教学中的应用、资源数据库（如地理信息系统）的运用等问题的研究。

除了以上这些科研论题以外，《历史与社会》课程教师还可以结合自己的教学实际，寻找适合自己研究的论文题目。

2. 搜集资料

确定研究论题后，接着便是搜集与论题有关的资料。充足的资料占有是进行科研的基础，缺少资料，研究就难以展开，也难以取得令人信服的研究结论。搜集资料的主要途径有：

首先,从互联网上搜集资料。论文检索最便捷的途径是利用“中国知网”中的论文数据库,检索有关的中文期刊论文;外文基础好的教师,还可以检索 EBSCO 等外文数据库,了解国外有关该课题的研究情况。此外,通过浏览“历史与社会教学网”、“中国教育文献资源数据库”、“K12 中国中小学教育教学网”等网站,也可以找到自己所需的有关材料和信息。

其次,从图书、期刊中搜集资料。与论题有关的图书,可以通过图书馆的图书分类直接查找。与论题有关的期刊可以主要定位于《课程·教材·教法》、《历史教学》、《教学月刊》等刊物中查找。另外,还可以从有关著作、论文中提供的参考文献为线索,进行追踪查找,以弥补前期查阅的缺漏。

再次,从教育、教学实践中搜集资料。这方面的资料主要包括:一线教师的教学日志、课后反思、典型案例,以及教师在教学实践中取得的感性材料和切身体会。

3.分析和筛选资料

通过上述途径搜集到一定数量的资料后,接着就需要对这些资料进行分析和筛选。对资料进行分析的目的,主要是要了解该论题研究的历史与现状,以及主要的研究成果,特别是要了解哪些问题已经解决了,哪些问题尚未解决,或者解决得不甚圆满,需要做进一步的研究,由此形成论文研究的突破口和中心论点。接着,围绕论文的中心论点,对所搜集的资料进行筛选,精选出最有价值、最典型的理论阐述和实践例证,并做到论据和观点的高度统一,以增强论文的说服力和研究价值。

(三)《历史与社会》科研论文的写作规范

撰写论文,是教学研究过程的最后一个阶段,也是科研成果的主要表达形式。论文写作质量的高低,在一定程度上反映了一个研究者的学术素养。因此,为了提升论文表述的科学性和严谨性,一线教师还需要了解《历史与社会》教学科研论文的基本结构及其写作规范。一般而言,一篇论文应该包括题目、作者、摘要、关键词、正文、注释、参考文献等几部分。

1.题目

论文的题目要能够简明扼要地阐明论文的研究内容。题目的字数一般不超过 20 个。题目要求选用简洁、醒目、准确的词句表述。表述形式可以是直接表述科研内容的，如《试论历史与社会教学中形象思维能力的培养》、《历史与社会教育心理问题初探》等；也可以是提出或回答一定问题的，如《如何进行史料教学》、《在历史与社会教学中如何培养学生的创造性思维》等；还可以是直接阐述中心论点，如《个性·创造性——历史与社会教育的核心》、《历史与社会教育应重视人格培养》等。

一个好的文章题目应该符合以下要求：一是题目要准确。题目的表述要避免空洞抽象、不着边际，要准确概括文意，做到文题相符；二是题目要简明。题目越简明扼要，就越能突出中心和主题，越能突出中心和主题，越能引起人们的注意。题目要做到文约而事丰，言简而旨远。这跟研究者的思维水平、语言表达能力和抽象概括能力密切相关，在某种程度上也反映了研究者的理论素养；三是题目要新颖。一个好的题目能引人注目，能激发起读者的兴趣，并能引起学术界和教育实践者的关注。当然，一个具有新颖性的题目要以课题研究的创新性为基础，研究者如果能在课题研究的基础上提出一些新观点、新思想，或解决一个新问题，这也就为题目的新颖性奠定良好的基础。

2.作者、摘要和关键词

论文撰写者的姓名、工作单位，位于标题下正中位置。摘要是用简明扼要的文字对论文的主要内容加以介绍。字数一般以 200～300 字为宜。摘要的表述应采用第三人称的叙述方式进行提炼和评述，避免用“本文认为”、“作者指出”这类词语，也无需对文中的观点进行评价。关键词是反映论文的名词性术语，其作用主要是为了方便读者从计算机检索系统中检索有关资料。关键词的字数一般不超过 15 个。关键词是对文章主题词的分别排列，不是一句完整的语句。如《中学综合文科课程价值论析》这篇文章，关键词可列为“综合文科课程；课程价值；历史与社会”。

3.正文

正文是论文的最重要的部分,是对研究问题进行论述并得出结论的过程。按照论文的层次结构划分,主要分本论、分论和结论三部分。本论部分是提出论文要解决的问题,或者要阐述的问题,也是提出论点的部分,论点的提出要鲜明有力;分论部分是具体阐述观点或证明论点的部分,分论部分要求论据充分,层次分明;结论部分是对整个论述结果的概括,力求语言准确、客观、简洁。

4.引文、注释和参考文献

所谓引文,是指在论文写作中,由于论述上的需要而摘引一段或几句他人的著作或论文的原话,这种摘要必须加以注明。摘引的方法有:(1)直接摘引,把别人著作或论文中能够证明自己观点的论点或论据摘引出来,放在一段之中,并加冒号和引号。(2)间接引用,这是引用原意而不是原话,不用引号,只用冒号或逗号。摘引必须忠实原文的本意,不可断章取义;摘引要力求精当,不可连篇累牍。

凡是直接引用,都应该加以注释。加注的方式主要有尾注、脚注,可根据论文的长短和表达的需要而定,但在同一篇论文中,加注的方式必须统一。凡是间接引用,或对论文写作产生重要启示的文献,都应该在参考文献中列出。

参考文献

中文文献

1. 达尼洛夫，叶希波夫. 教学论. 北京：人民教育出版社，1961 年.

2. 黄炳煌. 课程理论之基础. 台北：文景出版社，1982 年.

3. 弗·鲍良克. 教学论. 叶澜译. 福州：福建人民出版社，1984 年.

4. 李绪武，苏惠悯. 社会科教材教法. 台北：五南图书出版公司，1984 年.

5. 斯卡特金. 中学教学论——当代教学论德几个问题. 赵维贤，丁酉成等译. 北京：人民教育出版社，1985 年.

6. J. B. 英格拉姆. 综合课程的作用. 吕达译. 课程·教材·教法，1985 年第 3 期.

7. 丹尼斯·劳顿等. 课程研究的理论与实践. 张渭城等译. 北京：人民教育出版社，1985 年.

8. 布卢姆等. 教育目标分类学——第一分册（认知领域）. 罗黎辉等译. 上海：华东师范大学出版社，1986 年.

9. 巴勒克拉夫. 当代史学主要趋势. 杨豫译. 上海：上海译文出版社，1987 年.

10. 杜佑. 通典（卷 171）. 北京：中华书局，1988 年.

11. L. R. 奥莱迪. 中学社会学科学习评价. 钟仁耀，王钢译. 上海：华东师范大学出版社，1989 年.

12. 叶小兵译. 普通中等教育证书 1988 年夏季考试(南部考试团体·学校历史方案). 教育与管理，1990 年第 1 期.

13. 廖哲勋. 课程学. 武汉：华中师范大学出版社，1991 年.

14. 陆满堂. 中学《社会》与历史. 历史教学问题，1992 年第 3 期.

15. 瞿葆奎. 教育学文集·课程与教材(上). 北京：人民教育出版社，1993 年.

16. 瞿葆奎. 教育学文集·课程与教材(下). 北京：人民教育出版社，1993 年.

17. 瞿葆奎. 教育学文集·法国教育改革. 北京：人民教育出版社，1994 年.

18. 吴于廑，齐世荣. 世界史. 北京：高等教育出版社，1994 年.

19. 奥苏贝尔等. 教育心理学——认知观点. 佘星南译. 北京：人民教育出版社，1994 年.

20. 曹诗图. 地理环境与社会发展. 云南地理环境研究，1994 年第 11 期.

21. 拉塞克，维迪努. 从现在到 2000 年教育内容发展的全球展望. 马胜利等译. 北京：教育科学出版社，1996 年.

22. 联合国教科文组织国际教育发展委员会. 学会生存——教育世界的今天和明天. 北京：教育科学出版社，1996 年.

23. 联合国教科文组织国际教育发展委员会. 教育——财富蕴藏其中. 北京：教育科学出版社，1996 年.

24. 浙江省教育委员会. 义务教育全日制初级中学各科教学指导纲要. 杭州：浙江教育出版社，1997 年.

25. 斯塔夫里阿诺夫. 全球通史——1500 年以前的世界. 上海：上海社会科学出版社，1998 年.

26. 钟启泉. 课程设计基础. 济南：山东教育出版社，1998 年.

27. 高文. 现代教学的模式化研究. 济南：山东教育出版社，1998 年.

28. 叶澜. 新世纪教师专业素养初探. 教育研究与实验. 1998 年第 1 期.

29. 施良方，崔永漷. 教学理论：课堂教学的原理、策略与研究. 上海：华东师范大学出版社，1999 年.

30. 梁启超. 梁启超全集. 北京：北京出版社，1999 年.

31. 于友西，叶小兵，赵亚夫. 历史学科教育学. 北京：首都师范大学出版社，1999 年.

32. 张元. 寄自疆场的家书. 清华历史教学（我国台湾地区），1999 年第 10 期.

33. 人民教育出版社环境教育中心. 中小学可持续性发展教育——各学科教学设计指南. 北京：人民教育出版社，1999 年.

34. 张华. 课程与教学论. 上海：上海教育出版社，2000 年.

35. 丛立新. 课程论问题. 北京：教育科学出版社，2000 年.

36. 朱小蔓. 教育的问题与挑战：思想的回应. 南京：南京师范大学出版社，2000 年.

37. 杨吉兴. 中学综合课程教师的素质结构及其培养. 中国高教研究，2000 年第 10 期.

38. 殷赪宇. 综合课程与教师素质适应性问题的思考. 中小学教师培训，2000 年第 5 期.

39. 彭小虎. 高等师范课程比较研究与我国师范课程体系的建构. 高等师范教育研究，2000 年第 5 期.

40. 代建军，谢利民. 综合课程的再认识：关系、形态、目的和结构. 课程·教材·教法，2000 年第 10 期.

41. 唐晓杰等. 课堂教学与学习成效评价. 桂林：广西教育出版社，2000 年.

42. 王斌华. 综合课程述要. 全球教育展望，2001 年第 2 期.

43. 约翰·杜威. 民主主义与教育. 王承绪译. 北京：人民教育出版社，2001 年.

44. 辛继湘. 知识类型与课程改革. 教育世界,2001 年第 2 期.

45. 商继宗. 教学方法的现代化研究. 上海:华东师范大学出版社,2001 年.

46. 顾明远,孟繁华. 国际教育新理念. 海口:海南出版社,2001 年.

47. 佐藤正夫. 教学原理. 钟启泉译. 北京:教育科学出版社,2001 年.

48. 陈冠华. 英国中学历史教育改革. 台北:龙腾文化事业股份有限公司,2001 年.

49. 蒋成瑀. 教学研究论文写作指导. 杭州:浙江教育出版社,2001 年.

50. 顾明远,孟繁华. 国际教育新理念. 海口:海南出版社,2001 年.

51. 李稚勇,方明生. 社会科教育展望. 上海:华东师范大学出版社,2001 年.

52. 赵亚夫. 日本学校社会科教育研究. 北京:北京师范大学出版社,2001 年.

53. 张人红. 国外及港台地区研究性学习资料选编. 桂林:广西教育出版社,2001 年.

54. 左藤正夫. 教学原理. 北京:教育科学出版社,2001 年.

55. 熊梅. 当代综合课程的新范式:综合性学习的理论和实践. 北京:教育科学出版社,2001 年.

56. 教育部师范司. 更新培训观念　变革培训模式——中小学教师继续教育学习提要. 长春:东北师范大学出版社,2001 年.

57. 教育部. 义务教育历史与社会课程标准(一). 北京:北京师范大学出版社,2001 年.

58. 教育部. 义务教育历史与社会课程标准(二). 北京:北京师范大学出版社,2001 年.

59. 教育部. 义务教育历史与社会课程标准(一)解读. 北京:北京师范大学出版社,2002 年.

60. 教育部. 义务教育历史与社会课程标准(二)解读. 北京:北京师范

大学出版社,2002 年.

61. 韩震. 义务教育课程标准实验教科书历史与社会. 上海:上海人民出版社,2002 年.

62. 李铁钢. 义务教育课程标准实验教科书历史与社会. 北京:地质出版社,2002 年.

63. 课程教材研究所. 20 世纪中国中小学课程标准・教学大纲汇编・课程(教学)计划卷. 北京:人民教育出版社,2001 年.

64. 黄显华、霍秉坤. 寻找课程论和教科书设计的理论基础. 北京:人民教育出版社,2002 年.

65. 傅道春. 新课程中课堂行为的变化. 北京:首都师范大学出版社,2002 年.

66. 王策三. 教学认识论. 北京:北京师范大学出版社,2002 年.

67. 乔伊斯等. 教学模式. 宋富钢,花清亮译. 北京:中国轻工业出版社,2002 年.

68. 靳玉乐等. 新教材将会给教师带来些什么——谈新教材的新功能. 北京:北京大学出版社,2002 年.

69. 有宝华. 综合课程论. 上海:上海教育出版社,2002 年.

70. 艾伦・C. 奥恩斯坦,费朗西斯・P. 汉金斯. 课程:基础、原理和问题(第 3 版). 柯森主译. 南京:江苏教育出版社,2002 年.

71. 斯蒂芬・D. 布鲁菲尔德、斯蒂芬・普瑞斯基尔. 讨论式教学法——实现民主课堂的方法与技巧. 罗静,褚保堂译. 北京:中国轻工业出版社,2002 年.

72. 加里・D. 鲍里奇. 有效教学方法. 易东平译. 南京:江苏教育出版社,2002 年.

73. 祝智庭. 信息教育展望. 上海:华东师范大学出版社,2002 年.

74. 温寒江,连瑞庆. 构建中小学创新教育体系. 北京:北京科学技术出版社,2002 年.

75. 游家政. 课程创新. 台北:师大书苑有限公司,2002 年.

76. 陈新转. 课程统整理论与设计. 台北:商鼎文化出版社,2003 年.

77. 詹姆斯 · A. 宾尼. 课程统整. 单文经等译. 台北:华东师范大学出版社,2003 年.

78. 格兰特 · 威金斯,杰伊 · 麦克泰. 理解力的培养与课程设计. 么加利译. 北京:中国轻工业出版社,2003 年.

79. 朱慕菊. 走进新课程——与课程实施者对话. 北京:北京师范大学出版社,2003 年.

80. 赵世瑜,杨梅. 综合文科课程与中学历史教学改革. 历史教学,2003 年第 5 期.

81. 陈新转. 课程统整理论与设计解说. 台北:商鼎文化出版社,2003 年.

82. 叶小兵. 论中学历史教学中的现代信息技术. 历史教学,2003 年第 9 期.

83. 胡庆芳,程可拉. 美国中小学角色扮演模式学习的研究. 网络科技时代,2003 年第 12 期.

84. 郑金洲. 教育研究方式与成果表达形式之二:教育叙事. 人民教育,2004 年第 18 期.

85. 肖川. 教师:与新课程共成长. 上海:上海教育出版社,2004 年.

86. 叶永广. 历史 · 影视 · 教育. 学林出版社,2004 年.

87. 何芳,吴艳玲,樊莹. 初中课程资源开发和利用的实践智慧. 北京:高等教育出版社,2004 年.

88. 叶小兵,姬秉新,李稚勇. 历史教育学. 北京:高等教育出版社,2004 年.

89. 林久杏. 走进档案袋评价:追求完美、力求发展. 试教通讯,2004 年第 33—34 期.

90. 白月桥. 课程标准实验稿课程目标订定的探讨. 课程 · 教材 · 教法,2004 年第 9 期.

91. 王策三. 认真对待“轻视知识”的教育思潮——再评由“应试教育”

向素质教育转轨提法的讨论. 北京大学教育评论，2004 年第 3 期.

92. 李稚勇. 中美社会科课程结构比较研究——兼评社会科课程世界发展趋势. 课程 · 教材 · 教法，2004 年第 8 期.

93. 吕达，周满生. 当代外国教育改革著名文献(美国卷). 北京：人民教育出版社，2004 年.

94. 大卫 · A 威尔顿. 美国中小学社会课教学策略. 吴玉军等译. 北京：华夏出版社，2004 年.

95. 赵亚夫. 学会行动——社会科课程公民教育的理论与实践. 北京：高等教育出版社，2004 年.

96. 约翰 · 杜威. 学校与社会 · 明日之学校. 赵祥麟等译. 北京：人民教育出版社，2005 年.

97. 李稚勇. 社会科教育概论. 北京：高等教育出版社，2005 年.

98. 丁尧清. 学校社会课程的演变与分析. 广州：广东教育出版社，2005 年.

99. 骆琤，仲玉英. 综合学科师资培养：现状、原因与对策. 浙江教育学院学报，2005 年第 1 期.

100. 赵亚夫. 国外历史课程标准评介. 北京：人民教育出版社，2005 年.

101. 杨心德，蔡维静. 社会学科学习与教学设计. 上海：上海教育出版社，2005 年.

102. 温红彦. 我们需要怎样的课堂—新课程环境下课堂教学现象分析. 人民日报，2005 年 2 月 3 日.

103. 郑金洲. 教师如何做研究. 上海：华东师范大学出版社，2006 年.

104. 市川博. 社会科的使命与魅力——日本社会科教育文选. 沈晓敏主译. 北京：教育科学出版社，2006 年.

105. 郑金洲. 教学方法应用指导. 上海：华东师范大学出版社，2006 年.

106. 冯克诚. 当代教学方法与艺术基本原理与文论选读. 北京：中国

环境科学出版社,2006 年.

107. 普莱斯顿・D. 费德恩,罗伯特・M. 沃格尔. 教学方法——应用认知科学,促进学生学习. 王锦等译. 上海:华东师范大学出版社,2006 年.

108. 李丽萍. 多媒体信息技术引入历史与社会课堂的教学实践探索. 信息技术教育,2006 年第 2 期.

109. 冯克诚. 当代教学理论基本原理原则与文论选读. 北京:中国环境科学出版社,2006 年.

110. 丹尼尔・D. 哈迪等. 现代教学原理、策略与设计. 盛群力,马兰主译. 杭州:浙江教育出版社,2006 年.

111. 叶小兵. 目标的表述. 历史教学,2006 年第 10 期.

112. 琼・R. 蔡平. 中学社会科学课程实用指南. 朱墨主译. 南京:江苏教育出版社,2006 年.

113. 阳光宁. 社会科教育学概论. 合肥:合肥工业大学出版社,2006 年.

114. 杨宁一. 文明史观与中学历史教育. 中学历史教学参考,2006 年第 11 期.

115. 苏珊・M. 德雷克,丽贝卡・C. 伯恩斯. 综合课程的开发. 廖珊等译. 北京:中国轻工业出版社,2007 年.

116. 拉尔夫・泰勒. 课程与教学的基本原理. 罗康,张阅译. 北京:中国轻工业出版社,2008 年.

117. 李润洲. 叙事:走向教师—教育叙事研究三问. 中国教师,2008 年第 8 期.

118. 经柏龙. 教师专业素质的形成与发展研究. 长春:东北师范大学博士论文,2008 年.

119. 傅敏,田慧生. 课堂教学叙事研究:理论与实践. 北京:教育科学出版社,2009 年.

120. 迟艳杰. 教学论. 北京:高等教育出版社,2009 年.

121. 李子建. 综合人文学科：课程设计、教学与实施. 南京：南京师范大学出版社，2010 年.

122. 重建综合思维：访历史与社会课程标准修订组组长韩震. 人民教育，2012 年第 6 期.

123. 教育部. 义务教育历史与社会课程标准. 北京：北京师范大学出版社，2012 年.

124. 韩震，朱明光. 义务教育历史与社会课程标准解读. 北京：北京师范大学出版社，2012 年.

125. 朱明光等. 义务教育课程标准实验教科书历史与社会. 北京：人民教育出版社，2002 年.

126. 朱明光等. 义务教育课程标准实验教科书历史与社会. 北京：人民教育出版社，2012 年.

英文文献

1. Burston, W. H. & Green, C. W.. *Handbook for History Teachers*. London, 1972.

2. Dickinson, A. & Lee, P. J.. *History Teaching and History Understanding*. London, 1978.

3. Ingram, J. B.. *Curriculum Integration and Lifelong Education*. Paris: Pergamon Press, 1979.

4. Shulman, L. S.. Knowledge and teaching: Foundations of the new reform. *Harvard Educational Review*, 1987, (1).

5. The Bradley Commission on History in Schools. *Building a History Curriculum: Guidelines for Teaching History in Schools*. National Council for History Educaton, 1988.

6. Backler, A.. Teaching Geography in American History. *ERIC Trend/Issue*. Bloomington IN: ERIC Clearinghouse for Social Studies/Social Science Education, 1988.

7. Marbeau, L.. History and Geography in Elementary Schools: For a Change. *European Education*, 1988,(2).

8. Alexander, F. &Crabtree, C.. California's new History-social Science Curriculum Promises Richness and Depth. *Educational Leadership*,1988,(9).

9. Patrick,J. J. &Stoltman,J. P.. *Geography in American History for High School Students. Final High Report.* Bloomington IN: Agency for Instructional Technology, 1989.

10. Jacobs, H. (ed).. *Interdisciplinary Curriculum: Design and Plementation.* Alexandria: Association for Supervision and Curriculum Development,1989.

11. Mullins, Sandra L.. Social Studies for the 21st Century: Recommendations of the National Commission on Social Studies in the Schools. *ERIC Digest.* Bloomington IN: ERIC Clearinghouse for Social Studies/Social Science Education,1990.

12. Patrick, J. J.. Social Studies Curriculum Reform Reports. *ERIC Digest. Bloomington IN*: ERIC Clearinghouse for Social Studies/Social Science Education, 1990.

13. Fogarty, R.. Ten Ways to Integrate Curriculum. *Educational Leadership*, 1991,(10).

14. Beane. J.. Creating Integrative Curriculum: Making the Connections. *NASSP Bulletion*, 1992,(11).

15. Patrick,J. J.. Geography in History: A Necessary Connection in the School Curriculum. *ERIC Digest. Bloomington IN*: ERIC Clearinghouse for Social Studies/Social Science Education,1993.

16. National Council for the Social Studies. *Curriculum Standards for Social Studies: Expectations of Excellence.* Washington, D. C: NCSS, 1994.

17. Beane, J. A.. Curriculum Integration and the Disciplines of Knowledge. *Phi Delta Kappan*, 1995,(4).

18. Lonlli, E. M.. Creating a Concept-based Curriculum. *Principal*, 1996,(1).

19. Barab, S. A&Landa, A.. Designing Effective Interdisciplinary Anchors. *Educational Leadership*, 1997,(3).

20. California State Board of Education. *History-social Science Content Standards for California Public Schools, Kinderarten Through Grade Twelve*. Sacramento: California State Department of Education, 1998.

21. Lobes, L. S.. Surveying State Standards: National History Education Network's 1997 Report on State Social Studies Standards. *The History Teacher*, 1998,(2).

22. Nelson, L. R. &Nelson, T. A.. Learning History Through Children's Literature. *ERIC Digest*. Bloomington IN: ERIC Clearinghouse for Social Studies/Social Science Education, 1999.

23. Zevin, J.. *Social Studies for the Twenty-first Century*. Mahwah: Lawrence Erlbaum Associates, 2000.

24. Fredericks, A. D.. *More Social Studies Through Children Literature*. Teacher Ideas Press, 2000.

25. Ross, E. W.. *The Social Studies Curriculum: Purpose, Problems, and Possibilities*. State Univercity of New York Press, 2001.

26. Garcia, J. & Michaelis, J. U.. *Social Studies for Children: A Guide to Basic Instruction*. Allyn and Bacon (12th Edition), 2001.

27. Mraz, M. Harold O.. Rugg and the Foundation of Social Studies. *International Journal of Social Education*, 2004,(1).

28. California State Board of Education. *History-social Science Framework for California Public Schools, Kindergarten Through*

Grade Twelve. Sacramento: California Department of Education, 2005.

29. Evans, R. W.. *This Happened in America*: *Harold Rugg and the Censure of Social Studies*. CT: Information Age Pulishing, 2007.

30. Wright, V. H. & Wilson, E. K.. Using Technology in the Social Studies Classroom: The Journey of Two Teachers. *The Journal of Social Studies Research*, 2009, (2).

31. Parker, W. C.. *Social Studies Today*. New York: Routledge, 2010.

32. National Council for the Social Studies. *Nation Curriculum Standards for Social Studies*: *A Framework for Teaching*, *Learning*, *and Assessment*. Washington, DC: NCSS, 2010.

索　引

图书在版编目（CIP）数据

历史与社会课程的理论与实践 / 陈新民著．—杭州：浙江大学出版社，2014.6(2015.7 重印)

ISBN 978-7-308-13339-5

Ⅰ.①历… Ⅱ.①陈… Ⅲ.①中学历史课—课程改革—教学研究—初中②社会科学课—课程改革—教学研究—初中 Ⅳ.G633.202

中国版本图书馆 CIP 数据核字（2014）第 118627 号

历史与社会课程的理论与实践

陈新民 著

责任编辑 葛玉丹
文字编辑 殷 尧
封面设计 项梦怡
出版发行 浙江大学出版社
(杭州市天目山路 148 号 邮政编码 310007)
(网址:http://www.zjupress.com)
排　　版 杭州中大图文设计有限公司
印　　刷 富阳市育才印刷有限公司
开　　本 710mm×1000mm 1/16
印　　张 18
字　　数 259 千
版 印 次 2014 年 6 月第 1 版 2015 年 7 月第 2 次印刷
书　　号 ISBN 978-7-308-13339-5
定　　价 38.00 元

浙江大学出版社发行部联系方式:0571—88925591;http://zjdxcbs.tmall.com